Estudos Aplicados de Direito Empresarial

Estudos Aplicados de Direito Empresarial

SOCIETÁRIO

2018

Coordenação:
Ana Cristina Kleindienst

ALMEDINA

ESTUDOS APLICADOS DE DIREITO EMPRESARIAL
SOCIETÁRIO

COORDENAÇÃO: Ana Cristina Kleindienst
DIAGRAMAÇÃO: Almedina
DESIGN DE CAPA: FBA
ISBN: 978-85-8493-412-6

Dados Internacionais de Catalogação na Publicação (CIP)
(Câmara Brasileira do Livro, SP, Brasil)

Estudos aplicados de direito empresarial :
societário / coordenação Ana Cristina
Kleindienst. -- São Paulo : Almedina, 2018.

Vários autores.
Bibliografia.
ISBN 978-85-8493-412-6

1. Direito empresarial - Brasil 2. Direito
societário - Brasil I. Kleindienst, Ana Cristina.

18-21649 CDU-34:338(81)

Índices para catálogo sistemático:

1. Brasil : Direito empresarial 34:338(81)
2. Brasil : Direito societário 34:338(81)

Cibele Maria Dias – Bibliotecária – CRB-8/9427

Este livro segue as regras do novo Acordo Ortográfico da Língua Portuguesa (1990).

Novembro, 2018

EDITORA: Almedina Brasil
Rua José Maria Lisboa, 860, Conj.131 e 132, CEP: 01423-001 São Paulo | Brasil
editora@almedina.com.br
www.almedina.com.br

APRESENTAÇÃO

Este volume III da Coleção Estudos Aplicados de Direito Empresarial – Societário é composto pelos cinco mais bem avaliados artigos que foram elaborados pelos alunos das duas turmas do programa de LL.M. em Direito Societário do Insper no ano de 2017. Em parte sob a orientação da Professora Natalia Parmigiani Merlussi, em parte sob minha orientação, com a ajuda do Professor André Antunes Soares de Camargo, ressalta-se que os cinco *alumni* debruçaram-se, com esmero, sobre temas societários atuais, polêmicos e de notória aplicabilidade prática, cuja publicização por meio desta obra é de grande valia para o meio jurídico profissional e acadêmico. Em maiores detalhes, apresento a seguir uma breve síntese de cada um dos textos.

No primeiro artigo, por meio de uma análise crítica e sistêmica da legislação, doutrina e casos práticos, **Camila Cortez Cazetta** trata, de forma propositiva, da ainda controvertida possibilidade de as sociedades limitadas utilizarem a operação de emissão privada de debêntures como forma de captação de recursos financeiros.

A seguir, partindo da tendência global de desenvolvimento de novas formas de meios de pagamento, o texto de **Daniela Hidemi Bando**, com um caráter bastante prático e didático, apresenta os requisitos societários necessários para que instituições de pagamento executem suas atividades regularmente, analisando, inclusive, se tais requisitos atendem aos princípios norteadores do Conselho Monetário Nacional e do Banco Central, conforme dispõe a Lei 12.865/2013.

Também com um viés bastante atual, **Daniel Augusto Mesquita** aborda a recém editada Lei das Estatais (Lei 13.303/2016) com o intuito de verificar os limites do exercício do controle estatal e os instrumentos de proteção à disposição dos acionistas minoritários no âmbito de sociedades de economia mista.

Na sequência, levando em consideração o estágio de desenvolvimento e as peculiaridades do sistema jurídico que permeiam o mercado de capitais brasileiro, **Felipe Gabriel Soares** analisa os principais mecanismos de afastamento das chamadas *hostile takeovers* (tomadas hostis de controle) praticadas ao longo das últimas décadas no mercado de capitais americano e a possibilidade de utilizá-los no Brasil.

Por fim, partindo do pressuposto de que o controle societário consiste em poder de fato, **Rodrigo Laranjeira Braga Borges** examina a exigibilidade do lançamento da oferta pública de aquisição de ações em caso de alienação de controle, prevista no artigo 254-A da Lei 6.404/76, nos casos de transferência de participação acionária entre integrantes do grupo controlador de companhia aberta, ingresso de novo acionista no grupo de controle ou reforço de controle, apresentando a estabilidade do controle como elemento essencial para que se imponha ou não a obrigatoriedade da formulação da oferta pública de aquisição de ações em caso de alienação de controle.

Excelente leitura a todos!

ANA CRISTINA VON GUSSECK KLEINDIENST
Professora Orientadora do LL.M. em Direito Societário

PREFÁCIO

Bons filhos constroem suas casas

Há mais de 19 anos, os sempre queridos Dr. Jairo Saddi e a Professora Rachel Sztajn talvez não tivessem a menor ideia do que estavam plantando ao idealizar os programas de LL.M. do Insper, hoje composto por cinco cursos de pós-graduação *lato sensu* e mais de dez de curta duração somente na área do Direito. São mais de 1200 *alumni*, aproximadamente 850 alunos ativos, um corpo docente com mais de 100 talentosos e bem avaliados professores e mais de uma dezena de assistentes dedicados para aprimorar constantemente a chamada "experiência Insper". São histórias e mais histórias que ilustram o incrível "Insper Direito".

Sinto-me especialmente honrado hoje por prefaciar esta 3ª edição da já tradicional coleção "Estudos Aplicados de Direito Empresarial", mais um bem-sucedido projeto do Insper com a Editora Almedina Brasil, a maior do mundo em língua portuguesa e referência em publicações na área jurídica. A Coleção é novamente formada por cinco volumes, cada qual contendo as mais bem avaliadas monografias dos alunos formados pelos referidos programas de pós-graduação *lato sensu* em Direito do Insper. Tais discentes, não satisfeitos em cumprir um dos requisitos impostos pelo Ministério da Educação para a conclusão dos seus respectivos cursos, se desafiaram para alcançar um patamar ainda mais glorioso: contribuir com suas pesquisas para o mundo jurídico-empresarial. Dedicaram-se além do esperado, buscaram superar seus limites, escolheram temas pouco ou nunca explorados, aproveitaram o frutífero convívio com seu professor-orientador ao máximo e deram foco a esse objetivo extremamente nobre que é escrever não só para si próprio.

Os 25 textos que ora apresentamos são bem pesquisados, reportam-se a questões atuais e práticas do dia a dia da advocacia empresarial e não se prestam somente a rever o que já foi escrito, contribuindo efetivamente para o debate. Parabenizo cada autor pela publicação de suas ideias, pela conclusão de seu curso e aos queridos professores-orientadores pela genuína parceria e pelo carinhoso e diário trabalho junto aos seus pupilos. Só quem convive com alunos sabe o quão prazeroso é acompanhar o desenvolvimento de cada um, suas angústias, seu crescimento pessoal e suas vitórias.

Em meus quase 17 anos no Insper, aprendi e aprendo muita coisa como Coordenador Adjunto do programa LL.M. em Direito Societário, Coordenador Geral do Insper Direito e atualmente professor e prefaciador desta edição da Coleção. Aprendi uma nova profissão que é a docência e aflorei sentimentos como os da gratidão e do orgulho. Sinto-me hoje um pouco como vocês que escreveram ou que lerão estes belíssimos textos: bons filhos constroem, sim, suas casas. Boa leitura a todos!

André Antunes Soares de Camargo
Sócio de TozziniFreire Advogados e Professor do Insper

SUMÁRIO

Emissão de Debêntures por Sociedade Limitada

Camila Cortez Cazetta

Introdução

O presente trabalho tem por objetivo analisar – à luz da legislação, da doutrina e de casos práticos –, a possibilidade de as sociedades do tipo limitada – prevista nos artigos 1.052 e seguintes do Código Civil (Lei nº 10.406/2002) – utilizarem da operação de emissão privada de debêntures como forma de captação de recursos financeiros.

Para isso, o presente trabalho apresentará, inicialmente, a evolução da sociedade limitada, a qual passou a ser classificada como um tipo societário híbrido, em alusão à tradicional classificação dicotômica das sociedades de pessoas e de capitais, cuja definição dependerá unicamente do intuito dos sócios fundadores, a ser expresso nos respectivos atos constitutivos.

Sequencialmente, analisar-se-á a crescente participação da sociedade limitada no mundo jurídico, a qual vem ganhando corpo e presença, sendo inclusive utilizada por grandes empreendimentos e conglomerados comerciais. Também comparar-se-á o referido tipo societário com as sociedades por ações de capital fechado (apenas no que diz respeito as questões da prática comercial), bem como tratar-se-á acerca das regras de transposição da Lei nº 6.404/76 (Lei das Sociedades por Ações) às sociedades limitadas, mais especificamente acerca da aplicabilidade e do alcance da regra disciplinada no artigo 1.053, parágrafo único, do Código Civil[1], por meio do qual o legislador conferiu a prerrogativa aos sócios fundadores de uma sociedade limitada optarem pela aplicação supletiva da Lei das Sociedades por Ações.

Ainda, o presente trabalho apresentará as justificativas, o embasamento e os benefícios que tornam viável e possível a aplicação supletiva da matéria prevista no Capítulo V, da Lei nº 6.404/76 – que trata sobre as debêntures – às sociedades limitadas, analisando, inclusive, as principais características das debêntures (formas de remuneração, garantias, direitos dos debenturistas, agente fiduciário, etc.).

Como justificativa e embasamento, será apresentado casos práticos de rejeição e indeferimento de pedido de arquivamento de Escritura e de Ata de Reunião de Sócios de sociedades limitadas que deliberaram sobre a emissão privada de debêntures, com o intuito de refutar, individualmente, todos os infundados argumentos apresentados pelas Juntas Comerciais Brasileiras.

Em conjunto, tratar-se-á acerca das controvertidas atuações das Juntas Comerciais do Brasil e da Comissão de Valores Mobiliários ("CVM"), tanto no que diz respeito a possibilidade de a sociedade do tipo limitada valer-se da emissão e negociação de determinados e específicos contratos de investimentos coletivo, como a falta de fiscalização em operações rotineiras.

De forma geral, serão apresentadas as razões – do ponto de vista jurídico e econômico – que justificam e viabilizam a prerrogativa de as sociedades limitadas valerem-se da operação

[1] Art. 1.053. A sociedade limitada rege-se, nas omissões deste Capítulo, pelas normas da sociedade simples. Parágrafo único. O contrato social poderá prever a regência supletiva da sociedade limitada pelas normas da sociedade anônima.

de emissão privada de debêntures como forma de captação de recursos financeiros.

1. Sociedade Limitada

1.1. Considerações Preliminares a Respeito da Sociedade Limitada

Inicialmente, destaca-se o conceito doutrinário e legal de sociedade.

Do ponto de vista doutrinário, Alfredo de Assis Gonçalves Neto[2] conceitua sociedade como:

> [...] um negócio jurídico que tem por próposito criar um novo sujeito de direito, distinto das pessoas (ou da pessoa) que o ajustam, capaz de direito e de obrigações na ordem civil, para facilitar o intercâmbio no mundo do direito, interpondo-se entre seus criadores (ou criador) e terceiros na realização de negócios ou, ainda, sociedade é a organização resultante de um negócio jurídico produzidos pela formação da vontade de uma ou várias pessoas, para se interpor nas relações entre elas e terceiros, que o ordenamento chancela como modo de preencher uma determinada função – qual seja a de facilitar a prática de atos ou negócios jurídicos voltados à realização de certos fins econômicos por elas pretendidos.

Já do ponto de vista legal, a Lei nº 10.406/2002 (Código Civil), mais especificamente o seu artigo 981[3], conceitua a sociedade como sendo o contrato firmado por pessoas que recipro-

[2] Gonçalves Neto, Alfredo de Assis Gonçalves. Direito de Empresa: comentários aos artigos 966 a 1.195 do Código Civil – 6 ed., ver., atual. e ampl. – São Paulo: Editora Revista dos Tribunais, 2016. P. 146 e 147.

[3] Art. 981. Celebram contrato de sociedade as pessoas que reciprocamente se obrigam a contribuir, com bens ou serviços, para o exercício de atividade econômica e a partilha, entre si, dos resultados. Parágrafo único. A atividade pode restringir-se à realização de um ou mais negócios determinados.

camente se obrigam a contribuir, com bens ou serviços, para o exercício de determinada atividade econômica e a partilha, entre si, dos resultados.

De forma geral, a sociedade é a união de esforços para o desenvolvimento de uma atividade, objetivando o lucro e a sua posterior partilha, a qual é dotada de personalidade jurídica[4] própria e distinta da de seus sócios (capacidade processual, negocial e patrimonial).

A sociedade se divide em diversos tipos societários, tais como, sociedade simples, sociedade limitada, sociedade por ações, sociedade em conta de participação, sociedade em nome coletivo e outros, os quais estão expressamente previstos no Código Civil e em leis específicas.

Cada tipo societário possui características e regras próprias relativas e relacionadas a constituição, responsabilidade, atividade (objeto social), formação do quadro societário e administrativo, desenvolvimento e manutenção, cuja escolha dependerá das reais intenções e vontade dos sócios fundadores (análise de cada caso concreto).

Especificamente em relação a sociedade limitada tem-se a sua definição clássica, conforme apresentado por Alfredo de Assis Gonçalves Neto[5]:

[4] Destaca-se que a sociedade limitada somente adquirirá personalidade jurídica quando for regularmente constituída, conforme os preceitos legais expostos, exemplificativamente, nos artigos 45 e 985 do Código Civil. Veja seus teores: Art. 45. Começa a existência legal das pessoas jurídicas de direito privado com a inscrição do ato constitutivo no respectivo registro, precedida, quando necessário, de autorização ou aprovação do Poder Executivo, averbando-se no registro todas as alterações por que passar o ato constitutivo. [...]. Art. 985. A sociedade adquire personalidade jurídica com a inscrição, no registro próprio e na forma da lei, dos seus atos constitutivos.

[5] Direito de Empresa: comentários aos artigos 966 a 1.195 do Código Civil – 6 ed., ver., atual. e ampl. – São Paulo: Editora Revista dos Tribunais, 2016. P. 367.

> [...] a sociedade definida como sociedade empresária[6], de natureza contratual e intuitu personae, cujos sócios não respondem pelas obrigações sociais, obrigando-se, tão somente, pelo pagamento do valor de suas quotas e pela efetiva integralização do capital social, por falta de realização da totalidade das entradas prometidas pelos sócios e pelo excesso de valor atribuído a bens aportados para sua formação.

Em complemento, destaca-se as principais características do referido tipo societário, quais sejam: (i) a responsabilidade dos sócios pelas obrigações sociais é limitada ao valor de suas respectivas quotas e, em caráter solidário, até a integralização do capital social[7]; (ii) a sociedade usufrui da redução de obrigações formais, sendo dispensada das excessivas publicações, tais como, a publicação do ato de constituição e de suas posteriores alterações contratuais, excetuando deliberações específicas de reestruturação societária[8] e aprovação de contas/balanço patrimonial[9], razão pela qual usufrui, consequentemente, da agili-

[6] Apesar de ser definida como sociedade empresária, seu tipo societário também pode ser utilizado por uma sociedade simples, conforme disposto no art. 983, segunda parte, do Código Civil. Art. 983. A sociedade empresária deve constituir-se segundo um dos tipos regulados nos arts. 1.039 a 1.092; a sociedade simples pode constituir-se de conformidade com um desses tipos, e, não o fazendo, subordina-se às normas que lhe são próprias. [...]

[7] Enquanto o capital social não estiver totalmente integralizado, todos os sócios respondem solidariamente por sua total integralização, conforme disposto no art. 1.052, da Lei nº 10.406/02, parte final. Vale também destacar a responsabilidade dos sócios pelo exato valor conferido aos bens integralizados ao capital social (art. 1.055, § 1º do CC), e pela evicção do bem e pela solvência do crédito aportado ao capital social (art. 1.005 do CC).

[8] Código Civil, Art. 1.122. Até noventa dias após publicados os atos relativos à incorporação, fusão ou cisão, o credor anterior, por ela prejudicado, poderá promover judicialmente a anulação deles. [...]

[9] Vale ressaltar a dicotomia existente acerca da obrigatoriedade de a sociedade limitada publicar seu balanço patrimonial: *i)* a legislação (art. 3º, da Lei

dade e simplicidade para sua constituição e manutenção; (iii) caracterizada – inicialmente – como sociedade de pessoas, isto é, as características pessoais de cada sócio era o que importava para a sua constituição e manutenção (habilidades, *Know How*, *affectio societatis*, etc.); (iv) utilizada – inicialmente – para pequenos empreendimentos; (v) administração enxuta, podendo ser exercida por apenas 01 (um) membro; e (vi) regulada, a princípio, pelas regras disciplinadas nos artigos 1.052 e seguintes do Código Civil (capítulo próprio).

1.2. Evolução da Sociedade Limitada

Na doutrina nacional ainda poderá ser encontrada a classificação e as distinções entre sociedade de pessoas e sociedade de capitais, sendo que a sociedade limitada sempre foi classificada como sociedade de pessoas, contudo, nos dias de hoje, tal classificação tornou-se totalmente inócua e ilógica.

Para o Jurista Alfredo de Assis Gonçalves Neto[10], a sociedade limitada há de ser considerada um tipo intermediário entre as sociedades de capital e de pessoas, visto a existência de normas que as aproximam as sociedades de capital, a qual foi conferindo, inclusive, a prerrogativa de optar, de modo supletivo, pela

nº 11.638/2007) não exige expressamente os atos de publicação, mas tão somente a escrituração e elaboração de demonstrações financeiras, obrigatoriamente auditada por auditoria independente; *ii)* enquanto que a Junta Comercial (especificamente a do Estado de São Paulo, por meio do Enunciado nº 41, disponível em http://www.institucional.jucesp.sp.gov.br/downloads/Delibera%C3%A7%C3%A3o%2002-2015.pdf. Acesso em 03 jun. 2017) exige a publicação, ultrapassando os limites de sua atuação e avançando as previsões da Lei. Sendo contraditório prever o cumprimento de obrigações cabíveis apenas para a sociedade anônima para sociedade constituída sob outra forma societária, sem que esta também usufrua dos bônus conferidos àquele tipo societário, como, por exemplo, a captação de recursos por meio de emissão de debêntures.

[10] Direito de Empresa: comentários aos artigos 966 a 1.195 do Código Civil – 6 ed., ver., atual. e ampl. – São Paulo: Editora Revista dos Tribunais, 2016. P. 367.

aplicabilidade das normas que regem este último tipo societário (art. 1.053, parágrafo único, do Código Civil).

Neste mesmo sentido, para Modesto Carvalhosa[11]:

> [...] a sociedade limitada já nasceu com esse caráter híbrido, mesclando características tanto de um quanto de outro grupo, ou seja, de sociedade de pessoas e de sociedades de capitais.

Adicionalmente, André Grunspun Pitta[12] define a sociedade limitada como um tipo societário híbrido entre as sociedades de pessoas e de capitais, justificando esta definição pela prerrogativa conferida pelo legislador aos sócios fundadores, aos quais é permitido escolher a feição pessoal ou institucional que regulará a sociedade limitada. O Autor complementa ainda seu entendimento expondo que a escolha será transposta por meio das regras intituladas no contrato social, como, por exemplo, cláusula dispondo sobre maior facilidade na cessão e transferência de quotas (maior liquidez) ou cláusula definindo uma estrutura administrativa mais complexa (com Diretoria e Conselho de Administração).

Neste ponto, vale compreender a citada diferença de sociedade de pessoas e de capitais, conforme exposto por Egberto Lacerda Teixeira[13]:

[11] CARVALHOSA, Modesto. Comentários ao Código Civil: parte especial: do direito de empresa (artigos 1.052 a 1.195), volume 13. 2 ed. – São Paulo: Saraiva, 2005. P. 36.

[12] PITTA, Grunspun Andre. A Possibilidade de Emissão de Debêntures por Sociedade Limitada Regida Supletivamente pela Lei das Sociedades por Ações. In: AZEVEDO, Luís André N. de Moura; CASTRO, Rodrigo R. Monteiro de (Coord.). Sociedade Limitada Contemporânea. São Paulo: Quartier Latin, 2013. P. 516 e 517.

[13] TEIXEIRA, Egberto Lacerda – Das Sociedades por Quotas de Responsabilidade Limitada, 2ª edição. São Paulo: Quartier Latin, 2006. P.24.

> Nas sociedades de pessoas os sócios aceitam-se tendo em consideração seus atributos pessoais. Repousam tais sociedades na confiança recíproca, no crédito, na solvência, na experiência dos sócios. Dizem-se formadas intuitu personae, motivo por que, via de regra, a morte, a incapacidade ou a falência de um dos sócios, provoca a dissolução da sociedade. Ademais, a quota pertencente ao sócio não pode ser transferida ou cedida inter vivos sem o expresso consentimento, por escrito, dos demais sócios. [...] Nas sociedades de capitais, ao contrário, a pessoa dos sócios não é levada em consideração especial. Unem-se os capitais, não os indivíduos. A transferência das quotas, ou ações, opera-se, via de regra, livremente. A morte, incapacidade ou falência dos sócios não prejudica a vida normal da sociedade. [...]

Contudo, conforme os entendimentos doutrinários já expostos acima, bem como sob o prisma societário atual – que será exposto abaixo –, as citadas definições e distinções caem por terra, visto que a sociedade limitada é reconhecida como um tipo societário híbrido.

Pelo prisma societário, tem-se – primeiramente – que tanto a sociedade limitada pode adotar feições de sociedade de pessoas ou de sociedade de capitais, como a sociedade por ações também pode adotar feições de sociedade de pessoas ou de sociedade de capitais, a depender da intenção de seus sócios fundadores, o que será expressamente transposto em seus respectivos atos constitutivos.

As sociedades por ações de capital fechado – as quais são adotadas por grandes empreendimentos econômicos[14] –, têm

[14] Veja como exemplo, o organograma societário do Grupo Votorantim S.A., disponível em http://www.mzweb.com.br/votorantim/web/conteudo_pt.asp?idioma=0&conta=28&tipo=38120 e file:///C:/Users/Camila%20C.%20Cazetta/Downloads/Comunicado%20ao%20Mercado_Incorpora%C3%A7%C3%A3o_Portugu%C3%AAs.pdf. Acesso em 18 ag. 2018.

a prerrogativa de inserirem em seus estatutos sociais, cláusula restringindo a livre cessão e circulação de suas ações[15] (são as chamadas "Cláusulas de Trava"), o que conferirá uma conotação de sociedade de pessoas (*intuito personae*). Ao passo que as sociedades limitadas podem estabelecer em seus respectivos contratos sociais cláusula[16] disciplinando sobre a livre cessão e transferência de quotas sociais, o que conferirá uma conotação de sociedades institucionais (*intuito pecuniae*).

Também vale destacar, como exemplo de mecanismo utilizado para restringir a livre cessão e circulação das ações/quotas, a inclusão das Cláusulas de Trava nos Acordos de Acionistas/Sócios[17], por força do qual os acionistas/sócios podem disciplinar minuciosamente as pertinentes regras de cessão e circulação, como, por exemplo, direito de preferência e sistemática de venda e compra de participação societária, o que pode ser adotado tanto pelas sociedades por ações de capital aberto e fechado, como pelas sociedades limitadas. E não é só, pelo

[15] A Lei nº 6.404/76 permite as sociedades de capital fechado reduzirem a livre cessão e transferência de ações, veja o teor do artigo 36 da referida Lei. Art. 36 – O estatuto da companhia fechada pode impor limitações à circulação das ações nominativas, contanto que regule minuciosamente tais limitações e não impeça a negociação, nem sujeite o acionista ao arbítrio dos órgãos de administração da companhia ou da maioria dos acionistas. Parágrafo único. A limitação à circulação criada por alteração estatutária somente se aplicará às ações cujos titulares com ela expressamente concordarem, mediante pedido de averbação no livro de "Registro de Ações Nominativas".

[16] Regra disciplinada no art. 1.057, "caput", do Código Civil. Art. 1.057. Na omissão do contrato, o sócio pode ceder sua quota, total ou parcialmente, a quem seja sócio, independentemente de audiência dos outros, ou a estranho, se não houver oposição de titulares de mais de um quarto do capital social. [...]

[17] Conforme prerrogativa disciplinada no art. 118, "caput", da Lei nº 6.404/76. Art. 118. Os acordos de acionistas, sobre a compra e venda de suas ações, preferência para adquiri-las, exercício do direito a voto, ou do poder de controle deverão ser observados pela companhia quando arquivados na sua sede. [...]

Acordo de Acionistas/Sócios[18], os acionistas/sócios podem tratar de diversos outros assuntos que conferirão a conotação de sociedade de pessoas ou de sociedade de capitais (tudo a depender da realmente intenção dos sócios).

Assim, tem-se que os referidos tipos societários podem adotar tanto características de sociedade de pessoas como de sociedade de capitais – caindo por terra as distinções e definições expostas acima –, conforme entendimento de Egberto Lacerda Teixeira[19]:

> Todas as sociedades são de pessoas e de capitais a um só tempo. Nas sociedades de capitais observam-se traços personalistas acentuados, como as limitações à circulação das ações em atenção à pessoa dos sócios, e nas sociedades de pessoas introduzem-se cláusulas permitindo a continuação da sociedade em caso de morte, falência ou incapacidade de um dos sócios, bem como a livre cessão das quotas a terceiros obedecidas certas formalidades.

Há quem defenda[20] também que, o próprio legislador aproximou as características da sociedade limitada aos da sociedade por ações, no momento em que – com o advento do novo Código Civil (Lei nº 10.406/2002) – estatuiu diversas normas cogentes acerca de quóruns, procedimentos e burocracias a

[18] Segundo Luís Rodolfo Cruz e Creuz; [...] resulta confortante a afirmação de que a norma contida no art. 118 da Lei nº 6.404, 15 de dezembro de 1976, pode ser larga e irrestritamente aplicada a estrutura das atuais Sociedades Limitadas [...] (Creuz, Luís Rodolfo Cruz e. Acordo de quotistas – São Paulo: IOB Thomson, 2007. P. 89 e 90).

[19] Das Sociedades por Quotas de Responsabilidade Limitada, 2ª edição. São Paulo: Quartier Latin, 2006. P. 25.

[20] Leite, Barém Leonardo. A Nova Sociedade Limitada Brasileira (Uma Visão Histórica e Crítica, e Aspectos de Governança Corporativa). In: Azevedo, Luís André N. de Moura; Castro, Rodrigo R. Monteiro de (Coord.). Sociedade Limitada Contemporânea. São Paulo: Quartier Latin, 2013. P. 665 a 687.

serem seguidos pelos sócios, tornando o tipo societário mais complexo e detalhado, passando do que antes era considerado simples, curto e flexível, para uma estrutura rígida e complexa baseada nas determinações do legislador.

Outra característica de proximidade entre as duas naturezas societárias é a impossibilidade de participação de sócio prestador de serviços (conforme disposto no art. 1.055, § 2º, do Código Civil[21]), de modo que os sócios, no âmbito das sociedades limitadas somente podem contribuir com dinheiro ou bens suscetíveis de avaliação, ou seja, os sócios passam a deter característica de investidores, similar ao funcionamento das sociedades por ações.

E não é só, pode-se dizer ainda que, o próprio legislador reconheceu o caráter híbrido da sociedade limitada, no momento em que estatuiu a regra do artigo 1.053, do Código Civil, permitindo expressamente que os sócios fundadores escolhessem o caráter que seria adotado[22].

Ademais, os tribunais pátrios também têm reconhecido o caráter híbrido das sociedades limitadas[23].

[21] Art. 1.055. O capital social divide-se em quotas, iguais ou desiguais, cabendo uma ou diversas a cada sócio. [...]§ 2º É vedada contribuição que consista em prestação de serviços.

[22] Inclusive pode-se dizer que este caráter híbrido também foi reconhecido pelo Departamento de Registro Empresarial e Integração (DREI), órgão responsável pela orientação sobre os procedimentos registrais de atos societários, ao qual se submetem as Juntas Comerciais, o qual expressamente, por meio da Instrução Normativa nº 38, Anexo II (Sociedade Limitada), reconheceu a aplicabilidade de institutos exclusivos das Sociedades por Ações às Sociedades Limitadas, tais como, as Quotas Preferenciais, Quotas em Tesouraria, Conselho de Administração e Conselho Fiscal.

[23] Destaca-se os seguintes julgados: *i)* **Sociedade limitada – Cessão de quotas a terceiros – Inexistência de vedação contratual da alienação das quotas a terceiros, respeitada a preferência dos demais sócios e da empresa – Sócios que não manifestaram a preferência – Sentença mantida – Recurso improvido. (TJSP. Segunda Câmara de Direito Privado. Ap. 414.448.4/2-00.**

Destaca-se que não apenas o entendimento doutrinário e jurisprudencial tem evoluído, mas – e principalmente – a prática societária também tem evoluído, de modo que com o passar do tempo, a sociedade limitada foi adotando proporções maiores, passando a participar de grandes estruturas organizacionais e conglomerados econômicos.

Veja o caso do "Grupo Avon", cujo organograma societário segue destacado abaixo (Organograma 1 – figura meramente ilustrativa, elaborada única e exclusivamente com dados e informações públicos, extraídos de sites de pesquisa), socieda-

Relator José Joaquim dos Santos. Data Julgamento 18/12/2007.) Trechos destacados da referida decisão: "Outra questão importante acerca da natureza da sociedade limitada, pertinente ao tema em discussão, é a sua classificação como sociedade de pessoas ou de capital. O critério utilizado nessa classificação é o "grau de dependência da sociedade em relação às qualidades subjetivas dos sócios." Na sociedade de pessoas, prevalecem essas características subjetivas, pois o que interessa é a pessoa do sócio. Já na sociedade de capital, diferentemente, o que tem relevância é a contribuição material efetivada pelo sócio em favor da sociedade. *A limitada, como se sabe, tem natureza híbrida, não sendo, genuinamente, nem de pessoas, nem de capital.*" (g.n) "Em suma, a apelante poderia ter optado por uma estrutura mais rígida e fechada, aproximando-se verdadeiramente da sociedade de pessoas mas, ao contrário, abriu caminho para o ingresso de estranhos, nos termos da previsão contratual já citada, impondo apenas como condição o direito de preferência. E, desse modo, se quisesse preservar o princípio da "affectio societatis", já que abriu o ingresso a estranhos, deveria cuidar da aquisição das cotas ofertadas pelos sócios retirantes, o que não ocorreu."; e *ii)* **Apelação cível. Dissolução e liquidação de sociedades. Interesse processual. Possibilidade de julgamento neste grau de jurisdição. Sociedade por quotas de responsabilidade limitada. Falecimento de sócio. Alteração contratual não registrada. Ampliação de direito dos herdeiros. Eficácia em relação aos sócios e aos herdeiros. Participação societária. Cerceamento de defesa. Inocorrência.** [...] 5. Inicialmente, oportuno destacar que na sociedade por quotas de responsabilidade limitada, o elemento preponderante de sua constituição –*intuitu personae* ou *intuitu pecuniae*, pode variar de acordo com a intenção de seus integrantes. É o que se denomina de caráter híbrido da sociedade limitada. [...] (TJRS. 5ª Câmara Cível. Ap. Cível nº 70038723995. Relator – Des. Jorge Luiz Lopes do Canto. Data de Julgamento – 25/05/2011).

des estas consideradas especialistas e com grande *know how* e renome na área de cosméticos[24], as quais são estruturadas unicamente por sociedades do tipo limitada.

Organograma 1 – "Grupo Avon"

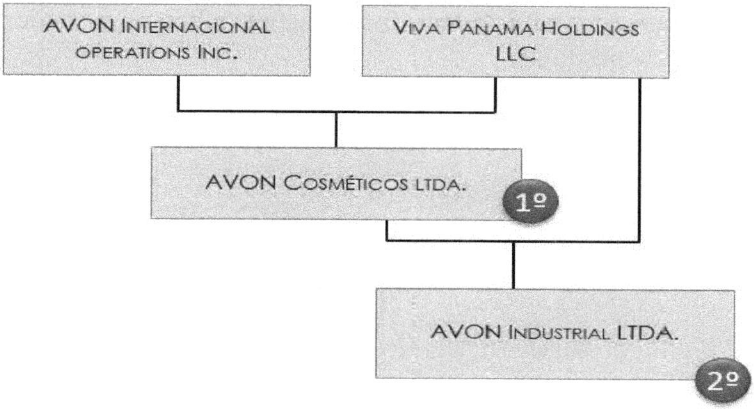

Fonte: Elaborado pela autora com dados extraídos da Junta Comercial e sites de pesquisa[25].

[24] Informações disponíveis em http://www.avon.com.br/. Acesso em 03 jun. 2017.

[25] Informações disponíveis em: **1º etapa** – *i)* https://www.jucesponline.sp.gov.br/ResultadoBusca.aspx?IDProduto=#WDlVqgeYp0CbaFCateKAAg%3d%3d. Acesso em 03 jun 2017; *ii)* https://www.jucesponline.sp.gov.br/Pre_Visualiza.aspx?nire=35213158514&idproduto=. Acesso em 03 jun 2017; *iii)* https://www.jucesponline.sp.gov.br/VisualizaTicket.aspx?sc=SN60wcNy3peVqIbX6zb4INz6cDeS0IApv%2f9wrcS3AGON2KqGUtxkke4lDSvdKIIP. Acesso em 03 jun 2017. **2º etapa** – *i)* https://www.jucesponline.sp.gov.br/ResultadoBusca.aspx?IDProduto=#WDlVqgeYp0CbaFCateKAAg%3d%3d. Acesso em 03 jun 2017; *ii)* https://www.jucesponline.sp.gov.br/Pre_Visualiza.aspx?nire=35200807047&idproduto=. Acesso em 03 jun 2017; *iii)* https://www.jucesponline.sp.gov.br/VisualizaTicket.aspx?sc=SN60wcNy3pfYgl%2fcGM8ExdNIxd0IaYbfR8kyNSbxXQXZalcj8eBaWhOobE%2fHMrRr. Acesso em 03 jun 2017.

Outro exemplo é o caso da Sociedade Royal Canin (denominação completa Royal Canin do Brasil Indústria e Comércio Ltda.), a qual detém significativo renome na área de nutrição e saúde animal[26], sendo constituída por apenas uma sociedade do tipo limitada. Veja o organograma societário abaixo (Organograma 2 – figura meramente ilustrativa, elaborada única e exclusivamente com dados e informações públicos, extraídos de sites de pesquisa).

Organograma 2 – Royal Canin

Fonte: Elaborado pela autora com dados extraídos da Junta Comercial e sites de pesquisa[27].

Percebe-se pela análise dos citados organogramas societários, que as sociedades limitadas vêm ganhando importante papel e espaço no mercado, participando, de forma crescente, de grandes empreendimentos e estruturas organizacionais, ganhando, assim, corpo e presença no mundo jurídico.

[26] Informações disponíveis em http://www.royalcanin.com.br/. Acesso em 03 jun. 2017.

[27] Informações disponíveis em: i) https://www.jucesponline.sp.gov.br/ResultadoBusca.aspx?IDProduto=#STUqvoo4bX8ekrfJOwriAw%3d%3d. Acesso em 03 jun. 2017; *ii)* https://www.jucesponline.sp.gov.br/Pre_Visualiza.aspx?nire=35209157207&idproduto=. Acesso em 03 jun. 2017; e *iii)* https://www.jucesponline.sp.gov.br/VisualizaTicket.aspx?sc=SN60wcNy3pfagWONHeyj5CX196EH0X5mW6eQHG5NgrrfxfPiHB7yrYVdEUNWwYHI. Acesso em 03 jun. 2017.

Não restam dúvidas, portanto, de que a sociedade limitada é um tipo societário híbrido, podendo adotar características tanto de sociedade de pessoas como de sociedade de capitais, a depender do intuito dos sócios fundadores (o que será expressamente transposto e tratado no respectivo contrato social), também não restam dúvidas acerca de sua evolução e crescimento, a qual vem sendo adotada por médios e grandes empreendimentos (sendo crescente a sua importância e participação no mundo jurídico), e não mais apenas por pequenos empreendimentos (como era antigamente conhecida).

1.3. Comparação Entre Sociedade Limitada e Sociedade por Ações

Como visto no capítulo anterior, a sociedade limitada e a sociedade por ações de capital fechado podem adotar tanto feições de sociedade de pessoas como de sociedade de capitais, a depender da intenção dos sócios e acionistas, o que será transposta e tratada nos respectivos atos constitutivos.

Ademais, e ainda nesta seara, vale comparar as similaridades – unicamente no âmbito da prática comercial –, dos referidos tipos societários, conforme exposto no quadro abaixo:

Quadro 1 – Comparativo Societário

Assuntos	Sociedade Limitada	Sociedade por Ações Capital Fechado	Sociedade por Ações Capital Aberto
Responsabilidades dos sócios e acionistas	A responsabilidade pelas obrigações sociais é limitada ao valor das respectivas quotas sociais, excetuando a responsabilidade solidária pela integralização total do capital social[28].	A responsabilidade pelas obrigações sociais é individual e limitada ao preço de emissão das ações que cada acionista subscreve ou adquire[29].	A responsabilidade pelas obrigações sociais é individual e limitada ao preço de emissão das ações que cada acionista subscreve ou adquire[30].
Administração	Exercida por um ou mais administradores, designados como diretores ou administradores[31]. Existe ainda o conselho fiscal, cuja instalação é facultativa[32].	Exercida por uma diretoria (composta por, no mínimo, dois membros[33]). Opcionalmente, poderá constituir um Conselho de Administração. Existe ainda o conselho fiscal, cuja instalação é facultativa[34].	Exercida pelo conselho de administração[35] (composto por, no mínimo, três membros[36]) e pela diretoria (composta por, no mínimo, dois membros[37]). Existe ainda o conselho fiscal, cuja instalação é facultativa[38].
Captação de Recursos	Captação de valores com investidores específicos ou em instituições financeiras[39].	Captação de valores com investidores específicos ou em instituições financeiras[40].	Captação de valores no mercado de capitais (investidores específicos ou indeterminados) ou em instituições financeiras[41].
Registro junto a Comissão de Valores Mobiliários	Dispensado	Dispensado	Obrigatório[42]
Distribuição de Lucros	Prevalecerá a decisão da maioria dos sócios presentes, salvo se de outra forma dispuser o contrato social[43].	Prevalecerá a decisão da maioria dos acionistas presentes, salvo se de outra forma dispuser o estatuto social[44].	Prevalecerá a decisão da maioria dos acionistas presentes[45].
Publicações – Atos societários	Dispensada de qualquer publicação (excetuando as relacionadas sobre reestruturação societária[46]).	Obrigatoriedade de publicação de determinados atos societários, como, por exemplo, o ato de constituição e as atas de Assembleia Geral Ordinária[47/48].	Obrigatoriedade de publicação de determinados atos societários, como, por exemplo, o ato de constituição e as Atas de Assembleia Geral Ordinária[49].

Assuntos	Sociedade Limitada	Sociedade por Ações Capital Fechado	Sociedade por Ações Capital Aberto
Regularização - Demonstrações Financeiras	Se a sociedade limitada for enquadrada no conceito de sociedade de grande porte deverá observar as mesmas regras aplicáveis às Sociedades por Ações atinentes a escrituração das demonstrações financeiras[50/51].	Obrigatoriedade de escrituração das demonstrações financeiras, que deverão ser auditadas por auditoria independente e previamente publicados, salvo se a companhia tiver menos de vinte acionistas, com patrimônio líquido inferior a R$1.000.000,00[52].	Obrigatoriedade de escrituração das demonstrações financeiras, que deverão ser auditadas por auditoria independente e previamente publicados[53].
Regras de Cessão e Transferência de Participação Societária	O contrato social poderá prever a sistemática relacionada à circulação das quotas sociais[54].	O estatuto social poderá prever limitações relacionadas à circulação das ações nominativas[55].	Vigora, a princípio, a ampla liquidez de cessão e transferência de ações.

Fonte: Elaborado pela autora com dados extraídos da Junta Comercial, CVM e legislação.

[28] Regra disciplinada no art. 1.052 do Código Civil. Art. 1.052. Na sociedade limitada, a responsabilidade de cada sócio é restrita ao valor de suas quotas, mas todos respondem solidariamente pela integralização do capital social.

[29] Regra disciplinada no art. 1º da Lei nº 6.404/76. Art. 1º A companhia ou sociedade anônima terá o capital dividido em ações, e a responsabilidade dos sócios ou acionistas será limitada ao preço de emissão das ações subscritas ou adquiridas.

[30] Idem ao disposto na Nota 29 supra.

[31] Regra disciplinada no art. 1.060, "caput", do Código Civil. Art. 1.060. A sociedade limitada é administrada por uma ou mais pessoas designadas no contrato social ou em ato separado. [...]

[32] Regra disciplinada no art. 1.066, "caput", do Código Civil. Art. 1.066. Sem prejuízo dos poderes da assembleia dos sócios, pode o contrato instituir conselho fiscal composto de três ou mais membros e respectivos suplentes, sócios ou não, residentes no País, eleitos na assembleia anual prevista no art. 1.078. [...]

[33] Regra disciplinada no art. 143, "caput", da Lei nº 6.404/76. Art. 143. A Diretoria será composta por 2 (dois) ou mais diretores, eleitos e destituíveis a qualquer tempo pelo conselho de administração, ou, se inexistente, pela assembléia-geral, devendo o estatuto estabelecer: [...]

[34] Regra disciplinada no art. 161, "caput", da Lei nº 6.404/76. Art. 161. A companhia terá um conselho fiscal e o estatuto disporá sobre seu funcionamento,

de modo permanente ou nos exercícios sociais em que for instalado a pedido de acionistas. [...]

[35] Regra disciplinada no parágrafo 2º, do art. 138, da Lei nº 6.404/76. Art. 138. [...] § 2º As companhias abertas e as de capital autorizado terão, obrigatoriamente, conselho de administração. [...]

[36] Regra disciplinada no art. 140, "caput", da Lei nº 6.404/76. Art. 140. O conselho de administração será composto por, no mínimo, 3 (três) membros, eleitos pela assembleia-geral e por ela destituíveis a qualquer tempo, devendo o estatuto estabelecer: [...]

[37] Idem ao disposto na Nota 33 supra.

[38] Idem ao disposto na Nota 34 supra, contudo, as melhores práticas de governança corporativa entendem ser obrigatória a instalação de conselho fiscal.

[39] A princípio, a sociedade limitada não pode negociar contratos de investimento coletivo no mercado de valores mobiliários, excetuando as Notas Comerciais e as Notas Promissórias, conforme será analisado mais adiante.

[40] Regra disciplinada no art. 4º, "caput", da Lei nº 6.404/76. Art. 4o Para os efeitos desta Lei, a companhia é aberta ou fechada conforme os valores mobiliários de sua emissão estejam ou não admitidos à negociação no mercado de valores mobiliários. [...]

[41] Idem ao disposto na Nota 40 supra.

[42] Obrigatório no caso de negociação de valores no mercado de capitais, conforme disposto no § 1º, do art. 4º, da Lei nº 6.404/76. Art. 4º [...] § 1o Somente os valores mobiliários de emissão de companhia registrada na Comissão de Valores Mobiliários podem ser negociados no mercado de valores mobiliários. [...]

[43] Conforme regra disciplinada no art. 1.076, inciso III, do Código Civil. Art. 1.076 [...] III – pela maioria de votos dos presentes, nos demais casos previstos na lei ou no contrato, se este não exigir maioria mais elevada.

[44] Conforme regra disciplinada no art. 129, "caput" e § 1º, da Lei nº 6.404/76. Art. 129. As deliberações da assembléia-geral, ressalvadas as exceções previstas em lei, serão tomadas por maioria absoluta de votos, não se computando os votos em branco. § 1º O estatuto da companhia fechada pode aumentar o quorum exigido para certas deliberações, desde que especifique as matérias. [...]

[45] Conforme regra disciplinada no art. 129, "caput", da Lei nº 6.404/76. Art. 129. As deliberações da assembléia-geral, ressalvadas as exceções previstas em lei, serão tomadas por maioria absoluta de votos, não se computando os votos em branco. [...]

[46] Conforme regra disciplinada no art. 1.122, "caput", do Código Civil. Art. 1.122. Até noventa dias após publicados os atos relativos à incorporação, fusão

ou cisão, o credor anterior, por ela prejudicado, poderá promover judicialmente a anulação deles. [...]

47 Conforme regra disciplinada nos art. 94 e 134, § 5º, da Lei nº 6.404/76. Art. 94. Nenhuma companhia poderá funcionar sem que sejam arquivados e publicados seus atos constitutivos. Art. 134 [...] § 5º A ata da assembléia-geral ordinária será arquivada no registro do comércio e publicada. [...]

48 Destaca-se que na prática, parcela das sociedades de capital fechado não publicam os atos societários exigidos pela Lei, como exemplo, as Sociedades Construtora e Incorporadora Maciel S.A. e Big Construtora e Incorporadora S.A., dados disponíveis em https://www.jucesponline.sp.gov.br/VisualizaTicket.aspx?sc=SN60wcNy3pdEiFsVPNtXp2%2fxgBZA3u8GWKIAj4sFaRsvQoooFULm%2bADLTs0NHp8g e https://www.jucesponline.sp.gov.br/VisualizaTicket.aspx?sc=SN60wcNy3pcWAAHi9colm5YsE0jtAXrzo35X%2frqUOacjady7%2bhcXYvhTilk2oVd%2b. Acesso em 03 jun 2017.

49 Idem ao disposto na Nota 47 supra.

50 Regra disciplinada no art. 3º, da Lei nº 11.638/2007. Art. 3o Aplicam-se às sociedades de grande porte, ainda que não constituídas sob a forma de sociedades por ações, as disposições da Lei nº 6.404, de 15 de dezembro de 1976, sobre escrituração e elaboração de demonstrações financeiras e a obrigatoriedade de auditoria independente por auditor registrado na Comissão de Valores Mobiliários. Parágrafo único. Considera-se de grande porte, para os fins exclusivos desta Lei, a sociedade ou conjunto de sociedades sob controle comum que tiver, no exercício social anterior, ativo total superior a R$ 240.000.000,00 (duzentos e quarenta milhões de reais) ou receita bruta anual superior a R$ 300.000.000,00 (trezentos milhões de reais).

51 Note-se que a regra tratada na Nota anterior foi introduzida como sendo mais uma forma de controle, visto que o tipo societário da limitada tem sido adotada por grandes empreendimentos e conglomerados econômicos.

52 Regras disciplinadas nos art. 176 e seguintes e no art. 294, inciso II, todos da Lei nº 6.404/76.

53 Regras disciplinadas nos art. 176 e seguintes da Lei nº 6.404/76.

54 Regra disciplinada no art. 1.057, "caput", do Código Civil. Art. 1.057. Na omissão do contrato, o sócio pode ceder sua quota, total ou parcialmente, a quem seja sócio, independentemente de audiência dos outros, ou a estranho, se não houver oposição de titulares de mais de um quarto do capital social.

55 Regra disciplinada no art. 36, "caput", da Lei nº 6.404/76. Art. 36. O estatuto da companhia fechada pode impor limitações à circulação das ações nominativas, contanto que regule minuciosamente tais limitações e não impeça a

Percebe-se pelo exposto no quadro acima que as principais diferenças entre as sociedades limitadas e as sociedades por ações estão relacionadas às características estruturais e burocráticas, de modo que a sociedade limitada comporta uma estrutura mais simples e, por conseguinte, mais econômica, sendo equivocadamente atrelada – por tal razão – a pequenos empreendimentos, o que acaba corroborando para a limitação das respectivas formas de captação de recursos financeiros.

Ao passo que a sociedade por ações detém – de um lado – uma estrutura mais complexa e, por conseguinte, com custos elevados de manutenção, enquanto que – de outro lado e em contrapartida a referida estrutura considerada institucional –, tem a prerrogativa de utilizar instrumentos de captação de recursos a custos menores do que aqueles cobrados no mercado financeiro, os quais poderão ser negociados tanto de forma privada como de forma pública, sendo este último caso regulado, obrigatoriamente, pela Comissão de Valores Mobiliários ("CVM").

Com relação, especificamente, a sociedade limitada e a sociedade por ações de capital fechado é possível perceber as suas semelhanças – unicamente sob a ótica da prática societária – em decorrência desta última adotar – em determinados casos – os seguintes comportamentos: (i) uma estrutura administrativa enxuta, com apenas a constituição de uma diretoria, composta por no máximo 02 (dois) membros[56]; (ii) dispensa das publicações de seus atos societários[57] (mesmo contrariando dispositi-

negociação, nem sujeite o acionista ao arbítrio dos órgãos de administração da companhia ou da maioria dos acionistas.

[56] Cita-se como exemplo o caso da Sociedade Big Construtora e Incorporadora S.A., a qual apenas detém uma diretoria composta por apenas 02 (dois) membros, informações disponíveis em: https://www.jucesponline.sp.gov.br/VisualizaTicket.aspx?sc=SN60wcNy3pcWAAHi9colm5YsE0jtAXrzo35X%2frqUOaojady7%2bhcXYvhTilk2oVd%2b. Acesso em 06 jun. 2017.

[57] Cita-se como exemplo os casos das Sociedades Construtora e Incorporadora Maciel S.A. e Big Construtora e Incorporadora S.A., as quais não publicaram a

vos da Lei nº 6.404/76, visto que por não serem reguladas pela CVM e por não terem capital disperso, o que poderia resultar em prejuízos aos direitos dos acionistas minoritários, não existe risco eminente que os acionistas e administradores não prefiram correr para reduzir os custos registrais); (iii) confusão entre as pessoas dos acionistas com as pessoas dos administradores (informalidade e pessoalidade)[58]; e (iv) descomprometimento com as obrigações legais atinentes as prestações e aprovações das contas sociais (informalidade e ausência de transparência)[59].

Ademais, vale destacar que as sociedades limitadas são regidas pelo princípio da liberdade contratual, de modo que os sócios fundadores têm a prerrogativa de estatuírem cláusulas contratuais com características de sociedades institucionais, como, por exemplo, uma estrutura administrativa mais

maioria ou quase todos os seus atos societários, dados disponíveis em: https://www.jucesponline.sp.gov.br/VisualizaTicket.aspx?sc=SN60wcNy3pdEiFsVPNtXp2%2fxgBZA3u8GWKIAj4sFaRsvQoooFULm%2bADLTs0NHp8g e https://www.jucesponline.sp.gov.br/VisualizaTicket.aspx?sc=SN60wcNy3pcWAAHi9colm5YsE0jtAXrzo35X%2frqUOaojady7%2bhcXYvhTilk2oVd%2b. Acesso em 03 jun. 2017.

58 Cita-se como exemplo o caso da Sociedade Big Construtora e Incorporadora S.A., cujos Acionistas também ocupam os cargos de Diretores, informações disponíveis em: https://www.jucesponline.sp.gov.br/VisualizaTicket.aspx?sc=SN60wcNy3pcWAAHi9colm5YsE0jtAXrzo35X%2frqUOaojady7%2bhcXYvhTilk2oVd%2b e https://www.jucesponline.sp.gov.br/VisualizaTicket.aspx?sc=SN60wcNy3pfUqJ9rY2ZfkNE2kQ0ZRaKVotLMkExtmqyFh0x48HvjJfU5OgL3Ltqx. Acesso em 03 jun. 2017.

59 Cita-se como exemplo o caso das Sociedades Construtora e Incorporadora Maciel S.A. e Big Construtora e Incorporadora S.A., cujos acionistas não aprovaram as contas na forma da lei, informações disponíveis em: https://www.jucesponline.sp.gov.br/VisualizaTicket.aspx?sc=SN60wcNy3pdEiFsVPNtXp2%2fxgBZA3u8GWKIAj4sFaRsvQoooFULm%2bADLTs0NHp8g e https://www.jucesponline.sp.gov.br/VisualizaTicket.aspx?sc=SN60wcNy3pcWAAHi9colm5YsE0jtAXrzo35X%2frqUOaojady7%2bhcXYvhTilk2oVd%2b. Acesso em 03 jun. 2017.

complexa[60], maior facilidade para a cessão e transferência das quotas ("liquidez")[61] e, assim por diante, aproximando-se, portanto, das características da referida sociedade institucional.

Analisando os exemplos acima, não restam dúvidas acerca da proximidade – atinentes as questões unicamente práticas – das sociedades limitadas com as sociedades por ações de capital fechado, a qual pode emitir e negociar valores mobiliários junto a investidores determinados, enquanto que àquela está impedida de utilizar tal mecanismo como forma de captação de recursos financeiros.

Impedimento este que procurar-se-á refutar no presente trabalho – especificamente em relação as operações de emissão e negociação de debêntures –, visto ser carecedor de fundamentação legal e/ou regulatória.

1.4. Aplicabilidade do Artigo 1.053 da Lei nº 10.406/02 – Sistemática Geral

A sociedade limitada possui um regime jurídico próprio, o qual está disciplinado nos artigos 1.052 a 1.087, todos do Código Civil, o qual é complementado – *como regra geral* – pelas disposições da sociedade simples – regulada pelos artigos 997 a 1.038, todos do Código Civil – visto que estas disposições são consideradas normas gerais aplicáveis a todos os tipos societários previstos no Código Civil.

Diz-se ainda de forma geral, pois o legislador confere ampla prerrogativa para os sócios fundadores de uma sociedade limitada escolherem o regime supletivo a ser aplicado à sociedade limitada no caso de omissão do contrato social ou nos casos de

[60] Veja o caso da Royal Canin, seu quadro administrativo é composto por 04 (quatro) membros. Informação disponível em: https://www.jucesponline.sp.gov.br/VisualizaTicket.aspx?sc=SN60wcNy3pfagWONHeyj5CX196EH0X5mW6eQHG5NgrrfxfPiHB7yrYVdEUNWwYHI. Acesso 03 jun. 2017.

[61] Conforme prerrogativa disciplina no art. 1.057, "caput", do Código Civil.

lacuna da lei, conforme disposto no art. 1.053, do Código Civil, abaixo transcrito:

> Art. 1.053. A sociedade limitada rege-se, nas omissões deste Capítulo, pelas normas da sociedade simples.
>
> Parágrafo único. O contrato social poderá prever a regência supletiva da sociedade limitada pelas normas da sociedade anônima.

Veja-se que os sócios fundadores têm ampla autonomia para escolherem as regras que regerão a sociedade limitada nos casos de lacuna legal ou contratual, seja a escolha por uma estrutura mais complexa e institucional, como é o caso das sociedades por ações, ou a escolha por uma estrutura mais simplificada, como é o caso das sociedades simples.

Deste modo, o regime supletivo a ser aplicado nos casos omissos ou lacunosos será aquele expressamente previsto no contrato social da sociedade limitada, definido unicamente pelos sócios fundadores.

Contudo, a previsão contratual não é mais a principal regra que deve-se observar, o Superior Tribunal de Justiça já proferiu entendimento quanto a esta questão, dispensando a previsão contratual e reconhecendo a aplicação supletiva da Lei das Sociedades por Ações. Veja-se [Recurso Especial nº 1.396.716 – MG (2013/0253770-4). Relator: Ministro Paulo de Tarso Sanseverino. Data do Julgamento: 24/03/2015]:

> A recorrente, por sua vez, alegou ser inaplicável a legislação das sociedades anônimas, pois a regra do art. 1.053, parágrafo único, do Código Civil, estatui que a aplicação subsidiária só é admissível quando houver disposição expressa no contrato social.
>
> Confira-se o teor do dispositivo em comento:
>
> **Art. 1.053.** A sociedade limitada rege-se, nas omissões deste Capítulo, pelas normas da sociedade simples.

> **Parágrafo único.** O contrato social poderá prever a regência supletiva da sociedade limitada pelas normas da sociedade anônima.
>
> Não assiste razão à recorrente, pois tem sido reconhecida como perfeitamente possível a aplicação supletiva da Lei n. 6.404/76 (Lei das SA) às sociedades por quotas de responsabilidade limitada.
>
> Nesse sentido, relembre-se a lição de **Fábio Ulhoa Coelho** (Manual de Direito Comercial: Direito de Empresa, 26 ed. São Paulo: Saraiva, 2014, págs. 184/186):
>
> "(...)
>
> A limitada é disciplinada em capítulo próprio do Código Civil (arts. 1.052 a 1.087).
>
> Este conjunto de normas, porém, não é suficiente para disciplinar a imensa gama de questões jurídicas relativas às limitadas. Outras disposições e diplomas legais, portanto, também se aplicam a este tipo societário.
>
> (...)
>
> De se notar que a lei das sociedades por ações, por sua abrangência e superioridade técnica tem sido aplicada a todos os tipos societários, inclusive a limitada, também por via analógica.
>
> Quer dizer, sendo o Código Civil lacunoso, poderá o juiz aplicar a LSA, mesmo que o regime de regência supletiva da limitada seja o das sociedades simples."
>
> Portanto, deve ser reconhecida a possibilidade de aplicação subsidiária das disposições da Lei n. 6.404/76 (Lei das Sociedades Anônimas) as sociedades por quotas de responsabilidade limitada.

Note-se que, independentemente de previsão contratual quanto a escolha do regime supletivo a ser aplicado em caso de omissão ou lacuna, já é reconhecido a aplicação subsidiária da Lei nº 6.404/76 às sociedades limitadas. Sendo certo que, a previsão expressa no contrato social da sociedade limitada, minimizaria este tipo de questionamento, sendo inclusive recomendado que não haja apenas a inclusão de cláusula genérica acerca da aplicabilidade da Lei nº 6.404/76, mas sim a inclusão dos institutos das sociedades por ações que se pretende aplicar.

Não obstante a discussão acerca da obrigatoriedade de previsão contratual, cabe também analisar se a matéria que se pretende aplicar às sociedades limitadas já não possui disciplina no capítulo próprio deste tipo societário, nas palavras do Jurista Alfredo de Assis Gonçalves Neto[62]:

> Não é possível que uma regra da Lei do Anonimato venha a ser aplicada quando há tratamento específico da matéria nesses dispositivos legais.

Nas palavras do referido Jurista, o caráter supletivo da norma (Lei nº 6.404/76) não é alternativo nem substitutivo do regime próprio a que está sujeita a sociedade limitada. Deste modo, cabe primeiramente analisar se o capítulo próprio da sociedade limitada já não prevê o assunto que se pretende aplicar.

Neste mesmo sentido, André Grunspun Pitta[63] destaca que em raros casos, o regime da sociedade limitada faz menção expressa aos artigos do Código Civil que regulam a sociedade simples, a exemplo do art. 1.054[64] (hipótese em que não

[62] GONÇALVES NETO, Alfredo de Assis Gonçalves. Direito de Empresa: comentários aos artigos 966 a 1.195 do Código Civil – 6 ed., ver., atual. e ampl. – São Paulo: Editora Revista dos Tribunais, 2016. P. 373.

[63] PITTA, Grunspun Andre. A Possibilidade de Emissão de Debêntures por Sociedade Limitada Regida Supletivamente pela Lei das Sociedades por Ações. In: AZEVEDO, Luís André N. de Moura; CASTRO, Rodrigo R. Monteiro de (Coord.). Sociedade Limitada Contemporânea. São Paulo: Quartier Latin, 2013. P. 518 e 519.

[64] Art. 1.054. O contrato mencionará, no que couber, as indicações do art. 997, e, se for o caso, a firma social. Destaca-se que o artigo 977, citado no referido artigo 1.054, está inserido no capítulo próprio das Sociedades Simples no Código Civil.

há omissão, mas sim referência expressa ao regime societário geral eleito pelo Código Civil), de modo que além de analisar previamente o capítulo próprio da sociedade limitada, cabe analisar também o capítulo da sociedade simples desde que haja menção expressa de que aquele dispositivo se aplica, também, as sociedades limitadas.

Temos ainda entendimento mais conservador, a Autora Paula Forgioni[65] defende que não há que se falar em aplicação do regime jurídico das sociedades por ações a uma sociedade limitada com relação as disposições que contém expresso tratamento no Código Civil, quer seja no capítulo específico das sociedades limitadas, quer seja no capítulo das sociedades simples.

Por outro lado, existe corrente doutrinária antagônica a citada acima, a qual defende que, uma vez optado pela aplicação supletiva da Lei das Sociedades por Ações, caberá nos casos lacunosos observar primeiramente as disposições da Lei nº 6.404/76, e somente se esta for omissa, deverá socorrer-se as disposições previstas no capítulo das sociedades simples[66].

Neste sentido, destaca-se o entendimento do Jurista Modesto Carvalhosa[67], o qual defende que nos casos em que as regras

[65] FORGIONI, Paula. A Unicidade do Regramento Jurídico das Sociedades Limitadas e o Art. 1.053 do Código Civil – Usos e Costumes e Regência Supletiva. In: VON ADAMEK, Marcelo Vieira (coordenador). Temas de Direito Societário e Empresarial Contemporâneos ("Liber Amicorum" – Prof. Dr. Erasmo Valladão Azevedo e Novaes França). São Paulo: Malheiros, 2011. P. 154.

[66] CARVALHOSA entende ser inadequado a previsão do art. 1.053, "caput", uma vez que a estrutura orgânica da sociedade limitada se aproximou mais daquela prevista para as sociedades por ações do que com a prevista para as sociedades simples – CARVALHOSA, Modesto; AZEVEDO, Antônio Junqueira de (Coord.). Comentários ao Código Civil: parte especial. Do Direito de Empresa. Da Sociedade Personificada – arts. 1052 a 1195. São Paulo: Saraiva, vol. 13, 2003, p. 40.

[67] CARVALHOSA, MODESTO. AZEVEDO, Antônio Junqueira de (Coord.). Comentários ao Código Civil: parte especial. Do Direito de Empresa. Da Sociedade Personificada – arts. 1052 a 1195. São Paulo: Saraiva, vol. 13, 2003. P. 46.

específicas sobre as sociedades limitadas não puderem ser supridas pela Lei das Sociedades por Ações (quando esta tiver sido a escolha como norma supletiva), deve-se entender aplicáveis por analogia, diante da omissão supletiva, as regras das sociedades simples.

Entendimento este que melhor se aplica a evolução das sociedades limitadas, e as respectivas práticas societárias e do mercado.

Adicionalmente ao disposto acima, a transposição dos dispositivos previstos na Lei das Sociedades por Ações não é automática (independentemente da corrente doutrinária adotada), exige-se uma análise da compatibilidade da matéria que se pretende aplicar, isto é, cabe analisar se a matéria é compatível com a natureza e a estrutura da sociedade limitada[68].

Momento importante para relembrar que a sociedade limitada detém natureza híbrida, se aproximando das características das sociedades institucionais, cuja estrutura poderá ser mais simplista ou mais institucional, a depender da intenção dos sócios fundadores.

Algumas matérias previstas na Lei das Sociedades por Ações são recorrentemente apontadas como incompatíveis com o regime jurídico das sociedades limitadas, como, por exemplo, a emissão de títulos estranhos ao capital social – englobando a emissão de debêntures – contudo, os Doutrinadores[69] que

[68] Pitta, Grunspun Andre. A Possibilidade de Emissão de Debêntures por Sociedade Limitada Regida Supletivamente pela Lei das Sociedades por Ações. In: Azevedo, Luís André N. de Moura; Castro, Rodrigo R. Monteiro de (Coord.). Sociedade Limitada Contemporânea. São Paulo: Quartier Latin, 2013. P. 518 a 519.

[69] Cita-se como exemplo o entendimento do Jurista Modesto Carvalhosa, tratado na obra Comentários ao Código Civil: parte especial. Do Direito de Empresa. Da Sociedade Personificada – arts. 1052 a 1195. São Paulo: Saraiva, vol. 13, 2003. P. 45. Além disso, outros doutrinadores como Alfredo de Assis Gonçalves e o Fábio Ulhoa Coelho, também defendem a incompatibilidade da

defendem esta incompatibilidade apenas se ativeram em indicá-las como tal, mas não fundamentaram expressamente (seja de forma técnica, lógica e/ou legal) as respectivas razões que as tornam incompatíveis.

No entanto, razões não faltam para refutar a recorrente alegação de incompatibilidade acerca da possibilidade de emissão de debêntures por sociedade limitada, o que será estudado ao longo dos próximos capítulos.

Assim, de forma geral, quando se discute acerca da aplicabilidade da Lei das Sociedades por Ações as sociedades limitadas, cabe observar o seguinte: (i) a opção adotada pelos sócios fundadores (ressalva-se que dependendo da matéria a ser transposta, a aplicação será imediata, independentemente de previsão contratual); (ii) se a matéria que se pretende aplicar supletivamente já está disciplinada no capítulo próprio das sociedades limitadas no Código Civil (incluindo os casos em que há referência expressa da aplicabilidade supletiva das normas dispostas no capítulo próprio da sociedade simples); e (iii) a compatibilidade da matéria que se pretende aplicar com a estrutura e natureza das sociedades limitadas (a depender da análise de cada caso concreto).

emissão de debêntures por sociedade limitada, por entenderem que se esta emissão fosse admitida romperia com o princípio da tipicidade adotada pelo Código Civil em relação as sociedades, permitindo que se constituísse um tipo híbrido, ou por entenderem que esta emissão ultrapassa o âmbito de negociação entre os sócios ("contratualidade da matéria"), contudo – e com a devida vênia – estas justificativas são totalmente passíveis de serem refutadas, primeiramente, porque a sociedade limitada já é reconhecida como tipo societário híbrido (pelo próprio entendimento do Jurista Alfredo de Assis Gonçalves) e principalmente pelo atual cenário econômico do Brasil e a constante evolução do tipo societário da limitada, assuntos estes que serão tratados nos próximos capítulos. Entendimentos tratados em GONÇALVES NETO, Alfredo de Assis Gonçalves. Direito de Empresa: comentários aos artigos 966 a 1.195 do Código Civil – 6 ed., ver., atual. e ampl. – São Paulo: Editora Revista dos Tribunais, 2016. P. 374 e COELHO, Fabio Ulhoa. Curso de direito comercial, volume 2: direito de empresa. São Paulo: Saraiva, 2012. P. 398.

2. Debêntures

2.1. Considerações Preliminares Acerca das Debêntures

As sociedades – no decorrer da vida social – necessitam, por diversas vezes, obter recursos financeiros – seja por meio dos próprios sócios ou de terceiros – para a manutenção ou para o aprimoramento de suas atividades sociais.

Por tais razões, as sociedades socorrem-se de diversas formas para captação de recursos financeiros, como, por exemplo: (i) autocapitalização; (ii) empréstimos junto aos sócios e/ou terceiros, mediante a elaboração de contratos de empréstimos/mútuos; (iii) empréstimos junto ao sistema financeiro (banco e instituições financeiras); (iv) emissão de títulos de crédito como, por exemplo, nota promissória e duplicata; e (v) emissão de valores mobiliários, como, por exemplo, aumento de capital social mediante emissão de novas ações e/ou a emissão e negociação de debêntures.

Especificamente em relação as debêntures, consideradas espécie de valor mobiliário sujeito as disposições da Lei nº 6.385/76[70], reguladas pelas regras dispostas no Capítulo V, da Lei nº 6.404/76, são definidas como direito de crédito contra a

[70] Veja-se a redação do artigo 2º, da Lei 6.385/76:
Art. 2º. São valores mobiliários sujeitos ao regime desta Lei:
I – as ações, debêntures e bônus de subscrição;
II – os cupons, direitos, recibos de subscrição e certificados de desdobramento relativos aos valores mobiliários referidos no inciso II;
III – os certificados de depósito de valores mobiliários;
IV – as cédulas de debêntures;
V – as cotas de fundos de investimento em valores mobiliários ou de clubes de investimento em quaisquer ativos;
VI – as notas comerciais;
VII – os contratos futuros, de opções e outros derivativos, cujos ativos subjacentes sejam valores mobiliários;
VIII – outros contratos derivativos, independentemente dos ativos subjacentes; e
IX – quando ofertados publicamente, quaisquer outros títulos ou contratos de investimento coletivo, que gerem direito de participação, de parceria ou de

sociedade que as emitiu, nas condições constantes da respectiva escritura de emissão e do respectivo certificado, caso existente[71].

Neste mesmo sentido, o Jurista Nelson Eizirik[72] explica:

> A debênture confere ao seu titular um direito de crédito contra a companhia emissora, cujas condições devem ser objeto de precisa estipulação na escritura de emissão e no certificado, se houver. Trata-se de valor mobiliário que pode ser negociado no mercado de capitais.

Ainda, Andre Grunspun Pitta[73] leciona que:

> As debêntures são tradicionalmente associadas à ideia de um mútuo, no qual a sociedade emissora figura na posição de mutuária e os tomadores dos títulos na posição de uma coletividade de mutuantes, titulares de frações do crédito global, de acordo com a quantidade de debêntures de que são titulares. Neste sentido, as debêntures são costumeiramente caracterizadas como um contrato de mútuo mercantil.

Veja que a principal característica da debênture é a criação do direito creditório do beneficiário perante a sociedade emissora, configurando uma típica promessa de pagamento.

remuneração, inclusive resultante de prestação de serviços, cujos rendimentos advêm do esforço do empreendedor ou de terceiros. [...] (grifo nosso)

[71] Veja o teor do artigo 52 da Lei nº 6.404/76. Art. 52. A companhia poderá emitir debêntures que conferirão aos seus titulares direito de crédito contra ela, nas condições constantes da escritura de emissão e, se houver, do certificado.

[72] Eizirik, Nelson. A Lei das S/A Comentada. Volume I – Arts. 1º a 120. São Paulo: Quartier Latin 2011. P. 316.

[73] Pitta, Grunspun Andre. A Possibilidade de Emissão de Debêntures por Sociedade Limitada Regida Supletivamente pela Lei das Sociedades por Ações. In: Azevedo, Luís André N. de Moura; Castro, Rodrigo R. Monteiro de (Coord.). Sociedade Limitada Contemporânea. São Paulo: Quartier Latin, 2013. P. 521.

As debêntures também são caracterizadas como títulos de crédito em sua essência, conforme entendimento doutrinário[74/75/76], pois representa um direito creditório mesmo não apresentando todas as características tradicionais daqueles títulos, isto porque, a debênture tem perdido o requisito da cartularidade ao admitir a sua emissão na forma escritural ou pela falta do requisito da literalidade, na medida em que a sua criação vincula-se à deliberação da assembleia geral. Assim, de forma geral, pode-se concluir que as debêntures também são – em sua essência – títulos de crédito.

A debênture assegura ao seu titular determinada remuneração, mediante o pagamento de: (i) juros fixos; (ii) juros variáveis; (iii) prêmio de reembolso; (iv) participação nos lucros da companhia; (v) conversibilidade em ação; ou, ainda, (vi) atualização monetária mediante determinado e específico índice de correção monetária.

A Lei nº 6.404/76[77] [78] disciplina as formas cabíveis de remuneração das debêntures, as quais podem ser realizadas em momentos periódicos ou apenas ao final, no momento de seu

[74] Tavares Borba, José Edwaldo – APUD citado na Obra do André Grunspun Pitta. P. 601.

[75] Carvalhosa, Modesto – APUD citado na Obra do André Grunspun Pitta. P. 601.

[76] O Jurista Alfredo Sergio Lazzareschi Neto afirma que as debêntures são títulos de crédito (Lei das sociedades por ações anotada. 3 ed. Ver., atual. e ampl. – São Paulo: Saraiva, 2010, p. 82).

[77] Veja o teor dos artigos 56 e 57, "caput" da Lei nº 6.404/76. Art. 56. A debênture poderá assegurar ao seu titular juros, fixos ou variáveis, participação no lucro da companhia e prêmio de reembolso. Art. 57. A debênture poderá ser conversível em ações nas condições constantes da escritura de emissão, que especificará: [...]

[78] Por curiosidade, vale destacar que a CVM e o Banco Central limitaram as formas de remunerações cabíveis às debêntures, por meio da Decisão Conjunta nº 13/2003, atinente apenas as debêntures colocadas à distribuição pública. Para alguns estudiosos, como o caso de Ary Oswaldo Mattos Filho, esta Decisão não tem suporte legal, na medida que contrariou dispositivo expresso da lei

vencimento, o que deverá ser definido minuciosamente na escritura de emissão, observando os seguintes limites: (i) os juros fixos são limitados aos juros legais previstos nos artigos 406[79] e 591[80] da Lei nº 10.406/02 (Código Civil) e, complementarmente, no disposto nos Enunciados nº 20[81] e 34[82] da Primeira Jornada de Direito Civil, os quais determinam que os juros não podem ultrapassar o limite de 1% ao mês ou 12% ao ano; (ii) os juros variáveis consistem na estipulação de uma taxa fundada em um sistema de apuração qualquer, cuja divulgação se proceda de forma regular e confiável, como, por exemplo, TR, DI e TJLP; (iii) o prêmio de reembolso significa o pagamento de uma determinada quantia, além do preço do valor do investimento inicial, devido no vencimento, ou quando da amortização ou do resgate; (iv) ainda como forma de remuneração tem-se a possibilidade de fixação de determinado porcentual sobre

(MATTOS FILHO, Ary Oswaldo. Direito dos Valores Mobiliários. Rio de Janeiro: FGV, 2015. P. 44.).

79 Art. 406. Quando os juros moratórios não forem convencionados, ou o forem sem taxa estipulada, ou quando provierem de determinação da lei, serão fixados segundo a taxa que estiver em vigor para a mora do pagamento de impostos devidos à Fazenda Nacional.

80 Art. 591. Destinando-se o mútuo a fins econômicos, presumem-se devidos juros, os quais, sob pena de redução, não poderão exceder a taxa a que se refere o art. 406, permitida a capitalização anual.

81 20 – Art. 406: a taxa de juros moratórios a que se refere o art. 406 é a do art. 161, § 1º, do Código Tributário Nacional, ou seja, um por cento ao mês. A utilização da taxa SELIC como índice de apuração dos juros legais não é juridicamente segura, porque impede o prévio conhecimento dos juros; não é operacional, porque seu uso será inviável sempre que se calcularem somente juros ou somente correção monetária; é incompatível com a regra do art. 591 do novo Código Civil, que permite apenas a capitalização anual dos juros, e pode ser incompatível com o art. 192, § 3º, da Constituição Federal, se resultarem juros reais superiores a doze por cento ao ano.

82 34 – Art. 591: no novo Código Civil, quaisquer contratos de mútuo destinados a fins econômicos presumem-se onerosos (art. 591), ficando a taxa de juros compensatórios limitada ao disposto no art. 406, com capitalização anual.

o lucro da companhia, sendo que os debenturistas receberão sua participação antes de qualquer acionista, visto se tratar de uma dívida e não de um resultado eventualmente atribuível ao sócio[83]; (v) adicionalmente, a companhia poderá estabelecer como forma de remuneração a conversibilidade da debênture em ações, momento a partir do qual o debenturista adquire a qualidade de acionista, juntamente com os respectivos direitos políticos e econômicos da espécie da ação convertida; e (vi) a debênture poderá conter cláusula de correção monetária, com base nos coeficientes fixados para correção de títulos da dívida pública, na variação da taxa cambial ou em outros referenciais não expressamente vedados em lei, conforme disposto no § 1º, do art. 54 da Lei nº 6.404/76[84].

Esta espécie de valor mobiliário normalmente é emitida para obtenção de recursos financeiros de médio e longo prazo, o que confere maior período de tempo para a sociedade emissora se reestruturar, investir e reaver os valores necessários para a quitação dos empréstimos tomados.

De forma adicional, a companhia emissora deverá assegurar ao potencial investidor algum forma de garantia[85] – para concessão de maior segurança a exequibilidade do valor mobiliário –, o que poderá se dar por uma das seguintes formas: (i) garantia real; (ii) garantia flutuante; (iii) não gozar de preferência; e (iv) sem garantia, por ser subordinada aos demais credores.

[83] Conforme disciplinado pelo doutrinador Ary Oswaldo Mattos Filho. Direito dos Valores Mobiliários. Rio de Janeiro: FGV, 2015. P. 53.

[84] Art. 54. [...] § 1º A debênture poderá conter cláusula de correção monetária, com base nos coeficientes fixados para correção de títulos da dívida pública, na variação da taxa cambial ou em outros referenciais não expressamente vedados em lei. [...]

[85] Art. 58. A debênture poderá, conforme dispuser a escritura de emissão, ter garantia real ou garantia flutuante, não gozar de preferência ou ser subordinada aos demais credores da companhia.

Adicionalmente, ao debenturista é assegurado o direito de participar de determinadas deliberações sociais, tais como, a redução do capital social[86], a incorporação, fusão ou cisão da companhia emissora[87], a mudança no objeto social da companhia emissora[88], a criação de ações preferenciais ou modificações das vantagens conferidas[89], sem prejuízo de quaisquer outras matérias incluídas e tratadas na escritura de emissão de debêntures.

Não obstante ao citado direito de participação em deliberações específicas, a legislação também assegura aos debenturistas o direito de se reunirem em assembleia especial para tratar da responsabilidade do agente fiduciário (pessoa abaixo identificada) e da sua substituição, bem como a inadimplência da companhia emissora, das modificações nas condições das debêntures, ou para deliberar sobre qualquer outro assunto que seja de interesse da comunhão dos debenturistas[90].

[86] Hipótese disciplinada no § 3º, do art. 174, da Lei nº 6.404/76. Veja o teor: [...] § 3º Se houver em circulação debêntures emitidas pela companhia, a redução do capital, nos casos previstos neste artigo, não poderá ser efetivada sem prévia aprovação pela maioria dos debenturistas, reunidos em assembleia especial.

[87] Hipótese disciplinada no art. 231 da Lei nº 6.404/76. Veja o teor: Art. 231. A incorporação, fusão ou cisão da companhia emissora de debêntures em circulação dependerá da prévia aprovação dos debenturistas, reunidos em assembleia especialmente convocada com esse fim. [...]

[88] Hipótese disciplinada no § 2º, letra "a", do art. 57 da Lei nº 6.404/76. Veja o teor: [...] § 2º Enquanto puder ser exercido o direito à conversão, dependerá de prévia aprovação dos debenturistas, em assembleia especial, ou de seu agente fiduciário, a alteração do estatuto para: *a)* mudar o objeto da companhia; [...]

[89] Hipótese disciplinada no § 2º, letra "b", do art. 57 da Lei nº 6.404/76. Veja o teor: [...] § 2º Enquanto puder ser exercido o direito à conversão, dependerá de prévia aprovação dos debenturistas, em assembleia especial, ou de seu agente fiduciário, a alteração do estatuto para: b) criar ações preferenciais ou modificar as vantagens das existentes, em prejuízo das ações em que são conversíveis as debêntures.

[90] Conforme apontado por Nelson Eizirik. EIZIRIK, Nelson. A Lei das S.A. Comentada. Volume I. Artigos 1º a 120. São Paulo: Quartier Latin, 2011. P. 434 e 435.

A representação da comunhão dos debenturistas[91] perante a companhia ocorrerá por intermédio do agente fiduciário, o qual poderá ser tanto uma pessoa física como uma pessoa jurídica, estranha a relação creditícia, incumbida de realizar suas tarefas de modo profissional e permanente, sendo para tanto remunerada, cujos deveres são, resumidamente: *i)* proteger os direitos e interesses dos debenturistas; *ii)* representar, no âmbito interno e externo da Companhia, os interesses dos debenturistas; *iii)* providenciar as medidas cabíveis para o cumprimento do que foi deliberado em Assembleia Geral dos Debenturistas; *iv)* elaborar relatório e colocá-lo anualmente a disposição dos debenturistas, no prazo de 04 (quatro) meses do encerramento de cada exercício social, informando os fatos relevantes ocorridos durante o exercício, relativos à execução das obrigações assumidas pela companhia, aos bens garantidores das debêntures e a constituição e aplicação do fundo de amortização, se houver; e *v)* notificar os debenturistas, no prazo máximo de 60 (sessenta) dias, de qualquer inadimplemento, pela companhia, de obrigações assumidas na escritura da emissão.

Outro grande ponto que torna a debênture uma espécie de empréstimo ainda mais vantajosa é a carga tributária diferenciada, comparada com outras formas de obtenção de recursos financeiros, tanto para a sociedade emissora como para o próprio investidor[92].

[91] Sempre observando a congregação de debenturistas que tenham os mesmos interesses enquanto credores, isto é, titulares de uma mesma emissão ou de uma mesma série de debenturistas, podendo, eventualmente, reunir debenturistas distintos para deliberarem aquilo que seja de interesse comum, entendimento este de Ary Oswaldo Mattos Filho (Ary Oswaldo Mattos Filho. Direito dos Valores Mobiliários. Rio de Janeiro: FGV, 2015. P. 187).

[92] De forma exemplificativa, sem adentrar ao mérito específico, visto a delicadeza do assunto, o qual caberia ser objeto de outro estudo apartado, destaca-se que as debêntures emitidas por prazo superior a 30 (trinta) dias tem alíquota reduzida à zero para o recolhimento do IOF seja pessoa física ou jurídica residente, ou

Ainda, a companhia que desejar emitir e negociar debêntures deverá, primeiramente, observar o seguinte trâmite legal: (i) prévia aprovação dos acionistas em assembleia geral[93]; (ii) definição das condições que regerão as debêntures (ex. remuneração, garantia, forma de subscrição, prazo, forma de pagamento, agente fiduciário, etc.); (iii) cumprimento de todas as formalidades e exigências estatuídas pela CVM, em caso de subscrição pública; (iv) elaboração da respectiva escritura ou certificado de emissão; (v) registro na Junta Comercial; e (vi) formalidades de publicação.

Diante do exposto acima, a debênture, em sua essência, nada mais é do que um direito de crédito instituído por meio de um procedimento burocrático, que confere a sociedade emissora a prerrogativa de escolher a melhor forma de remuneração e garantia, conforme as necessidades sociais e a atratividade desejável (dentre a amplitude de opções conferidas pela lei), assegurando aos debenturistas, por outro lado, formas de garantia e fiscalização eficazes, que tornam o investimento ainda mais atraente, tanto do ponto de vista do investidor como da sociedade emissora.

2.2. Possibilidade de Emissão de Debêntures por Sociedade Limitada

2.2.1. Indeferimento do Pedido de Arquivamento

Primeiramente, discute-se a impossibilidade da emissão de debêntures por sociedades limitadas pelo simples fato de a Lei

ainda, no caso de debêntures de SPE incentivas a alíquota é reduzida à zero para o recolhimento de IR para a adquirente pessoa física residente ou 15% (quinze por cento) para adquirente pessoa jurídica residente.

93 Toda a sistemática de emissão de debêntures está prevista nos artigos 59 e seguintes da Lei nº 6.404/76. Destaca-se que o Conselho de Administração também poderá deliberar sobre a emissão de debêntures, na forma e nos casos disciplinados nos § 1º e 2º, do art. 59 da referida Lei.

nº 6.404/76 mencionar a palavra "Companhia", o que limita a operação de emissão de debêntures apenas para este tipo societário (as sociedades por ações).

Esta foi a primeira justificativa apresentada pela Junta Comercial do Estado do Rio de Janeiro ("JUCERJA"), a qual indeferiu o pedido de arquivamento de Ata de Assembleia Geral de Sociedade Limitada que aprovou a emissão de debêntures, baseando-se meramente em uma análise literal do art. 52 da Lei nº 6.404/76[94], argumentando que o referido artigo apenas menciona a palavra "Companhia", e por tal razão a operação limita-se apenas as sociedades por ações, tornando a sociedade limitada, por conseguinte, pessoa jurídica não legitimada, conforme exposto no Processo nº 07-2012/232000-0 da JUCERJA[95], o qual trata do pedido de arquivamento da Ata de Assembleia Geral de cotistas da Sociedade Lotus Azul Incorporação e Empreendimentos Imobiliários SPE Ltda., realizada em 28/06/2012.

A JUCERJA complementou a justificativa de indeferimento pautando-se na natureza e estrutura da sociedade limitada, a qual sendo contratual, não comportaria, em regra, a emissão de valores mobiliários, admitindo a emissão apenas pelas sociedades que possuem natureza institucional, como as anônimas.

O referido indeferimento advertiu também que os valores mobiliários listados na Lei nº 6.385/76 seriam apenas relacionados as entidades de natureza institucional e que, ainda, inexiste previsão expressa em lei autorizando a emissão de debêntures por sociedade limitada[96].

[94] Art. 52. A companhia poderá emitir debêntures que conferirão aos seus titulares direito de crédito contra ela, nas condições constantes da escritura de emissão e, se houver, do certificado.

[95] Processo disponível em https://www.jucerja.rj.gov.br/JucerjaPortalWeb/Paginas/Institucional/Procuradoria.aspx. Acesso em 04 mar. 2017.

[96] AMARAL do Garcia, José Romeu. Regime Jurídico das Debêntures. São Paulo: Almedina, 2014. P.165.

Outro caso identificado foi o indeferimento da Junta Comercial do Estado de São Paulo ("JUCESP")[97] ao pedido de arquivamento de escritura de emissão de debêntures lavrada por sociedade empresária limitada baseando-se na ausência de previsão legal. A JUCESP acrescentou que, embora haja divergência na interpretação pela doutrina, somente há previsão no âmbito das sociedades anônimas, razão pela qual deveria haver regulamentação da matéria pela CVM.

Em que pese o devido respeito, razões não faltam para refutar e contra argumentar todas as justificativas apresentadas pela JUCERJA e JUCESP, cujas atuações são totalmente antiquadas e pretéritas, além de contrárias a diversos preceitos legais e doutrinários.

O indeferimento de uma operação pautada unicamente em uma interpretação literal e gramatical de um artigo isolado, contraria – abruptamente – os melhores métodos de interpretação existentes no mundo jurídico, em especial, a interpretação lógico-sistemática ou histórica e evolutiva do direito societário.

A argumentação de que não há previsão legal para sua efetivação, afronta diretamente os preceitos da Constituição Federal, a qual determina que ninguém será obrigado a fazer ou a deixar de fazer alguma coisa senão em virtude de lei.

Sem esquecer que a CVM tem competência e finalidade específicas, delimitadas e disciplinadas em Lei, de modo que a sua atuação além daquilo que lhe foi atribuído, afrontaria totalmente as regras de competência estatuídas pelo nosso direito (as áreas do direito devem caminhar harmonicamente, sem ferir as disposições e competências individuais).

[97] Ata da Sessão Plenária da JUCESP nº 47/2012 (ordinária), de 26 de junho de 2012, p. 6. APUD AMARAL do Garcia, José Romeu. Regime Jurídico das Debêntures. São Paulo: Almedina, 2014. P.163 e 164.

Ainda, qualquer argumentação pautada na ausência de previsão legal fere os princípios básicos do direito privado, quais sejam, os princípios da autonomia privada e da livre iniciativa.

Em tempo, a argumentação de incompatibilidade pautada na estrutura e na natureza da sociedade limitada contraria e afronta a sua constante evolução, a qual é reconhecida expressamente como tipo societário híbrido pelos principais estudiosos e juristas que se debruçaram sobre o tema.

Passar-se-á a analisar adiante, de forma individual e minuciosa, cada uma das justificativas apresentadas pelas Juntas Comerciais nos casos em epígrafe.

2.2.1.1. Debênture Classificada como Valor Mobiliário – Lei nº 6.385/76

A debênture, como já estudado, é uma espécie de valor mobiliário por força do disposto no artigo 2º, inciso I, da Lei nº 6.385/76 que, na primeira leitura e estudo confere a falsa impressão de ser vocacionada única e exclusivamente à emissão e à distribuição pública em massa e, por conseguinte, limitada apenas as sociedades ditas institucionais[98].

Diz-se falsa impressão, pois valores mobiliários, nos termos da Lei nº 6.385/76[99], são definidos como quaisquer títulos ou

[98] Diversas doutrinas iniciam o estudo da debênture classificando-a como valor mobiliário, a qual é tendenciosamente destinada a distribuição pública, contudo, os mesmos doutrinadores, paralelamente e sequencialmente, defendem a possibilidade de sua emissão privada, conforme disposto pelo estudioso Ary Oswaldo Mattos Filho: "é a debênture um investimento coletivo desenhado a ser transacionado em mercados de bolsa ou de balcão. Nada impede, entretanto, que a mesma emissão não seja objeto de colocação pública, mas sim de oferta privada a um ou muito poucos investidores." (Direito dos Valores Mobiliários. Rio de Janeiro: FGV, 2015. Tomo 2. P. 16).

[99] A Lei nº 6.385/76 - Art. 2º São valores mobiliários sujeitos ao regime desta Lei: [...] IX – quando ofertados publicamente, quaisquer outros títulos ou contratos de investimento coletivo, que gerem direito de participação, de

contratos de investimento coletivo, *ofertados publicamente*, que gerem direito de participação, de parceria ou de remuneração, inclusive resultante de prestação de serviços, cujos rendimentos advêm do esforço do empreendedor ou de terceiros.

Contudo, apesar da definição legal supra – a qual somente foi criada posteriormente para evitar a distribuição e a oferta ao público em geral de qualquer outro instrumento de captação de recursos que não estivesse elencado na própria lei –, o artigo 2º da referida lei elenca todos os documentos e instrumentos que são considerados valores mobiliários, *os quais, dependendo do tipo, podem ser perfeitamente ofertados tanto de forma pública como privada, incluindo as debêntures*[100].

Ainda, o valor mobiliário é conceituado, doutrinariamente[101], como a exteriorização jurídica de um elo econômico que surge da relação obrigacional que une o poupador (credor) e o empreendedor (devedor) em um investimento comum, *os quais poderão ser ofertados ao público em geral ou de forma privada.*

Veja-se que o valor mobiliário pode ser ofertado tanto de forma pública como de forma privada, sendo que a sua definição – legal ou doutrinária – é de extrema importância para a compreensão da limitação da atuação dos órgãos do Poder Exe-

parceria ou de remuneração, inclusive resultante de prestação de serviços, cujos rendimentos advêm do esforço do empreendedor ou de terceiros. [...].

100 Destaca-se como exemplo o caso da Sociedade Microsiga Software S.A.., a qual emitiu privadamente debêntures, dado disponível em: https://www.jucesponline.sp.gov.br/VisualizaTicket.aspx?sc=SN60wcNy3peT0aVzpZ9EpUAiQWUD8nA1PzcjbRwUy%2fYd%2fdifRcBuhRQvj4ljfNuu Acesso em 26 mar. 2017. E o caso da Sociedade Delga Indústria e Comercio S.A., cujos acionistas aprovaram o aumento do capital social mediante emissão privada de ações a serem subscritas e integralizadas pelos próprios acionistas, dado disponível em: https://www.jucesponline.sp.gov.br/VisualizaTicket.aspx?sc=SN60wcNy3pe0OCeazUxohRH%2b6YoVWT56Gnq9Lmg2pTTWI8wyqY%2fefpZ%2blef4hICn. Acesso em 03 jun. 2017.

101 Entendimento de Ary Oswaldo Mattos Filho. Direito dos Valores Mobiliários. Tomo 1. P. 27 e 51.

cutivo Federal encarregados de normatizar e incentivar o seu uso, bem como para compreensão dos limites e aplicabilidade das regras estatuídas pelos órgãos públicos, incluindo as regras de proteção estatuídas em favor dos poupadores que possam ser atingidos e, ainda, as regras de punição pela má utilização de seus mecanismos[102].

Em vista dessa importância, nossa legislação – conforme destacado acima – já resolveu qualquer discussão que pudesse surtir quanto ao conceito e o regramento de qualquer instrumento que seja considerando valor mobiliário, *definindo-os expressamente como os documentos emitidos e negociados publicamente*, estando, *nesta hipótese*, submetido ao regramento da Lei nº 6.385/76 e das instruções da CVM.

Deste modo, toda a negociação realizada publicamente, diga-se perante o mercado de capitais, estará submetida ao regramento próprio estatuído pela Lei e pela CVM. Contudo, por outro lado – como já destacado acima – os valores mobiliários, embora sejam tendenciosamente instrumentos a serem ofertados publicamente, também podem ser – perfeitamente – negociados de forma privada, hipótese esta regulamentada pelas normas do direito privado e, subsidiária e pontualmente pela Lei nº 6.385/76 e instruções da CVM[103].

Especificamente em relação as debêntures, tem-se no entendimento de Nelson Eizirik[104] que este tipo de empréstimo poderá ser contraído junto a restrito círculo de pessoas

[102] Conforme destacado por Ary Oswaldo Mattos Filho. Direito dos Valores Mobiliários. Tomo 1. P. 26.

[103] Diz-se subsidiária e pontualmente, pois determinadas e específicas regras relacionadas aos valores mobiliários individualmente deverão ser extraídas de referidas normas e instruções.

[104] Eizirik, Nelson; Gaal, Ariádna B.; Parente, Flávia; Henriques, Marcus de Freitas. Mercado de Capitais – Regime Jurídico. 3. Ed. revista e ampliada. – Rio de Janeiro: Renovar, 2011. P. 68 e 69.

(quando se trata de uma emissão privada) ou mediante apelo a poupança popular (no caso de emissão pública colocada no mercado de capitais).

Neste mesmo sentido, para o estudioso Ary Oswaldo Mattos Filho[105], a debênture poderá ser ofertada tanto pública como privadamente, sendo que se for ofertada publicamente, estará sujeita ao regramento complementar da CVM, e em, alguns casos, do Conselho Monetário Nacional.

Veja-se que – pelo entendimento doutrinário e pela prática do mercado supra citados – a debênture é uma espécie de valor mobiliário que pode ser emitida e negociada tanto perante um público indeterminado (subscrição pública) como perante um público determinado (subscrição privada), operações estas totalmente distintas e com regramento próprio.

Neste ponto, vale compreender cada uma das citadas operações.

A operação de emissão pública pode ser definida como a distribuição indiscriminada de qualquer valor mobiliário que se encaixe nas hipóteses e no conceito definido no artigo 2º, da Lei nº 6.385/76, a qualquer pessoa (sem qualquer tipo de individualização do ofertado), por meio da utilização de um dos sistemas identificados no parágrafo 3º, do artigo 19, da Lei nº 6.385/76 e no artigo 3º, da Instrução nº 400/2003 da CVM, como, por exemplo: (i) a utilização de listas ou boletins de venda ou subscrição, folhetos, prospectos ou anúncios, destinados ao público, por qualquer meio ou forma; (ii) a procura de subscritores ou adquirentes para os títulos por meio de empregados, agentes ou corretores; (iii) a negociação feita em loja, escritório ou estabelecimento aberto ao público, ou com a utilização dos serviços públicos de comunicação; e (iv) a negociação feita em loja, escritório ou estabelecimento aberto ao público

105 Direito dos Valores Mobiliários. Rio de Janeiro: FGV, 2015. Tomo 2. P. 26.

destinada, no todo ou em parte, a subscritores ou adquirentes indeterminados; hipóteses estas em que haverá, de forma obrigatória, a interveniência ativa da autarquia reguladora do mercado de capitais.

Enquanto que a operação de emissão privada pode ser definida como sendo a distribuição direta de valores mobiliários à pessoa determinada[106] ou a investidor qualificado, sem qualquer tipo de divulgação ao mercado e/ou intermediação, hipótese esta em que os efeitos da operação limitam-se apenas no âmbito das partes envolvidas, estando dispensadas – por óbvio – do regramento previsto na Lei nº 6.385/76 e nas instruções editadas pela CVM.

Também não é demais ressaltar que, todo o instituto jurídico deve existir para atender e cumprir com determinada função social, sendo que no caso, o valor mobiliário tem a função específica de financiar investimentos privados[107]. Assim, seja de forma pública ou privada, o valor mobiliário, independentemente do tipo previsto na Lei nº 6.385/76, deve ser emitido e negociado para o financiamento de investimentos (o que é imprescindível para qualquer tipo societário, seja sociedade por ações ou sociedade limitada). Sendo certo que, a emissão privada cumprirá perfeitamente com referida função.

[106] Por curiosidade, vale destacar a previsão do parágrafo primeiro, do art. 3º, da IN 400/2003 da CVM, o qual ressalta que, se a oferta for direcionada para acionista ou pessoa que já tenha relação comercial, creditícia, trabalhista com a emissora, não será considerado oferta pública. Veja seu teor: Art. 3º. São atos de distribuição pública a venda, promessa de venda, oferta à venda ou subscrição, assim como a aceitação de pedido de venda ou subscrição de valores mobiliários, de que conste qualquer um dos seguintes elementos: [...]
§1º Para efeito desta Instrução, considera-se como público em geral uma classe, categoria ou grupo de pessoas, ainda que individualizadas nesta qualidade, **ressalvados** aqueles que tenham prévia relação comercial, creditícia, societária ou trabalhista, estreita e habitual, com a emissora. (grifo nosso)

[107] Ary Oswaldo Mattos Filho. Direito dos Valores Mobiliários. Tomo 1. P. 25.

Desta forma – partindo-se dos preceitos da Lei e do entendimento doutrinário, bem como da competência da CVM –, as operações de subscrição privada de debêntures são perfeitamente possíveis, estando dispensadas das regras e obrigações estatuídas e disciplinadas pela Lei nº 6.385/76 e pela CVM, visto que os efeitos desta operação limitar-se-iam única e exclusivamente ao âmbito particular das partes envolvidas, sem qualquer tipo de participação no mercado de capitais.

Pelo exposto, a justificativa de incompatibilidade de emissão de debêntures por sociedades limitadas pautada no fato de que a debênture é um tipo de valor mobiliário suscetível unicamente a emissão pública e, por conseguinte unicamente compatível com as sociedades ditas institucionais, caem por terra, visto que a debênture, por mais que seja classificada como um tipo de valor mobiliário pode, perfeitamente, ser negociada privadamente, sem violar qualquer disposição legal e/ou regulatória.

2.2.1.2. Ausência de Previsão Legal e/ou Regulatória

A Lei nº 6.385/76 criou a Comissão de Valores Mobiliários ("CVM") e lhe outorgou amplos poderes para regular o mercado de capitais, facultando a autarquia a opção de exigir que os emissores de valores mobiliários se constituam sob a forma de sociedade por ações (artigo 2º, parágrafo 3º, inciso I, da referida Lei[108]).

A Lei nº 6.385/76, a Lei nº 6.404/76 e a CVM[109] traçam regras de proteção para o mercado de capitais, com o intuito de pro-

[108] Art. 2º. [...] § 3º Compete à Comissão de Valores Mobiliários expedir normas para a execução do disposto neste artigo, podendo: I – exigir que os emissores se constituam sob a forma de sociedade anônima; [...]

[109] A CVM emite diversas normas atinentes ao registro de sociedade, registro de oferta pública e a prestação periódica e eventual de informações sobre e relacionados a companhia emissora e sobre os valores mobiliários, informações estas julgadas suficientes e necessárias para que o Investidor, por si só, consiga

teger o investidor e o mercado como um todo, ficando a cargo da autarquia normatizar e fiscalizar a atuação dos diversos integrantes do mercado de capitais[110].

Por outro lado, as Leis nº 6.385/76, nº 6.404/76 ou nº 10.406/02 não vedaram e/ou proibiram que outros tipos societários, que não sejam as sociedades por ações, utilizem da operação de emissão privada de valores mobiliários como forma de captação de recursos[111], as restrições impostas pela CVM limitam-se única e exclusivamente as operações públicas, realizadas no mercado de capitais.

Nesta toada, lembre-se do conceito técnico de valor mobiliário, nos termos da Lei nº 6.385/76, o qual é definido como sendo quaisquer títulos ou contratos de investimento coletivo, *ofertados publicamente*, que gerem direito de participação, de parceria ou de remuneração, inclusive resultante de prestação de serviços, cujos rendimentos advêm do esforço do empreendedor ou de terceiros.

Nesse mesmo sentido, destaca-se que a restrição regulatória (sociedades constituídas sob a forma de sociedade por ações) instituída por meio da Instrução CVM nº 480, de 07 de dezembro de 2009, limita-se a emissão de títulos ou contratos de investimento coletivo para *distribuição pública*.

Veja-se que, tanto pela Lei nº 6.385/76 quanto pela CVM, a sociedade limitada (e/ou qualquer outro tipo societário) poderá valer-se da *emissão e negociação privada* de contratos de inves-

analisar se aquele investimento é seguro ou não, a CVM não assegura que o investimento seja seguro, ela apenas determina e elenca os documentos e as informações que considera relevante e necessários para que o Investidor decida por si próprio.

[110] Toledo Filho, Jorge Ribeiro de. Mercado de Capitais Brasileiro: uma introdução. São Paulo: Thomson Learning, 2006. P.103 a 105.

[111] Destaca-se que a legislação não vedou a operação de emissão privada de valores mobiliários por outros tipos societários.

timentos. Restando claro que somente os casos de emissão e negociação pública caracterizaria hipótese de alcance e fiscalização legal e regulatória.

Neste norte, salienta-se o entendimento de José Amaral[112], para o qual a "ausência de vedação legal seria o motivo suficiente para se admitir a criação de debêntures por sociedades limitadas, ainda mais se os seus contratos sociais forem regidos supletivamente pelas normas das sociedades anônimas".

O referido autor[113] ainda complementa, destacando a explicação de Silvio Rodrigues "a falta de legitimação ocorre quando a lei, tendo em vista a posição peculiar de determinadas pessoas em face de um negócio, lhes proíbe de atuar em uma dada relação jurídica". O que não foi tratado pelas leis citadas acima.

Note-se que o legislador e o órgão regulador do mercado de capitais não proibiram e/ou vedaram a operação de emissão privada de debêntures por sociedade limitada, os quais apenas restringiram as operações de emissão pública.

Neste sentido, nossa Constituição Federal é clara ao determinar que ninguém é obrigado a fazer ou deixar de fazer se não em virtude de Lei[114], logo, se não há lei proibitiva, ninguém pode ser forçado a deixar de fazer algo.

Também não há espaço para se argumentar que a inadmissibilidade está na falta de previsão regulatória[115], visto que a socie-

[112] AMARAL, José Romeu Garcia do. Regime Jurídico das Debêntures. São Paulo: Almedina. 2014. P. 165.

[113] AMARAL, José Romeu Garcia do. Regime Jurídico das Debêntures. São Paulo: Almedina. 2014. P. 165.

[114] Art. 5º – Todos são iguais perante a lei, sem distinção de qualquer natureza, garantindo-se aos brasileiros e aos estrangeiros residentes no País a inviolabilidade do direito à vida, à liberdade, à igualdade, à segurança e à propriedade, nos termos seguintes: [...] II – ninguém será obrigado a fazer ou deixar de fazer alguma coisa senão em virtude de lei; [...].

[115] A falta de regulamentação não é argumento para que alguém seja obrigado a deixar de fazer alguma coisa, ainda mais considerando que a operação não

dade limitada se ateria única e exclusivamente as operações de emissão privada, sem atingir o mercado de capitais, o qual – aí sim – é regulado por lei e por normas regulatórias, tornando inadmissível a participação daquele tipo societário.

Adicionalmente, nas palavras de Ary Oswaldo Mattos Filho[116]:

> A oferta privada não consta do mundo de preocupações do Direito dos Valores Mobiliários, na medida em que não afeta diretamente a economia pública, mas tem repercussões quase que exclusivamente no campo das relações privadas entre as partes contratantes, prescindindo, nestes casos, da regulação específica que o Estado exerce por intermédio de órgão governamental determinado.

Continuando, Ary Oswaldo Mattos Filho[117] acrescenta que os valores mobiliários podem ser ofertados pública ou privadamente, sendo que neste caso, por serem indisponíveis ao público ou mercado, estariam, portanto, fora do campo de atuação regradora da CVM.

Face o exposto, a emissão privada de debêntures por sociedade limitada é totalmente possível e defensável, visto a ausência de vedação legal e/ou regulatória neste sentido. Sendo inadmissível qualquer impedimento fundamentado na falta de regulamentação por parte da CVM, visto que a sua atuação limita-se única e exclusivamente ao âmbito do mercado de capitais e não nas operações privadas.

fere direito e/ou interesse de terceiros, visto que a parte contratante solicitará previamente as informações/documentos que entender serem necessários e a sociedade emissora conferirá uma das garantias atinentes a Debênture (garantia flutuante, garantia real, sem garantia ou garantia subordinada).

[116] Direito de Valores Mobiliário. Tomo 1. P. 27.

[117] Direito de Valores Mobiliário. Tomo 1. P. 27.

2.2.1.3. Autonomia Privada e Livre Iniciativa

As operações e as relações entre particulares são reguladas pelos princípios da autonomia privada e da livre iniciativa.

Nas palavras de Francisco do Amaral[118] livre iniciativa é:

> O poder que os particulares têm de regular, pelo exercício de sua própria vontade, as relações de que participam, estabelecendo-lhes o conteúdo e a respectiva disciplina jurídica".

O referido jurista complementa dizendo que "A autonomia privada é princípio fundamental do sistema de direito privado, que se forma a partir do reconhecimento de um âmbito particular de atuação da pessoa, com eficácia normativa.

Em arremate ao disposto acima, Enzo Roppo[119] afirma que:

> [...] nos limites impostos pela lei, as partes podem livremente determinar o conteúdo do contrato. Esta é uma expressão – a mais significativa – do princípio da autonomia privada, ou autonomia contratual [...] em linha de princípio, portanto, os sujeitos privados são livres para obrigar-se como quiserem.

Veja-se que os particulares têm a liberdade de celebrarem negócios jurídicos típicos ou atípicos, bem como definirem todos os respectivos termos e condições, desde que não defeso, proibido e/ou contrário à lei e aos bons costumes, ou que fira o direito de terceiro, a boa-fé ou a função social do negócio[120].

Sendo, portanto, facultado – por entendimento lógico – a atuação da sociedade limitada nas operações de emissão privada

[118] APUD, José Romeu Garcia. P. 168.

[119] APUD, José Romeu Garcia. P. 168.

[120] O Código Civil prevê no art. 421 a regra da liberdade contratual. Veja seu teor: Art. 421. A liberdade de contratar será exercida em razão e nos limites da função social do contrato.

de debêntures, cuja relação sociedade emissora e investidor seria pautada nos citados princípios, visto que a relação limitar-se-ia ao âmbito exclusivamente privado, sem violar quaisquer disposições legais e/ou regulatórias.

Corroborando com o exposto, Marcelo Veiga e Erik Oioli[121] ensinam que:

> O negócio jurídico representado pela emissão de debêntures por sociedade limitada está claramente dentro do universo do direito privado, já que trata de emissão de título representativo de dívida da própria sociedade e que envolve tão somente a vontade das partes e prescinde qualquer autorização, permissão, concessão e assemelhados, estes sim que gravitam em torno do direito público e necessitam de lei específica para autorizá-los.

Neste mesmo sentido, José Romeu Garcia[122] ensina que "a emissão de debêntures por sociedades limitadas estaria inserida nessa atipicidade negocial que é admitida no âmbito da autonomia privada, sujeitando-se às regras do negócio típico – previsto na LSA –, se não houver estipulação em contrário pelos particulares". O autor ainda complementa dizendo que "havendo previsão de aplicação supletiva da LSA no contrato social da limitada, o negócio deve ser visto como típico e sujeitar-se as normas daquele diploma legal".

[121] VEIGA, Marcelo Godke; OIOLI, Erik Frederico. P. 651. Referidos autores, complementam destacando o teor do art. 4º da Declaração dos Direitos do Homem e do Cidadão, de 1789: "a liberdade consiste em fazer tudo aquilo que não prejudica a outrem; assim, o exercício dos direitos naturais de cada homem não tem outros limites que os que asseguram aos membros da sociedade o gozo desses mesmos direitos. Esses limites somente podem ser estabelecidos por lei".

[122] AMARAL, José Romeu Garcia. Regime Jurídico das Debêntures. São Paulo: Almedina. 2014. P. 166.

Deste modo, pelos citados princípios e fundamentos doutrinários, caberá as partes contratantes definirem o negócio que melhor lhes convêm (âmbito público ou privado), cabendo ao investidor[123] decidir e escolher o tipo de negócio que melhor lhe atrai (renda fixa, variável, etc.) e a pessoa com quem pretende negociar e contratar, seja pessoa física e/ou pessoa jurídica, sendo que neste último caso poderá optar, por exemplo, por uma sociedade por ações de capital aberto ou fechado, de modo que na primeira hipótese, as informações e os documentos societários/financeiros da companhia estariam, em regra, disponíveis ao mercado, ao passo que as informações da sociedade por ações de capital fechado e as da sociedade limitada, estariam – em regra – reservadas, sendo disponibilizadas quando solicitadas pelas partes envolvidas na operação.

Resta claro, portanto, a prerrogativa de os particulares criarem negócios atípicos[124], desde que não defeso, proibido ou contrário à lei e aos bons costumes, ou que fira o direito de terceiro, a boa-fé ou a função social do negócio, podendo a sociedade limitada, no âmbito privado, valer-se da emissão e negociação de debêntures.

2.2.1.4. Atuação Contraditória das Juntas Comerciais

Como justificativa ao indeferimento do pedido de arquivamento de ato deliberativo de sociedade limitada tratando sobre a emis-

[123] Cabe unicamente ao investidor escolher o negócio que melhor lhe prouver, os investidores podem analisar e considerar o investimento em sociedade limitada como sendo uma oportunidade aquém do empréstimo e/ou aporte efetuado, sendo esta operação apenas o início das negociações, seja para uma futura aquisição, seja para uma futura aquisição do controle, seja para a aquisição de um ativo significante, ou seja, para qualquer outro interesse que influencie o interesse do investidor no momento da escolha de seu investimento.

[124] O Código Civil admite expressamente a celebração de contratos atípicos, conforme exposto em seu art. 425, veja seu teor: "É lícito às partes estipular contratos atípicos, observadas as normas gerais fixadas neste Código".

são privada de debêntures, as Juntas Comerciais fundamentam-se na ausência de previsão legal ou regulatória.

A legislação e a CVM (naquilo que lhe cabe) estatuem formalidades específicas para cada tipo societário, como, por exemplo, para as sociedades por ações de capital aberto exigem o registro prévio da sociedade e da oferta pública, bem como a prestação periódica e eventual de informações e documentos[125] [126] [127], tais como os formulários de referência, os formulários cadastrais, os fatos relevantes e os comunicados ao mercado.

Já para as sociedades por ações de capital fechado apenas são exigidos o cumprimento das formalidades disciplinadas na Lei nº 6.404/76, como, por exemplo, publicação do ato constitutivo[128], das Atas de Assembleia Geral Ordinária[129], das Atas de

[125] Destaca-se que as referidas obrigações estão previstas nas Leis nº 6.385/76 e 6.404/76 e nas diversas instruções normativas editadas pela CVM, como, por exemplo, IN nº 400/03, 480/09 e 358/02.

[126] Complementarmente, cabe destacar que não são todas as informações que a sociedade anônima de capital aberto deve fornecer, por exemplo, informações confidenciais relacionadas a pesquisa e desenvolvimento podem ser mantidas como sigiloso, enquanto que por outro lado, informações relacionadas a situação econômico financeira da sociedade emissora deve ser divulgada, visto ser considerada de relevância para a tomada de decisão de investimento. Como se sabe, as informações da companhia antes de serem divulgadas são analisadas intrinsicamente pelo departamento de relações com investidores, muitas vezes acompanhados do parecer e validação do jurídico.

[127] Conforme destacado por Marcelo Veiga e Erik Oioli; "A regulamentação moderna do mercado de capitais embasa-se no binômio transparência-responsabilidade: torna a divulgação obrigatória, que deverá seguir procedimento predefinido na lei e na regulamentação e, caso as informações padeçam de algum vício que prejudique o processo de tomada de decisão de investimento, aqueles que as divulgaram poderão ser responsabilizados". (VEIGA, Marcelo Godke; OIOLI, Erik Frederico. P. 640).

[128] Art. 94. Nenhuma companhia poderá funcionar sem que sejam arquivados e publicados seus atos constitutivos.

[129] Art. 134. [...] § 5º A ata da assembléia-geral ordinária será arquivada no registro do comércio e publicada. [...]

Reunião do Conselho de Administração[130], as quais, contudo, não são integralmente cumpridas na prática[131].

Apesar do não cumprimento de todas as formalidades legais pelas sociedades anônimas de capital fechado, estas valem-se da operação de emissão privada de debêntures[132], enquanto que as sociedades limitadas – mesmo que devida e regulamente constituídas nos termos da lei – são impedidas de valer-se de tal operação, a qual é dita cabível unicamente as sociedades institucionais, que, por óbvio, deveriam compreender apenas as sociedades constituídas regularmente nos termos da lei.

Tais formalidades legais[133] deveriam ser, em tese, fiscalizados pelas Juntas Comerciais[134/135], conforme é feito no caso de pedido

[130] Art. 142. [...] § 1º Serão arquivadas no registro do comércio e publicadas as atas das reuniões do conselho de administração que contiverem deliberação destinada a produzir efeitos perante terceiros. [...]

[131] Como exemplo cita-se novamente os casos das Sociedades Construtora e Incorporadora Maciel S.A. e Big Construtora e Incorporadora S.A., as quais não publicaram (todos ou a maioria) de seus atos societários, dados disponíveis em https://www.jucesponline.sp.gov.br/VisualizaTicket.aspx?sc=SN60wcNy3pdEiFsVPNtXp2%2fxgBZA3u8GWKIAj4sFaRsvQoooFULm%2bADLTs0NHp8g e https://www.jucesponline.sp.gov.br/VisualizaTicket.aspx?sc=SN60wcNy3pcWAAHi9colm5YsE0jtAXrzo35X%2frqUOaojady7%2bhcXYvhTilk2oVd%2b. Acesso em 03 jun. 2017.

[132] Veja o caso das Sociedades Pittsfield Participações S.A. e Microsiga Software S.A., as quais não realizaram a maioria das publicações exigidas pela Lei e mesmo assim valeram-se da operação de emissão de debêntures. Informações disponíveis em https://www.jucesponline.sp.gov.br/VisualizaTicket.aspx?sc=SN60wcNy3peT0aVzpZ9EpUAiQWUD8nA1PzcjbRwUy%2fYd%2fdifRcBuhRQvj4ljfNuu e https://www.jucesponline.sp.gov.br/VisualizaTicket.aspx?sc=SN60wcNy3pdMnj6ONXujnemwojgPnY2usd5%2fMjG3Qel1CXXdzq2wu5JToE%2fL0vnc. Acesso em 10 jun. 2017.

[133] Destaca-se os descumprimentos realizados pelas Sociedades identificadas nas Notas 135 e 136, as quais não realizaram a maioria das publicações exigidas pela Lei, contrariando, assim, expressamente diversos dispositivos legais.

[134] Conforme disposto no art. 1.153 do Código Civil e no art. 40 da Lei nº 8.934/94, compete a Junta Comercial examinar os requisitos formais e legais dos

de arquivamento de Ata de Assembleia de Sócios de Sociedade Limitada, aprovando a emissão privada de debêntures.

Adicionalmente as referidas formalidades legais, a Junta Comercial do Estado de São Paulo edita os chamados "Enunciados"[136], os quais são orientações que reforçam as obrigatoriedades previstas em lei, dentre as quais a JUCESP reforça as regras atinentes a publicação e registro, conforme disciplinado no "Enunciado nº 14", abaixo transcrito.

documentos e instrumentos apresentados para arquivamento. Adicionalmente as referidas exigências, algumas Juntas Comerciais editam normas internas regulando operações e regras legais, como, por exemplo, a Junta Comercial do Estado de São Paulo disciplina determinadas regras por meio dos chamados "Enunciados", dentre os quais trata especificamente acerca da sistemática de publicação e registro de atos societários, disciplinando expressamente que o posterior e subsequente pedido de arquivamento de atos societários de sociedade por ações sem que tenha ocorrido o prévio arquivamento das publicações dos atos societários anteriores ficará condicionado a tal formalidade (Enunciado nº 14), cuja aplicação e fiscalização não ocorrem em determinados casos conforme os exemplos citados nas Notas 135 e 136 supra. Veja-se que, o órgão incumbido de fiscalização (leia-se Junta Comercial) não o faz, razão pela qual as sociedades constituídas sob o formato de anônima, optam pela economia e deixam de publicar diversos atos societários, mesmo correndo o risco de receberem exigências e indeferimentos nos próximos pedidos de arquivamento.

[135] Complementarmente a Nota anterior, o Departamento de Registro Empresarial e Integração (DREI), cuja finalidade é a de estabelecer e consolidar normas e diretrizes a serem observadas pelas Juntas Comerciais (art. 4º e 6º, ambos da Lei nº 8.934/94), editou orientações de cunho geral, disciplinando em capítulo próprio da Instrução Normativa nº 38, de 02 de março de 2017, regras atinentes as formalidades legais de publicação das Sociedades por Ações, o que também não é observando pelas Juntas Comercial. Informação disponível em http://drei.smpe.gov.br/legislacao/instrucoes-normativas/titulo-menu/new-instrucoes-normativas-em-vigor e http://drei.smpe.gov.br/legislacao/instrucoes-normativas/titulo-menu/pasta-instrucoes-normativas-em-vigor-02-1/anexo-iii-in-38-2017-manual-de-registro-sa-alterado-pela-in-40-2017.pdf. Acesso em 13 de maio de 2017.

[136] Enunciados disponíveis em http://www.institucional.jucesp.sp.gov.br/downloads/enunciados_2012.pdf. Acesso em 21 abr. 2017.

Figura 1 – Enunciado JUCESP

14. DA OBRIGATORIEDADE DO ARQUIVAMENTO DA PUBLICAÇÃO DAS ATAS DE ASSEMBLEIA GERAL EXTRAORDINÁRIA E ORDINÁRIA NA IMPRENSA OFICIAL DO ESTADO E EM JORNAL DE GRANDE CIRCULAÇÃO.

O arquivamento de quaisquer documentos relativos a sociedades por ações, subseqüentes ao arquivamento de ata de assembleia geral ordinária ou extraordinária, ficará condicionado ao prévio arquivamento das publicações das referidas atas na Imprensa Oficial do Estado e em jornal de grande circulação editado no local da sede da companhia, nos termos dispostos pelos artigos 289, parágrafo 5º, da Lei n.º 6.404/76, e 1.152 do Código Civil, observadas as exceções previstas nos artigos 130-parágrafo 3º e 294, da Lei n.º 6.404/76.

Fonte: Site Junta Comercial – JUCESP

Contudo, mesmo existindo as referidas regras e orientações atinentes a obrigatoriedade de publicação e registro – Lei, Instruções Internas das Juntas Comerciais e as Orientações editadas pelo Departamento de Registro Empresarial e Integração (DREI) – o seu descumprimento não é fiscalizado (as sociedades funcionam sem realizar as devidas formalidades de publicação e registro e, ainda, continuando arquivando atos societários subsequentes sem a devida formalização dos atos societários anteriores).

Note-se pelos casos supra referidos[137], que a Junta Comercial apresenta comportamento pretérito e contraditório, ora é totalmente rígida – indeferindo uma operação simplesmente pela ausência de regra expressa autorizadora, sem analisar todo o conjunto normativo, a evolução societária e os benefícios que o ato poderia resultar para a sociedade – e ora ignora dispositivos legais (e as próprias normas internas) – admitindo o arquivamento de atos societários posteriores sem a devida formalização

[137] Cita-se novamente o caso das sociedades identificadas nas Notas 135 e 136 supra, as quais não publicaram a maioria ou quase a totalidade de seus atos societários, e apesar disso continuam arquivando atos societários posteriores.

dos atos societários anteriores (ou seja, ora busca fundamento na lei e noutra ora, não o faz).

Analisando, ainda, a sequência dos atos societários formalizados pelas sociedades exemplificadas neste trabalho[138], percebe-se que seus atos constitutivos não foram publicados nos termos da lei (ou o foram muito tempo depois, após o arquivamento de atos societários intermediários e posteriores a constituição, incluindo a aprovação de emissão de debêntures), o que é expressamente exigido a este tipo societário antes do início de suas atividades[139], mas mesmo assim valeram-se da operação de emissão de debêntures e, continuaram formalizando atos societários posteriores sem a devida formalização dos atos anteriores.

Nas palavras de Nelson Eizirik[140]:

> as formalidades complementares à constituição têm por fim atribuir personalidade jurídica à companhia, dar publicidade dos atos constitutivos a terceiros, bem como conferir autenticidade, segurança e eficácia a esses atos.

Neste mesmo sentido, Fran Martins[141] leciona que:

> Não se trata, na verdade, de uma sociedade de fato, mas de uma sociedade em vias de regularização, cujo funcionamento normal ainda não se verifica pelo motivo de ser a constituição sucessiva, exigindo a lei uma série de atos para o reconhecimento da personalidade jurídica.

138 Vide o disposto nas Notas 135 e 136 supra.

139 Veja o teor do art. 94 da Lei nº 6.404/76. Art. 94. Nenhuma companhia poderá funcionar sem que sejam arquivados e publicados seus atos constitutivos.

140 EIZIRIK, Nelson. A lei das S/A comentada. Volume I – Arts. 1º a 120. São Paulo: SP. Quartier Latin, 2011. P. 534.

141 APUD Nelson EIZIRIK, A lei das S/A comentada. Volume I – Arts. 1º a 120. São Paulo: SP. Quartier Latin, 2011. P. 538.

Veja-se que, enquanto a sociedade não estiver devidamente constituída nos termos da lei (leia-se com os seus atos societários arquivados e publicados) a mesma não adquire a plena personalidade jurídica para torná-la pessoa de direito e de obrigações (capacidade processual, negocial e patrimonial própria e distinta da de seus sócios), razão pela qual, enquanto a sociedade não estiver devida e regularmente constituída, estaria nos termos do art. 94 da Lei nº 6.404/76[142], impedida de funcionar e, por conseguinte, de realizar quaisquer operações, incluindo a emissão de debêntures, requisitos estes que não são fiscalizados pelas Juntas Comerciais[143].

Neste norte, é totalmente contraditório qualquer indeferimento apresentado ao pedido de arquivamento de ato societário de sociedade limitada deliberando a emissão privada de debêntures, visto que nos casos tratados no Capítulo 2.2.1 acima, as sociedades requerentes estavam regularmente constituídas nos termos da lei, tendo, portanto, a plena capacidade jurídica para participar e realizar operações, incluindo a emissão privada de debêntures.

Diante do exposto acima, além das formalidades registrais, o que deveria ser realmente analisado na decisão de deferimento e/ou indeferimento do pedido de arquivamento de determinado ato societário, é a existência de obrigação ou vedação legal expressa (e não de autorização expressa), bem como o conjunto normativo como um todo (e não um artigo isolado da lei), além da evolução societária e os efeitos decorrentes da operação objeto de arquivamento, sendo que no caso – a emissão de debêntures seja por sociedade anônima ou por sociedade limitada – possibilitaria a circulação de riquezas, incentivaria a produção, o comércio, a geração de empregos, fomentando, assim,

[142] Vide o disposto na Nota 139 supra.

[143] Vide o disposto nas Notas 135 e 136 supra.

o mercado como um todo, efeitos estes essencialmente importantes para economias em situação de crise política-financeira.

2.2.1.5. Contrariedades da Comissão de Valores Mobiliários (CVM)

Outro ponto intrigante e que cabe especial estudo é o próprio reconhecimento da CVM acerca da compatibilidade da sociedade do tipo limitada emitir valores mobiliários e negociá-los junto ao público em geral (mercado de capitais).

A CVM, por meio da Instrução nº 480, de 07 de dezembro de 2009, admitiu expressa e publicamente a prerrogativa de as sociedades limitadas emitirem notas comerciais para distribuição ou negociação pública, conforme disciplinado no artigo 33, abaixo transcrito:

> Art. 33. Os emissores que emitam exclusivamente *notas comerciais* e cédula de crédito bancário – CCB, *para distribuição ou* ***negociação pública****, podem se organizar sob a forma de* sociedade anônima ou ***sociedade limitada.***
>
> Parágrafo único. Além das formas societárias previstas no caput, emissores que emitam exclusivamente notas comerciais do agronegócio – NCA, para distribuição ou negociação pública, podem se organizar sob a forma de cooperativa agrícola. (grifo nosso)

Em complemento, a CVM, por meio da Instrução nº 422, de 20 de setembro de 2005, novamente admitiu expressa e publicamente a prerrogativa de as sociedades do tipo limitada emitirem nota comercial do agronegócio para distribuição pública, conforme disciplinado no artigo 2º, abaixo transcrito:

> Art. 2º. A Nota Comercial do Agronegócio – NCA é a Nota Promissória Comercial para ***distribuição pública*** emitida *por* compa-

> nhias, *sociedades limitadas* e cooperativas que tenham por atividade a produção, comercialização, beneficiamento ou industrialização de produtos ou insumos agropecuários, ou de máquinas e implementos utilizados na atividade agropecuária. (grifo nosso)

E não é só, a CVM reconheceu mais uma vez a possibilidade de a sociedade limitada participar de operações de emissão pública por meio da negociação de notas promissórias, conforme disposto no artigo 2º da Instrução CVM nº 566, de 31 de julho de 2015, abaixo transcrito:

> Art. 2° As companhias e *as sociedades limitadas podem emitir*, ***para distribuição pública***, *nota promissória* que confira a seus titulares direito de crédito contra a emitente, observadas as características dos títulos previstas nesta Instrução.
>
> Parágrafo único. As cooperativas que tenham por atividade a produção, comercialização, beneficiamento ou industrialização de produtos ou insumos agropecuários, ou de máquinas e implementos utilizados na atividade agropecuária também podem emitir nota promissória para distribuição pública, observadas as características dos títulos previstas nesta Instrução. (grifo nosso)

A nota promissória nada mais é do que a aquisição de um direito de crédito contra aquele que a emitiu, conforme definição do artigo 2º da Instrução CVM nº 566/2015, acima transcrito. Neste mesmo sentido, Fabio Ulhoa Coelho[144] define nota promissória como "uma promessa de pagamento que uma pessoa faz em favor de outra. Com o saque da nota promissória, surgem duas situações jurídicas distintas: a situação daquele

[144] Coelho, Fábio Ulhoa. Manual de direito comercial. 14. ed. rev. e atual. de acordo com o novo código civil e alterações da LSA, e ampl. com estudo sobre o comércio eletrônico. São Paulo: Saraiva, 2003. P. 265.

que promete pagar quantia determinada e a daquele que se beneficia de tal promessa".

Enquanto que, nota comercial nas palavras de José Romeu Garcia do Amaral[145]:

> As notas comerciais, ou *commercial papers*, são também consideradas valores mobiliários de dívida, nos termos do art. 2º, VI, da Lei nº 6.385/76. Todavia, a emissão se dá para financiamento das operações de curto prazo das sociedades, em contraposição às debêntures que, usualmente, são emitidas com duração de médio e longo prazo.

Neste mesmo sentido, Fábio Ulhoa Coelho[146] explica:

> A função econômica do *commercial papers* é igual à das debêntures: a sociedade anônima, em vez de contratar financiamento bancário, capta recursos que necessita para suas atividades com a emissão de valores mobiliários, o que a torna devedora dos titulares destes. A diferença entre esses dois instrumentos diz respeito ao vencimento. Enquanto as debêntures [...] vencem a longo prazo (8, 10 anos), os *commercial papers* [...] entre 30 e 360 dias [...].

Ao passo que a debênture, conforme já estudado neste trabalho, é definida legalmente[147] como sendo o direito de crédito contra a companhia que a emitiu, nas condições constantes da escritura de emissão e, se houver, do certificado.

145 AMARAL, José Romeu Garcia. Regime Jurídico das Debêntures. São Paulo: Almedina. 2014. P. 72.

146 COELHO, Fabio Ulhoa. Curso de direito comercial, volume 2: direito de empresa. São Paulo: Saraiva, 2012. P. 179.

147 Veja o teor do artigo 52 da Lei nº 6.404/76. Art. 52. A companhia poderá emitir debêntures que conferirão aos seus titulares direito de crédito contra ela, nas condições constantes da escritura de emissão e, se houver, do certificado.

Veja que os referidos instrumentos de captação de recursos financeiros, quais sejam debênture, nota comercial e nota promissória, correspondem a uma promessa de pagamento (geram um direito creditório ao adquirente em face da sociedade emissora), diferenciando-se apenas quanto aos requisitos operacionais, tais como estrutura, prazo de quitação, garantia etc., não havendo, contudo, qualquer diferença substancial entre os referidos instrumentos, os quais possuem a mesma função econômica de captação de recursos necessários para o aprimoramento e/ou manutenção da atividade social.

Portanto, tem-se por infundada toda e qualquer argumentação relacionada a incompatibilidade de a sociedade limitada – seja por sua estrutura e/ou natureza –, emitir e negociar privadamente debêntures, visto que o próprio órgão regulador do mercado de capitais admite expressamente a participação da sociedade do tipo limitada em operações consideradas ainda mais complexas, qual seja a *emissão pública de determinados contratos de investimento coletivo*, operação esta que exige formalidades e requisitos especiais.

Ainda, pode-se afirmar que aquele que pode mais, pode menos, sendo, portanto, perfeitamente possível a operação de emissão privada de debêntures por sociedade do tipo limitada, corroborando ainda mais com esta afirmação as semelhanças existentes em relação a função econômica da nota comercial, da nota promissória e da debênture.

Adicionalmente, vale destacar outra manifestação pública da CVM acerca da prerrogativa de a sociedade do tipo limitada participar de operações no mercado de capitais mediante a emissão pública de determinados e específicos valores mobiliários, manifestação esta realizada por meio do Edital da Audiência Pública nº 05/2008, a qual tratou das justificativas para a edição da Instrução nº 476.

Por meio do Edital de Audiência Pública[148], a CVM externalizou publicamente o seu entendimento quanto a possibilidade de a sociedade limitada participar da emissão e negociação de determinados valores mobiliários por meio da distribuição pública por esforços restritos, conforme trecho abaixo destacado:

> [...] *ii)* Como dito acima, o parágrafo 1º do art. 1º da Minuta estabelece uma lista taxativa dos valores mobiliários que poderão ser objeto de oferta pública distribuída com esforços restritos, mas não traz uma lista equivalente que estabeleça a relação de emissores permitidos. *Desta forma, em princípio, não só as sociedades por ações, mas também outros tipos societários, como as sociedades limitadas e cooperativas, poderiam oferecer ao público, mediante esforços restritos de distribuição, valores mobiliários de sua emissão*[149]*.[...]* (grifo nosso)

Neste norte, e considerando as manifestações dos participantes da audiência pública – os quais, em sua grande maioria, manifestaram-se contrariamente a qualquer limitação –, a Superintendência de Desenvolvimento de Mercado declarou, no relatório da Audiência nº 05/2008[150], o seguinte: "Considerando as manifestações recebidas, a SDM não se convenceu

[148] Edital de Audiência Pública nº 05/2008 disponível em http://www.cvm.gov.br/audiencias_publicas/ap_sdm/2008/sdm0508.html. Acesso em 05 de mar. de 2017.

[149] Por meio de referida Ata de Audiência, a CVM pretendeu coletar opiniões a respeito das vantagens e desvantagens da limitação dos tipos societários dos emissores, sendo que a grande maioria dos participantes da audiência pública manifestaram-se contrariamente à referida limitação, razão pela qual a autarquia decidiu por não limitar expressamente as disposições da Instrução CVM nº 476 a um tipo societário específico.

[150] Relatório de Audiência Pública nº 05/2008 disponível em http://www.cvm.gov.br/audiencias_publicas/ap_sdm/2008/sdm0508.html. Acesso em 05 de mar. de 2017.

da necessidade de restringir a possibilidade de realizar ofertas públicas distribuídas com esforços restritos a um ou mais tipos societários".

Isto posto, a versão final da Instrução da CVM nº 476, de 16 de janeiro de 2009, seguiu as tratativas inicias e não especificou e/ou limitou, expressamente, a operação nela prevista a apenas o tipo societário de sociedade por ações – conforme expressamente o fez por meio da Instrução nº 480/2009 –, o que permite-se concluir que a sociedade limitada está autorizada a emitir e negociar os valores mobiliários indicados em referida instrução – respeitando os respectivos termos e condições –, excetuando apenas os valores mobiliários que são exclusivos das sociedades registradas perante a CVM na categoria A.

Veja-se que o próprio órgão regulador e fiscalizador do mercado de capitais externalizou o seu entendimento quanto a possibilidade de a sociedade limitada participar de operações de emissão pública de valores mobiliários específicos (seja a participação mediante a emissão pública de notas comerciais e notas promissórias ou mediante a emissão pública por esforços restritos de determinados valores mobiliários), não havendo, deste modo, justificativa plausível e razoável para impedir e/ou vedar que a sociedade limitada valha-se da operação de emissão privada de valores mobiliários específicos (a qual é muito mais simplista do que a emissão pública), novamente defende-se que aquele que pode mais, pode menos, ainda mais considerando que a operação não é vedada.

Diante do exposto, reforça-se o infundado argumento de incompatibilidade da sociedade limitada emitir e negociar privadamente debêntures (seja por sua estrutura, natureza ou falta de previsão expressa), visto que a CVM admite a participação de outros tipos societários, que não sejam apenas as sociedades por ações, em operações de emissão pública de valores mobiliários específicos.

2.2.1.6. Benefícios do Mercado de Capitais

Outro ponto que deve ser analisado como justificativa para refutar qualquer argumento acerca da impossibilidade e incompatibilidade de a sociedade limitada emitir e negociar debêntures como forma de captação de recursos financeiros, são os benefícios decorrentes da utilização do mercado de capitais comparativamente ao mercado financeiro, ponto este essencial para as sociedades *start ups*[151] e para toda e qualquer sociedade nos momentos de crise econômica, conforme vem sendo vivenciado pelo Brasil.

A princípio, o mercado financeiro e o mercado de capitais se assemelham ao permitir e possibilitar a troca de valores entre os agentes superavitários e os deficitários, mas distinguem-se na forma e na estrutura.

No mercado financeiro, as instituições financeiras captam recursos dos agentes superavitários e os emprestam aos agentes deficitários sob determinada remuneração, assumindo em nome próprio todos os riscos de crédito da operação, a qual é denominada de "intermediação financeira"[152].

Já no mercado de capitais, as empresas (agentes deficitários) captam recursos diretamente dos investidores (agentes supera-

[151] Sociedades *start up* são definidas singelamente como os empreendimentos empresariais que estão no início de suas atividades e que buscam explorar atividades inovadoras no mercado, as quais auxiliam na geração de riquezas, geração de empregos, circulação de valores e diversas outras vantagens para o mercado.

[152] Fábio Ulhoa Coelho conceitua o empréstimo bancário como sendo o "contrato pelo qual o banco empresta ao cliente certa quantia de dinheiro, se assemelhando ao mútuo civil, isto é, o empréstimo de coisa fungível (CC/2002, art. 586; CC/1916, art. 1.256). Ganha, no entanto, esse contrato alguns contornos próprios quando o mutuante é instituição financeira, principalmente no que diz respeito à taxa de juros de dívida." (Coelho, Fábio Ulhoa. Manual de direito comercial. 14. ed. rev. e atual. de acordo com o novo código civil e alterações da LSA, e ampl. com estudo sobre o comércio eletrônico. São Paulo: Saraiva, 2003. P. 455).

vitários) por meio da emissão de valores mobiliários dotados de remunerações variadas, sendo que o risco da operação é assumido pelos próprios investidores, neste segmento as instituições financeiras têm função meramente de facilitadoras ("intermediadoras") no momento da negociação dos valores mobiliários.

A remuneração cobrada nos empréstimos obtidos no mercado financeiro é excessivamente elevada (com taxas de juros altíssimas)[153].

Enquanto que no mercado de capitais as instituições financeiras cobram apenas uma comissão pela prestação dos "serviços de intermediação", a qual representa normalmente um pequeno percentual incidente sobre o total de recursos captados.

Adicionalmente a remuneração devida as instituições financeiras, as sociedades emissoras de valores mobiliários também terão de remunerar os investidores, o que poderá ocorrer de diversas maneiras, como, por exemplo[154]: (i) pagamento de juros; (ii) pagamento de dividendos; (ii) uma mistura de ambos; e (iv) pela valorização dos ativos subjacentes ao valor mobiliário, sendo que, em decorrência desta diversidade, as remunerações

[153] Nas palavras de Fábio Ulhoa Coelho: "Não vigora para o mútuo bancário a limitação nas taxas de juros prescrita pelo Código Civil de 2002 (arts. 406 e 591; Decreto n. 22.626, de 1993). [...] Por outro lado, a disposição constitucional que fixou em 12% ao ano o máximo de juros reais (CF, art. 192, § 3º) não tem sido observada, pois predomina na jurisprudência o entendimento, bastante discutível, aliás, de que essa regra da Constituição não é auto-aplicável, reclamando uma legislação complementar." (COELHO, Fábio Ulhoa. Manual de direito comercial. 14. ed. rev. e atual. de acordo com o novo código civil e alterações da LSA, e ampl. com estudo sobre o comércio eletrônico. São Paulo: Saraiva, 2003. P. 455 e 456).

[154] Exemplificações trazidas por VEIGA, Marcelo Godke; OIOLI, Erik Frederico. As Sociedades Limitadas e o Mercado de Capitais. In: AZEVEDO, Luís André N. de Moura; CASTRO, Rodrigo R. Monteiro de (Coord.). Sociedade Limitada Contemporânea. São Paulo: Quartier Latin, 2013. P. 631.

tendem a ser menores do que àquelas pretendidas pelas instituições financeiras no mercado financeiro.

Outra diferença crucial está atrelada ao prazo de vencimento, os investimentos obtidos no mercado de capitais, normalmente, são de longo prazo, o que permite as sociedades emissoras planejarem os negócios em períodos maiores (o que é considerado bastante positivo, visto que as empresas terão mais tempo para organizar as contas e gerar os valores necessários para liquidar o crédito obtido), enquanto que os investimentos obtidos no mercado financeiro, quanto mais longo forem, mais caro será a remuneração devida (o que passa a ser totalmente desvantajoso).

Tem-se ainda como vantagem a liquidez existente nas operações realizadas no mercado de capitais, isto é, a possibilidade dos valores mobiliários serem negociados no mercado secundário, não precisando o investidor aguardar a liquidação do valor mobiliário para reaver o seu investimento, o mesmo poderá negociá-lo com terceira pessoa nos mercados organizados de bolsa e balcão e nos mercados de balcão não-organizados.

Veja que o mercado de capitais mostra-se ser a forma mais benéfica de captação de recursos financeiros, seja para companhia emissora como para o investidor (sem mencionar os benefícios tributários incidentes a depender do negócio que se pretende realizar), enquanto que o mercado financeiro é unicamente vantajoso para as instituições financeiras.

Ainda não há razões para que as Sociedades *start ups* se constituam no formato de sociedade por ações, bem como não há razões para que as demais sociedades, em momento de crise econômica, se mantenham ou se transformem em sociedades anônimas, as quais são por sua natureza mais burocráticas e, por conseguinte mais caras, ainda mais considerando que em ambas as situações (início das atividades e no momento de crise), os recursos financeiros são escassos, os quais devem ser despendido para outras funcionalidades ao invés de arcar com as burocracias e formalidades legais, como, por exemplo, as inúmeras publicações exigidas pela Lei, contratação de administradores em quantidade maior, contratação de corpo técnico especializado nas operações de sociedade anônima e no mercado de capitais etc.

Face ao exposto, não restam dúvidas acerca das beneficies advindas da operacionalização no mercado de capitais, como também não há dúvidas – conforme tratado nos capítulos anteriores – acerca da possibilidade de a sociedade limitada operar no mercado de capitais em determinadas operações (o que já foi inclusive reconhecido expressamente pela CVM), restando pendente uma reformulação legal e regulatória para tratar expressamente acerca do acesso e dos valores mobiliários que a sociedade limitada está autorizada a emitir e negociar tanto de forma pública como de forma privada.

Conclusão

Diante do exposto no presente trabalho, resta claro que a sociedade limitada goza de uma característica híbrida, isto é, uma sociedade com a prerrogativa de adotar feições de sociedade contratual ou de sociedade institucional, a depender do intuito dos sócios fundadores, conforme as cláusulas e sistemáticas expressamente previstas e transpostas no respectivo contrato social.

Também não restam dúvidas que o referido caráter híbrido está diretamente ligado e relacionado a evolução do referido tipo societário, o qual – com o passar tempo – ganhou mais importância e corpo no mundo jurídico, sendo utilizado por grandes empreendimentos e conglomerados econômicos, deixando de lado a visão infundada e distorcida de ser unicamente funcional para os pequenos negócios.

Em razão da crescente importância e participação da sociedade limitada no mundo jurídico, cresceu concomitantemente a necessidade dos respectivos sócios e administradores buscarem formas inovadoras – e por conseguinte, menos custosas e mais atraente para a sociedade e para a parte contratante – de captação de recursos financeiros em situações deficitárias, seja para a manutenção ou o aprimoramento das atividades sociais.

Dentre as diversas formas de captação de recursos presentes no mercado, destacou-se a operação de emissão privada de debêntures por sociedade limitada, analisando toda a fundamentação, o embasamento e as razões que tornam a referida operação viável para este tipo societário.

Adicionalmente, buscou-se refutar todas as infundadas justificativas de indeferimento apresentadas pelas Juntas Comerciais Brasileiras (especificamente a JUCESP e a JUCERJA) aos pedidos de arquivamento de Escritura e de Ata de Reunião de Sócios deliberando sobre a emissão privada de debêntures por sociedade limitada, bem como buscou-se apresentar o reconhecimento público e expresso conferido pela Comissão de Valores Mobiliários as sociedades limitadas, para participarem de operações no mercado de capitais, mediante a emissão pública de determinados contratos de investimento coletivo.

Contudo, mesmo com as devidas razões e embasamento que possibilitam e viabilizam a operação de emissão privada de debêntures por sociedade limitada, a mesma continua sendo rejeitada pelos operadores do direito, isto porque: (i) a cultura e o pensamento jurídico brasileiro não evoluem na mesma velocidade que as necessidades do mercado; (ii) o comportamento e a atuação contraditórios das Juntas Comerciais Brasileiras e da Comissão de Valores Mobiliários contribuem para a insegurança jurídica; (iii) a manutenção imotivada da exigência regulatória acerca da forma societária para ter acesso ao mercado de capitais – este ponto é ainda mais contraditório visto o reconhecimento expresso da CVM acerca da prerrogativa de a sociedade limitada valer-se da emissão pública de determinados contratos de investimento coletivo (nota comercial e nota promissória) -; (iv) burocracia desnecessária; (v) falta de atualização e renovação dos conhecimentos técnicos; (vi) interpretação equivocada e minimalista da legislação e das normas regulatórias; (vii) visão distorcida do mercado acerca da inferioridade das sociedades limitadas em comparação com as sociedades por ações, as quais são relacionadas a grande e sólidos negócios empresarias; e (viii) o monopólio do mundo jurídico e regulatório.

Para mudar o referido cenário de rejeição, seria necessário a reformulação da legislação brasileira ou das normas regulatórias, o que já é, inclusive, objeto de discussão no Senado Federal e na Câmara dos Deputados, especificamente por meio dos Projetos de Lei nº 11/2018[155], nº 6.322/2013[156], nº 487/2013[157] e nº 1.572/2011[158], por meio dos quais visa-se a inserção de artigos específicos no atual ordenamento jurídico brasileiro, tratando expressamente da prerrogativa de a sociedade limitada emitir e negociar debêntures, bem como o reconhecimento expresso de seu caráter híbrido, por meio da previsão supletiva de matérias

155 O referido projeto de lei e seu acompanhamento estão disponíveis em: https://www25.senado.leg.br/web/atividade/materias/-/materia/132132. Acesso em 18 ag. 2018. O seu principal objetivo é alterar o Código Civil para possibilitar que a sociedade limitada seja constituída por uma só pessoa natural ou jurídica; emita debêntures; institua quotas preferenciais; e tenha conselho de administração.

156 O referido projeto de lei e seu acompanhamento estão disponíveis em: http://www.camara.gov.br/proposicoesWeb/fichadetramitacao?idProposicao=591633. Acesso em 18 ag. 2018. O seu principal objetivo é dispor sobre a emissão de debêntures por sociedades limitadas, alterando a lei nº 6.404/76.

157 O referido projeto de lei e seu acompanhamento estão disponíveis em: https://www25.senado.leg.br/web/atividade/materias/-/materia/115437. Acesso em 18 ag. 2018. O seu principal objetivo é alterar o projeto do código comercial, incluindo a prerrogativa expressa de emissão de debêntures por sociedades limitadas.

158 O referido projeto de lei e seu acompanhamento estão disponíveis em: http://www.camara.gov.br/proposicoesWeb/fichadetramitacao?idProposicao=508884. Acesso em 18 ag. 2018. O seu principal objetivo é instituir o Código Comercial.

exclusivas das sociedades anônimas às sociedades limitadas (ex. quotas preferenciais, conselho de administração).

Também seria necessário intensificar a regulamentação e fiscalização da atuação das diversas Juntas Comerciais do Brasil e de seus respectivos escritórios regionais, cujas atuações são pretéritas e por diversas vezes infundadas e contraditórias, o que contribui para a insegurança jurídica e prejudica substancialmente as sociedades empresárias e a economia como um todo.

Deste modo, sugere-se, alternativamente, para a operacionalização de todo o exposto nesse trabalho, o seguinte: *i)* considerando a morosidade e a burocracia do processo legislativo[159], o que dificulta e delonga a inclusão/reformulação de um artigo específico no Capítulo da Sociedade Limitada no Código Civil, tratando da aplicação supletiva de determinadas matérias previstas na Lei nº 6.404/76, sugere-se que o Departamento de Registro Empresarial e Integração – DREI[160] manifeste-se expressamente acerca da supletividade de referidas matérias, bem como as respectivas sistemáticas de operacionalização; *ii)* também sugere-se que a Comissão de Valores Mobiliários

[159] A referida morosidade e burocracia podem ser facilmente identificadas na tramitação e discussão dos Projetos de Lei destacados acima (Projetos de Lei nº 11/2018, nº 6.322/2013, nº 487/2013 e nº 1.572/2011), os quais estão em tramitação numa média de 05 (cinco) anos.

[160] O que não seria nenhuma novidade, visto que o DREI já se manifestou sobre a aplicação supletiva da Lei nº 6.404/76 às sociedades limitadas, prevendo, expressamente, a possibilidade de a sociedade limitada valer-se de: *i)* quotas em tesouraria; *ii)* quotas preferenciais, *iii)* conselho de administração; e *iv)* conselho fiscal (Instrução Normativa nº 38, Anexo II). Contudo, tal manifestação somente ocorreu após diversos e exaustivos questionamentos administrativos e judiciais, o que torna totalmente desgastante para a operacionalização do mercado, razão pela qual roga-se, ao menos, pela agilidade e simplicidade das alterações nas orientações regulatórias. Manifestação do DREI disponível em http://drei.smpe.gov.br/legislacao/instrucoes-normativas/titulo-menu/pasta-instrucoes-normativas-em-vigor-03/anexo-ii-in-38-2017-manual-de-registro-ltda-alterado-pela-in-40-2017.pdf. Acesso em 20 de maio de 2017.

manifeste-se expressamente acerca das operações de emissão privada de valores mobiliários admitida para outros tipos societários que não sejam as sociedades do tipo anônima[161]; e *iii)* sugere-se a realização de uma nova Jornada do Direito Comercial, tratando e regulamentando especificamente acerca da evolução da sociedade limitada (natureza, caráter, estrutura, etc.) e suas possíveis formas de captação de recursos financeiros por meio da formalização dos instrumentos previstos na Lei nº 6.404/76.

Apesar da ausência de regulamentação expressa (legal e/ou regulatória), o presente trabalho teve por objetivo apresentar as razões que tornam viável e justificável a operação de emissão privada de debêntures por sociedade limitada.

Sendo que a referida operação se torna ainda mais justificável quando se analisa a função social das sociedades, o que engloba os deveres aquém da maximização dos lucros, isto é, as sociedades têm o dever de atender aos interesses das pessoas a elas relacionadas, como, por exemplo, os empregados, os sócios, a comunidade, a economia, os *stakeholders*, seja por meio da circulação e geração de valores, geração de empregos, desenvolvimento de tecnologia e/ou com as contribuições fiscais e parafiscais direcionado ao funcionamento dos Estados mediante o recolhimento dos inúmeros impostos e taxas.

De modo que, a manutenção do impedimento da sociedade limitada participar de uma operação de captação de recursos considerada comprovadamente mais benéfica e vantajosa em comparação com as outras formas previstas e disponibilizadas no mercado, a qual, inclusive, mostra-se totalmente compatível

[161] Mesmo que a competência da CVM seja a regulamentação e a fiscalização do mercado de capitais (operações de subscrição pública), roga-se por sua manifestação sobre as operações de emissão privada, a fim de excluir qualquer competência que lhe possa ser atribuída, conforme foi realizado pela Junta Comercial do Estado de São Paulo.

com a característica híbrida do referido tipo societário – além de não existir qualquer vedação legal ou regulatória neste sentido –, destoa-se por completo de sua função social, ainda mais considerando o atual momento de crise econômica vivenciada pelo Brasil.

Referências

AMARAL, José Romeu Garcia do. *Regime jurídico das debêntures.* São Paulo: Almedina. 2014.

AZEVEDO, Luís André N. de Moura; CASTRO, Rodrigo. *Sociedade limitada contemporânea.* São Paulo: SP. Quartier Latin, 2013.

BORBA, José Edwaldo Tavares. *Das Debêntures.* Rio de Janeiro: Renovar, 2005.

BORBA, José Edwaldo Tavares. *O novo direito societário* – 11. ed., ver. e atual. Rio de Janeiro: RJ. Renovar, 2008.

BULGARELLI, Waldirio. *O Novo Direito Empresarial.* Rio de Janeiro: Renovar, 1999.

CALÇAS, Manoel de Queiroz Pereira. *Sociedade Limitada no Novo Código Civil.* São Paulo: Atlas, 2003.

CARVALHOSA, Modesto. *Comentários ao Código Civil: parte especial: do direito de empresa (artigos 1.052 a 1.195),* volume 13. 2 ed. – São Paulo: Saraiva, 2005.

CARVALHOSA, Modesto. *Comentários à lei de sociedades anônimas, 1º volume: artigos 1º a 74* – 5. ed., ver. e atual. – São Paulo: SP. Saraiva, 2007.

COELHO, Fábio Ulhoa. *A sociedade limitada no novo código civil. São Paulo: SP. Saraiva, 2003.*

COELHO, Fabio Ulhoa. *Curso de direito comercial, volume 2: direito de empresa.* São Paulo: Saraiva, 2012.

COELHO, Fábio Ulhoa. *Manual de direito comercial. 14. ed. rev. e atual. de acordo com o novo código civil e alterações da LSA, e ampl. com estudo sobre o comércio eletrônico.* São Paulo: Saraiva, 2003.

CREUZ, Luís Rodolfo Cruz e. *Acordo de quotistas* – São Paulo: IOB Thomson.

DUBEUX, Julio Ramalho. *A comissão de valores mobiliários e os principais instrumentos regulatórios do mercado de capitais brasileiros.* Porto Alegre: Sergio Antonio Fabris Ed., 2006.

EIZIRIK, Nelson. *A lei das S/A comentada. Volume I – Arts. 1º a 120.* São Paulo: SP. Quartier Latin, 2011.

ERIZIK, Nelson; Gaal, Ariádna B.; Parente, Flávia; Henriques, Marcus de Freitas. *Mercado de Capitais – Regime Jurídico.* 3. Ed. revista e ampliada. – Rio de Janeiro: Renovar, 2011.

FORGIONI, Paula. *A Unicidade do Regramento Jurídico das Sociedades Limitadas e o Art. 1.053 do Código Civil – Usos e Costumes e Regência Supletiva.* In: VON ADAMEK, Marcelo Vieira (coordenador). *Temas de Direito Societário e Empresarial Contemporâneos* ("Liber Amicorum" – Prof. Dr. Erasmo Valladão Azevedo e Novaes França). São Paulo: Malheiros, 2011.

GONÇALVES NETO, Alfredo de Assis Gonçalves. *Direito de Empresa: comentários aos artigos 966 a 1.195 do Código Civil* – 6 ed., ver., atual. e ampl. – São Paulo: Editora Revista dos Tribunais, 2016.

GONÇALVES NETO, Alfredo de Assis. *Lições de Direito Societário: Regime Vigente e Inovações do Novo Código Civil.* São Paulo: Juarez de Oliveira, 2002.

LAZZARESCHI NETO, Alfredo Sérgio. *Lei das sociedades por ações anotada.* 3 ed., ver., atual. e ampl. – São Paulo: SP. Saraiva, 2010.

LEITE, Barém Leonardo. *A Nova Sociedade Limitada Brasileira (Uma Visão Histórica e Crítica, e Aspectos de Governança Corporativa).* In: AZEVEDO, Luís André N. de Moura; CASTRO, Rodrigo R. Monteiro de (Coord.). Sociedade Limitada Contemporânea. São Paulo: Quartier Latin, 2013.

LUCENA, José Waldecy. *Das sociedades anônimas: comentários à Lei (arts. 1º a 120).* Rio de Janeiro: Renovar, 2009.

LUCENA, José Waldecy. *Das Sociedades Limitadas.* 5ª Edição. Rio de Janeiro: Renovar, 2003.

MARTINS, Fran; SILVA, David Gonçalves de Andrade; PAPINI, Roberto (Col.) (At.). *Comentários à lei das sociedades anônimas: artigo por artigo.* 4. ed. Rio de Janeiro: Gen, Forense. 2010.

MATTOS FILHO, Ary Oswaldo. *Direito dos Valores Mobiliários.* Rio de Janeiro: FGV, 2015 (Vol.1 tomo I e Vol.1 tomo II).

PAPINI, Roberto. *Sociedade anônima e mercado de valores mobiliários.* 4. ed. Rio de Janeiro: Forense, 2004.

PITTA, Grunspun Andre. *A Possibilidade de Emissão de Debêntures por Sociedade Limitada Regida Supletivamente pela Lei das Sociedades por Ações.* In: AZEVEDO, Luís André N. de Moura; CASTRO, Rodrigo R. Monteiro de (Coord.). *Sociedade Limitada Contemporânea.* São Paulo: Quartier Latin, 2013.

REQUIÃO, Rubens. *Curso de direito comercial, 1° vol.* 27ª ed. SP: Saraiva, 2007.

RETTO, Marcel Gomes Bragança. *Sociedade Limitada* – Barueri, SP: Manole, 2007.

SALOMÃO FILHO, Calixto. *O Novo Direito Societário.* São Paulo: Malheiros, 2002.

SILVA, Alexandre Couto. *Direito societário: estudo sobre a lei de sociedades por ações* – São Paulo, SP: Saraiva, 2013.

TEIXEIRA, Egberto Lacerda – *Das Sociedades por Quotas de Responsabilidade Limitada*, 2ª edição. São Paulo: Quartier Latin, 2006.

TEIXEIRA, Egberto Lacerda. *Sociedades limitadas e anônimas no direito brasileiro (estudo comparativo)*. São Paulo, SP: Saraiva, 1987.

TOLEDO Filho, Jorge Ribeiro de. *Mercado de Capitais Brasileiro: uma introdução*. São Paulo: Thomson Learning, 2006.

VEIGA, Marcelo Godke; OIOLI, Erik Frederico. *As Sociedades Limitadas e o Mercado de Capitais*. In: AZEVEDO, Luís André N. de Moura; CASTRO, Rodrigo R. Monteiro de (Coord.). *Sociedade Limitada Contemporânea*. São Paulo: Quartier Latin, 2013.

VERÇOSA, Haroldo Malheiros Duclerc. *Curso de Direito Comercial. Volume 2*. Editores Malheiros. 2006.

WALD, Arnoldo. *Comentários ao novo Código Civil, vol. XIV*. RJ: Forense, 2005.

Referência Jurídica

BRASIL. Comissão de Valores Mobiliários. *Instrução nº 480*, de 07 de dezembro de 2009. Disponível em: file:///C:/Users/Camila%20Cazetta/Downloads/inst480consolid.pdf. Acesso em 18 de ag. de 2018.

BRASIL. Comissão de Valores Mobiliários. *Instrução nº 422*, de 20 de setembro de 2005. Disponível em: http://www.cvm.gov.br/export/sites/cvm/legislacao/instrucoes/anexos/400/inst422consolid.pdf. Acesso em 18 de ag. de 2018.

BRASIL. Comissão de Valores Mobiliários. *Instrução nº 566*, de 31 de julho de 2015. Disponível em: file:///C:/Users/Camila%20Cazetta/Downloads/inst566consolid.pdf. Acesso em 18 de ag. de 2018.

BRASIL. Comissão de Valores Mobiliários. *Edital de Audiência Pública nº 05/2008*, disponível em: http://www.cvm.gov.br/audiencias_publicas/ap_sdm/2008/sdm0508.html. Acesso em 05 de mar. de 2017.

BRASIL. Comissão de Valores Mobiliários. *Relatório de Audiência Pública nº 05/2008*, disponível em: http://www.cvm.gov.br/audiencias_publicas/ap_sdm/2008/sdm0508.html. Acesso em 05 de mar. de 2017.

BRASIL. Junta Comercial do Estado do Rio de Janeiro. *Processo nº 07-2012/232000-0*, disponível em https://www.jucerja.rj.gov.br/JucerjaPortalWeb/Paginas/Institucional/Procuradoria.aspx. Acesso em 04 mar. 2017.

BRASIL. Junta Comercial do Estado de São Paulo. *Consultas Públicas*. Acesso pelo site: https://www.jucesponline.sp.gov.br/pesquisa.aspx.

BRASIL. Junta Comercial do Estado de São Paulo. *Enunciados* disponíveis em: http://www.institucional.jucesp.sp.gov.br/downloads/enunciados_2012.pdf. Acesso em 21 abr. 2017.

BRASIL. *Lei nº 6.404, de 15 de dezembro de 1976*. Dispõe sobre as Sociedades por Ações. Disponível em http://www.planalto.gov.br/CCIVIL_03/Leis/L6404compilada.htm. Acesso em 18 ag. 2018.

BRASIL. *Lei nº 10.406, de 10 de janeiro de 2002*. Institui o Código Civil. Disponível em http://www.planalto.gov.br/ccivil_03/leis/2002/l10406.htm. Acesso em 18 ag. 2018.

BRASIL. *Projeto de Lei nº 11/2018* estabelece a possibilidade de a sociedade limitada ser constituída por uma só pessoa natural ou jurídica; emita debêntures; institua quotas preferenciais; e tenha conselho de administração, disponível em: https://www25.senado.leg.br/web/atividade/materias/-/materia/132132. Acesso em 18 ag. 2018.

BRASIL. *Projeto de Lei nº 6.322/2013*, estabelece a possibilidade de emissão de debêntures por sociedades limitadas, disponível em: http://www.camara.gov.br/proposicoesWeb/fichadetramitacao?idProposicao=591633. Acesso em 18 ag. 2018.

BRASIL. *Projeto de Lei nº 487/2013*, estabelece ajustes e alterações no Código Comercial, disponível em: https://www25.senado.leg.br/web/atividade/materias/-/materia/115437. Acesso em 18 ag. 2018.

BRASIL. *Projeto de Lei nº 1.572/2011*, estabelece a instituição do Código Comercial, disponível em: http://www.camara.gov.br/proposicoesWeb/fichadetramitacao?idProposicao=508884. Acesso em 18 ag. 2018.

BRASIL. Receita Federal do. *Consultas Públicas* por meio do link: http://www.receita.fazenda.gov.br/PessoaJuridica/CNPJ/cnpjreva/Cnpjreva_Solicitacao.asp.

BRASIL. Superior Tribunal de Justiça. *Recurso Especial nº 1.396.716* – MG (2013/0253770-4). Relator: Ministro Paulo de Tarso Sanseverino. Data do Julgamento: 24/03/2015

BRASIL. Tribunal de Justiça do Rio Grande do Sul. 5ª Câmara Cível. *Ap. Cível nº 70038723995*. Relator – Des. Jorge Luiz Lopes do Canto. Data de Julgamento – 25/05/2011.

BRASIL. Tribunal de Justiça de São Paulo. 2ª Câmara de Direito Privado. *Ap. nº 414.448.4/2-00*. Relator José Joaquim dos Santos. Data Julgamento 18/12/2007.

BRASIL. Tribunal de Justiça de São Paulo. Segunda Câmara de Direito Privado. *Ap. 414.448.4/2-00*. Relator José Joaquim dos Santos. Data Julgamento 18/12/2007.

BRASIL. Tribunal de Justiça de São Paulo. 5ª Câmara Cível. *Ap. Cível nº 70038723995*. Relator – Des. Jorge Luiz Lopes do Canto. Data de Julgamento – 25/05/2011

INTEGRAÇÃO, Departamento de Registro Empresarial (DREI). *Deliberação JUCESP n. 02, de 25 de março de 2015 / Enunciado nº 41*, disponível em: http://www.institucional.jucesp.sp.gov.br/downloads/Delibera%C3%A7%C3%A3o%2002-2015.pdf. Acesso em 03 jun. 2017

INTEGRAÇÃO, Departamento de Registro Empresarial (DREI) *Instrução Normativa nº 38 (Anexo II – Sociedade Limitada)*, disponível em: http://www.mdic.gov.br/images/REPOSITORIO/SEMPE/DREI/INs_EM_VIGOR/MANUAIS_IN_38/Anexo-II-IN-38-2017-Manual-de-Registro-LTDA--alterado-pela-IN-40-2017--16abr18.pdf. Acesso em 18 ag. 2018.

Instrumentos de Minoritários Frente ao Controle Estatal da Sociedade de Economia Mista Previstos na Lei n. 13.303/16

Daniel Augusto Mesquita

Introdução

Os graves fatos que vieram a público a partir da Operação Lava Jato relacionados à gestão da Petrobrás S.A. na última década aumentaram as incertezas dos investidores privados nas empresas estatais. O governo brasileiro, buscando restabelecer a confiança dos investidores nas sociedades de economia mista, editou a Lei nº 13.303 de 2016, a "Lei das Estatais"[1], inserindo na estrutura social e nos procedimentos de contratação das companhias diversos elementos com o propósito de garantir a gestão isenta, afastada das influências políticas, e com o propósito de gerar resultados positivos.

A nova legislação, ciente de que o melhor fiscal dos recursos aportados na sociedade de economia mista é o investidor privado, inseriu diversos elementos de controle interno com a participação de acionistas minoritários. Nesse contexto, o pre-

[1] Forçoso notar que, apesar de Constituição de 1988, desde a edição da Emenda Constitucional n. 19/98, em seu art. 173, § 1º, determinou que o legislador editasse o regime jurídico das empresas estatais, esse estatuto somente foi editado em 2016.

sente artigo tem o propósito de identificar como os proprietários do capital privado em uma sociedade de economia mista podem contribuir para uma gestão eficiente e direcionada aos interesses sociais da estatal.

A identificação desses elementos tem como pressuposto a análise de um antigo dilema das sociedades de economia mista: trata-se de sociedade concebida em prol de um interesse público, controlada pelo Estado, mas regida pelas normas de direito privado e, como toda organização empresarial, voltada para o lucro, interesse primordial dos acionistas minoritários.

Se, de um lado, os entes privados colocam recursos para o desenvolvimento da atividade da sociedade, de outro, devem gozar de instrumentos que promovam a sua inserção nos órgãos de gestão da sociedade de economia mista e que confiram meios efetivos de fiscalização, para garantir o retorno do investimento. Considerando isso, a Lei nº 13.303 de 2016, ao instituir o regime jurídico aplicável às empresas estatais, trouxe os seguintes mecanismos de defesa dos interesses de acionistas minoritários: (i) participação no Conselho de Administração[2]; (ii) eleição de conselheiro independente[3]; e (iii) exercício de controle interno[4],[5].

[2] Art. 19. É garantida a participação, no Conselho de Administração, de representante dos empregados e dos acionistas minoritários.
§ 1º As normas previstas na Lei no 12.353, de 28 de dezembro de 2010, aplicam-se à participação de empregados no Conselho de Administração da empresa pública, da sociedade de economia mista e de suas subsidiárias e controladas e das demais empresas em que a União, direta ou indiretamente, detenha a maioria do capital social com direito a voto.
§ 2º É assegurado aos acionistas minoritários o direito de eleger 1 (um) conselheiro, se maior número não lhes couber pelo processo de voto múltiplo previsto na Lei no 6.404, de 15 de dezembro de 1976.

[3] Art. 22. O Conselho de Administração deve ser composto, no mínimo, por 25% (vinte e cinco por cento) de membros independentes ou por pelo menos 1 (um), caso haja decisão pelo exercício da faculdade do voto múltiplo pelos

Nesse contexto, é comum observar que o agrupamento dos minoritários se dá por meio da celebração de acordo de acionistas[6], que é um instrumento para agregar os seus interesses comuns, de forma a lhes conferir um efetivo poder decisório e de fiscalização dentro da companhia. Dessa forma, este trabalho também buscará identificar o acordo de acionistas dos minoritários como uma forma de resgatar o equilíbrio de forças entre a vontade estatal e aqueles que investem e contribuem de forma determinante para o crescimento e os resultados positivos das sociedades de economia mista.

Esses instrumentos, não obstante, devem ser compatíveis com a imposição legal de que as sociedades de economia mista sejam controladas pelo Estado e guiadas pelo interesse público que motivou sua criação. Assim, o trabalho delineará em que limite o sócio privado pode exercer poder de decisão, de veto e de fiscalização em uma empresa que deve ser controlada pelo Estado. Com efeito, o trabalho indicará como o interesse público e o interesse da companhia devem ser tratados para que

acionistas minoritários, nos termos do art. 141 da Lei nº 6.404, de 15 de dezembro de 1976.

[4] Art. 9º A empresa pública e a sociedade de economia mista adotarão regras de estruturas e práticas de gestão de riscos e controle interno que abranjam:
I – ação dos administradores e empregados, por meio da implementação cotidiana de práticas de controle interno;
II – área responsável pela verificação de cumprimento de obrigações e de gestão de riscos;
III – auditoria interna e Comitê de Auditoria Estatutário.

[5] Dada a delimitação do objeto de estudo deste artigo, não será incluída no trabalho a análise de todos os órgãos que compõem a sociedade de economia mista a partir da Lei n. 13.303/16, tampouco questões referentes às empresas públicas.

[6] Nesse ponto, o foco do presente estudo é identificar qual das espécies de acordo de acionistas se aplica na organização dos minoritários em uma sociedade de economia mista de capital aberto dentro de um cenário de controle estatal.

os interesses dos minoritários não sejam fulminados, questionando-se quais poderes e competências teriam esses acionistas.

A análise dos efeitos e alcance dos acordos de acionistas minoritários nas sociedades de economia mista frente à Lei nº 13.303/16 poderá contribuir para conferir uma maior segurança aos investidores, de modo a garantir que o controle seja exercido pelo Estado de modo responsável, visando à consecução do interesse público e compatibilizando as decisões, na medida do possível, com a vontade dos acionistas.

Ademais, o assunto contribui para um resgate das empresas estatais, recolocando-as no caminho da profissionalização e na consecução de seus objetivos institucionais, de modo a promover um maior retorno à sociedade (em serviços de qualidade), ao Estado (na execução do interesse público e no retorno financeiro) e aos seus investidores (com o retorno financeiro).

É nessa seara que caminha a Lei nº 13.303/16, pois esta confere instrumentos para resgatar a credibilidade do Estado no exercício da atividade econômica. Ademais, a participação dos acionistas minoritários nos ambientes de decisão dessas empresas é fundamental para uma gestão eficiente. Por outro lado, a participação dos minoritários também no controle interno dificulta a ocorrência de desvios e promove a atração de investimentos para a execução da atividade.

Em última análise, o presente trabalho, ao identificar esses instrumentos de defesa, de participação na gestão e de controle interno da sociedade de economia mista a disposição dos acionistas minoritários, contribui para o fortalecimento da posição destes frente ao poderoso controlador da companhia: o Estado.

1. Sociedades de Economia Mista

1.1. Conceito e Características

Ainda no ano de 1808, o Brasil via nascer uma companhia de capital misto: O Banco do Brasil. Mais recentemente, já em meados do século XX, outras sociedades de economia mista foram criadas, tais como, a Companhia Siderúrgica Nacional, em 1941, a Vale do Rio Doce, em 1942, a Petróleo Brasileiro S.A. - PETROBRAS, em 1954, dentre inúmeras outras.

A criação de sociedades de economia mista revela uma preocupação do Estado em alterar a ordem econômica vigente, deixando de ser um agente meramente regulador ou fomentador da economia para se tornar um agente ativo, com atuação direta em setores da economia relevantes para a sociedade. Ao atrair o capital privado para esses setores da economia, o Estado tornou-se capaz de viabilizar financeiramente projetos que antes não eram possíveis apenas com o capital público das empresas públicas[7].

Sob o enfoque do Direito Constitucional, a criação de sociedades de economia mista revela a influência do constitucionalismo social do século XX, segundo o qual o processo de elaboração de uma Constituição tinha por objetivo alterar a ordem econômica então vigente. Nesse contexto, a Constituição de 1988, que aprofundou[8] a participação do Estado na ordem

[7] "No fundo, o estadista [Getúlio Vargas] vislumbrou na companhia mista o instrumento ideal para compor aspirações aparentemente antagônicas e, ao mesmo tempo, mobilizar o sentimento nacionalista do povo brasileiro, induzindo-o a participar diretamente do empreendimento de interesse público. A sociedade de economia mista passou, então, a ser enaltecida pela doutrina como solução mágica para viabilizar grandes projetos em países onde o mercado de capitais era insuficiente, mostrando-se capas de atrair investimentos acionários privados em razão da credibilidade do empreendimento público". (PINTO JR., Mario Engler. *Empresa Estatal – Função Econômica e Dilemas Societários.* 2ª edição. Ed. Atlas: São Paulo, 2013, p. 206)

[8] "a Constituição de 1988, embora tenha sido uma reação veemente ao modelo político do regime militar, não confrontou — antes aprofundou — o modelo de atuação direta do Estado no domínio econômico, pelo controle de numerosas empresas. Além disso, foi mantido o modelo protecionista que impunha diversas restrições à participação de empresas e capitais estrangeiros na economia

econômica, caracteriza-se como uma Constituição Econômica, com caráter dirigente.

Nesse sentido, Gilberto Bercovici:

> a diferença essencial, que surge a partir do 'constitucionalismo social' do século XX, e vai marcar o debate sobre a Constituição Econômica, é o fato de que as Constituições não pretendem mais receber a estrutura econômica existente, mas querem alterá-la. Elas positivam tarefas e políticas a serem realizadas no domínio econômico e social para atingir certos objetivos. A ordem econômica destas Constituições é "programática" – hoje diríamos "dirigente". A Constituição Econômica que conhecemos surge quando a estrutura econômica se revela problemática, quando cai a crença na harmonia preestabelecida do mercado. Ela quer uma nova ordem econômica; quer alterar a ordem econômica existente, rejeitando o mito da auto regulação do mercado[9].

Uma vez que "o Poder Público não dispõe de capacidade de investimentos e precisa, forçosamente, de concurso da iniciativa privada para que possa promover o desenvolvimento nacional"[10], criam-se tais sociedades, cujo fim é "atrair novos investidores para um mercado inexplorado e que contém necessidades (interesses) coletivas(os) de relevância pública"[11]. Para alcançar esse

nacional". (Barroso, Luís Roberto. Estado e livre iniciativa na experiência. Revista Brasileira de Direito Público – RBDP, v. 45, p. 9–19, 2014, p. 12).

[9] Bercovici, Gilberto. Política Econômica e Direito Econômico. **Revista da Faculdade de Direito da Universidade de São Paulo**, v. 105, p. 389–406, 2010, p. 397.

[10] Dallari, Adilson Abreu. Sociedade de Economia Mista. Sócio Estratégico – Acordo de Acionistas. **Revista de Direito Administrativo,** n. 221, p. 383, julho/setembro. 2000.

[11] Pontes, Evandro Fernandes Pontes. Os Interesse Jurídicos nas Sociedades de Economia Mista. 2016. In: Noronha, João Otávio de; Frazão, Ana; e Mesquita, Daniel Augusto (coord.). **Estatuto Jurídico das Estatais** – Análise

objetivo, nas palavras de Carvalhosa, a sociedade de economia mista se estrutura a partir do seguinte conceito:

> criada por lei, formada por capital votante majoritário subscrito pelo Estado, e minoritário, pelo capital privado, tendo como objeto social atividades relacionadas à prestação de serviço público ou exploração de atividades econômicas, as quais realizam estritamente através de negócios jurídicos privados (contratos privados) e de relações extracontratuais também de natureza privada, tendo como finalidade precípua o interesse público, primário ou coletivo em conformidade com a lei societária que a disciplina[12].

Esse conceito se aproxima daquele trazido pela doutrina do direito administrativo, conforme definição de Celso Antônio Bandeira de Mello:

> *Sociedade de economia mista federal* há de ser entendida como a pessoa jurídica cuja criação é autorizada por lei, como um instrumento de ação do Estado, dotada de personalidade de Direito Privado, mas submetida a certas regras especiais decorrentes desta sua natureza auxiliar da atuação governamental, constituída sob a forma de sociedade anônima, cujas ações com direito a voto pertençam em sua maioria à União ou entidade de sua Administração indireta, sobre remanescente acionário de *propriedade particular.*[13]

Nesse contexto, uma sociedade de economia mista constitui um *instrumento* para concretização de políticas públicas estatais,

da Lei n. 13.303/16. Ed. Fórum. Belo Horizonte, 2017, p. 435. Apenas para exemplificar, tem-se como exemplo desse interesse a prestação de serviços de telefonia e de saneamento básico (Idem, p. 434).

[12] CARVALHOSA, Modesto. **Comentários à lei de sociedades anônimas.** 4. ed, v. 4, t. 1. São Paulo: Saraiva, 2009, p. 358.

[13] MELLO. Celso Antônio Bandeira de. **Curso de Direito Administrativo.** 27ª ed. Malheiros Editores. São Paulo, 2010, p. 191.

sendo uma empresa que "não age de forma neutra, em busca da maximização dos lucros somente"[14]. É certo que:

> O lucro não une, entretanto, todos os sócios de uma sociedade de economia mista. O lucro não é o objetivo do controlador das empresas estatais. O Estado-empresário, nas empresas públicas, e o Estado-acionista controlador das sociedades de economia mista não alvejam o lucro, mas sim a consecução das políticas e dos interesses públicos que dão fundamento à atuação estatal nos mercados[15].

Por essa razão, afirma-se que a sociedade de economia mista é regrada por um *regime anômalo*, um "regime de direito privado permeado de regras específicas próprias do regime de direito público"[16]. O regime privado decorre de sua constituição como uma empresa, com personalidade jurídica de direito privado. O regime público, por sua vez, decorre da previsão constitucional constante do art. 37, XIX[17], que inclui as sociedades de

[14] WARDE JR., Walfrido Jorge. Legislador Frankestein! Não é possível transplantar governança das empresas privadas às empresas estatais. 2016. In: NORONHA, João Otávio de, FRAZÃO, Ana, e MESQUITA, Daniel Augusto (Coord.). **Estatuto Jurídico das Estatais:** análise da Lei n. 13.303/16. Ed. Fórum. Belo Horizonte, 2017, p. 96.

[15] Idem, p. 39.

[16] NESTER, Alexandre Wagner. O exercício do poder de controle nas empresas estatais. In: JUSTEN FILHO, Marçal. **Estatuto jurídico das empresas estatais.** Lei 13.303/2016 – "Lei Das Estatais". Revista dos Tribunais: São Paulo, 2016, p. 123.

[17] "Art. 37. A administração pública direta e indireta de qualquer dos Poderes da União, dos Estados, do Distrito Federal e dos Municípios obedecerá aos princípios de legalidade, impessoalidade, moralidade, publicidade e eficiência e, também, ao seguinte:
XIX – somente por lei específica poderá ser criada autarquia e autorizada a instituição de empresa pública, de sociedade de economia mista e de fundação, cabendo à lei complementar, neste último caso, definir as áreas de sua atuação".

economia mista na administração indireta, submetidas aos princípios e normas de direito público previstas no mesmo artigo 37.

Com o propósito de delinear as características desse regime híbrido e de buscar uma convergência do interesses público – do ente estatal, que detém a maioria do capital social, e, de certo modo, do interesse da companhia definido em seu estatuto social – com o interesse privado – dos acionistas minoritários –, a sociedade de economia mista atualmente tem seu regramento normativo nas previsões (i) do art. 173 da Constituição Federal[18]; (ii) do Decreto-Lei 200 de 1967, notadamente seu art. 4º[19]; (iii) arts. 235 a 253 da Lei n. 6.404/76 – LSA; (iv) da Lei n. 13.303 de 2016 e (v) do Decreto n. 8.945/16.

O art. 173 da Constituição revela que a atuação direta do Estado na atividade econômica se faz excepcionalmente, apenas quando "necessária aos imperativos da segurança nacional ou a relevante interesse coletivo" (art. 173, *caput*). Assegura, também, a livre iniciativa ao determinar que "as empresas públicas e as sociedades de economia mista não poderão gozar de privilégios fiscais não extensivos às do setor privado" (art. 173, § 2º).

Assim, como a regra é a atuação do agente privado na atividade econômica, o Estado deve observar com rigor os pressupostos constitucionais de criação de uma empresa estatal. Não é facultado ao Estado, portanto, reduzir arbitrariamente o espaço da livre iniciativa para exercer atividades apenas para

[18] "Art. 173. Ressalvados os casos previstos nesta Constituição, a exploração direta de atividade econômica pelo Estado só será permitida quando necessária aos imperativos da segurança nacional ou a relevante interesse coletivo, conforme definidos em lei".

[19] "Art. 4º A Administração Federal compreende: II – A Administração Indireta, que compreende as seguintes categorias de entidades, dotadas de personalidade jurídica própria: *c)* Sociedades de Economia Mista. Parágrafo único. As entidades compreendidas na Administração Indireta vinculam-se ao Ministério em cuja área de competência estiver enquadrada sua principal atividade".

obter lucro. Nesse sentido, Hely Lopes Meirelles enaltece o requisito da supletividade para que o Estado atue diretamente na atividade econômica:

> O que está explícito na Constituição da República é a vedação da concorrência do Estado às atividades econômicas reservadas precipuamente às empresas privadas. Nessa área o Poder Público só poderá atuar em igualdade de condições com as empresas particulares e quando a produção de bens ou os serviços destas forem insuficientes para as exigências do mercado. Fora dessa hipótese e sem o requisito da supletividade não é licito ao Estado entrar no mercado de obras, serviços ou produtos industriais da economia privada. As únicas exceções constitucionais que legitimam o Estado-empresário são a intervenção no domínio econômico e o monopólio de determinada indústria ou atividade, mediante lei federal, quando indispensável por motivo de segurança nacional ou para organizar setor que não possa ser desenvolvido com eficácia no regime de competição e de liberdade de iniciativa, assegurados os direitos e garantias individuais[20].

O Decreto-Lei n. 200/67, por sua vez, não foi revogado expressamente pela Lei n. 13.303/16, contudo, encontra-se em desuso, uma vez que a norma mais recente regulamentou integralmente o art. 173, § 1º, da Constituição, para estabelecer o regime jurídico das empresas estatais.

As disposições da LSA acerca da sociedade de economia mista já evidenciavam o caráter híbrido do regime jurídico dessas companhias, contudo, as disposições da Lei n. 13.303/16 tornam ainda mais nítido esse caráter, uma vez que essas empresas devem observar rigoroso procedimento de controle, típico de

[20] MEIRELLES, Hely Lopes, O Estado e suas empresas. **Revista de Informação Legislativa**. v. 19, n. 76, 1982, p. 168

órgãos públicos[21], mas estão dispensadas de realizar licitações para "comercialização, prestação ou execução, de forma direta, (...) de produtos, serviços ou obras especificamente relacionados com seus respectivos objetos sociais" (art. 28, § 3º, I, da Lei n. 13.303/16).

Assim, constata-se que as sociedades de economia mista envolvem uma variada gama de interesses, que não podem ser anulados/desprezados em prol de outros. Para além do interesse público que motivou a criação da companhia, há também o *interesse social* da companhia e o interesse particular do investidor privado[22]. E, para a efetiva consecução de seus objetivos, a sociedade de economia mista deve estar apta a harmonizar e conciliar todos esses interesses.

[21] Art. 87. O controle das despesas decorrentes dos contratos e demais instrumentos regidos por esta Lei será feito pelos órgãos do sistema de controle interno e pelo tribunal de contas competente, na forma da legislação pertinente, ficando as empresas públicas e as sociedades de economia mista responsáveis pela demonstração da legalidade e da regularidade da despesa e da execução, nos termos da Constituição.
§ 1º Qualquer cidadão é parte legítima para impugnar edital de licitação por irregularidade na aplicação desta Lei, devendo protocolar o pedido até 5 (cinco) dias úteis antes da data fixada para a ocorrência do certame, devendo a entidade julgar e responder à impugnação em até 3 (três) dias úteis, sem prejuízo da faculdade prevista no § 2º.
§ 2º Qualquer licitante, contratado ou pessoa física ou jurídica poderá representar ao tribunal de contas ou aos órgãos integrantes do sistema de controle interno contra irregularidades na aplicação desta Lei, para os fins do disposto neste artigo.
§ 3º Os tribunais de contas e os órgãos integrantes do sistema de controle interno poderão solicitar para exame, a qualquer tempo, documentos de natureza contábil, financeira, orçamentária, patrimonial e operacional das empresas públicas, das sociedades de economia mista e de suas subsidiárias no Brasil e no exterior, obrigando-se, os jurisdicionados, à adoção das medidas corretivas pertinentes que, em função desse exame, lhes forem determinadas.

[22] Pontes, Op. Cit., pp. 426-427.

1.2. Interesse Público e Interesse Social na Companhia

Para encaminhar a discussão da sociedade de economia mista de capital aberto para o foco do presente trabalho, qual seja, a identificação dos instrumentos de fortalecimento dos minoritários, relevante abordar qual interesse deve ser perseguido por essa companhia.

Quando se fala em "interesse público" na realidade de uma sociedade de economia mista é forçoso notar que não se trata de um "interesse público genérico que qualifica o regime jurídico administrativo, mas sim [d]o interesse público específico que motivou a criação da empresa"[23], a saber "o relevante interesse coletivo que autoriza, como único meio ao Estado para intervir na economia será o interesse de um grupo específico que não está sendo atendido pela iniciativa privada"[24].

Outros interesses públicos tutelados pelo Estado, ainda que extremamente relevantes, não dizem respeito à sociedade de economia mista, pautada em um interesse público em *sentido estrito*, pois:

> Em primeiro lugar, o interesse público do Estado, enquanto Estado, definido em termos amplos, não se identifica com aquele particularizado mediante a lei autorizadora, como finalidade a ser atingida por meio da empresa pública ou sociedade de economia mista. Em segundo lugar, o interesse público não se confunde com aquele do Estado, embora seja o único que lhe é dado perseguir por meio do exercício da atividade econômica, já que fundamento da intervenção no domínio econômico constitucionalmente reser-

[23] FRAZÃO, Ana. O abuso de poder de controle na Lei das Estatais. In: NORONHA, João Otávio de, FRAZÃO, Ana, e MESQUITA, Daniel Augusto (Coord.). **Estatuto Jurídico das Estatais:** análise da Lei n. 13.303/16. Ed. Fórum. Belo Horizonte, 2017, p. 112.

[24] PONTES, Op. Cit., p. 433.

vado aos particulares. O estado, aqui, não pode invocar nenhum outro interesse, que não aquele legitimador da intervenção, o que, contudo, não implica que o interesse público se transmude em interesse do Estado. Na qualidade de acionista, o seu interesse, enquanto sócio, somente pode ser aquele público, específico, que levou o Estado a se imiscuir no domínio econômico[25].

Tal observação é determinante para se evitar experiências negativas vividas no direito comparado com a utilização equivocada da sociedade de economia mista pelo Estado. Exemplo disso é a experiência alemã que, no passado, "favorecia o absolutismo societário em nome do interesse público, ao mesmo tempo e que privava os pequenos acionistas do direito de influir na gestão social"[26].

Justamente por isso, o art. 237 da LSA prevê a atuação estrita da companhia de economia mista[27], sendo tal limitação reiterada pela nova Lei das Estatais, que assim prevê:

> Art. 27. A empresa pública e a sociedade de economia mista terão a função social de realização do interesse coletivo ou de atendimento a imperativo da segurança nacional *expressa no instrumento de autorização legal para a sua criação.*

[25] Franco, Vera Helena de Mello. **Grupos econômicos sob o controle estatal**: conflito de interesse (a norma do artigo 238 da lei das S.A.. Aplicação. Limites), 1982. 281 f. Tese (Doutorado em Direito Comercial) – Faculdade de Direito da Universidade de São Paulo, São Paulo, 1982, p. 105.

[26] Pinto Jr., Mario Engler. **O Estado como Acionista Controlador.** 2009. 517 f. Tese (Doutorado em Direito) – Faculdade de Direito da Universidade de São Paulo, São Paulo, 2009, p. 310.

[27] "Art. 237. A companhia de economia mista somente poderá explorar os empreendimentos ou exercer as atividades previstas na lei que autorizou a sua constituição".

> § 1º A realização do interesse coletivo de que trata este artigo deverá ser orientada para o alcance do bem-estar econômico e para a alocação socialmente eficiente dos recursos geridos pela empresa pública e pela sociedade de economia mista, bem como para o seguinte:
>
> I – ampliação economicamente sustentada do acesso de consumidores aos produtos e serviços da empresa pública ou da sociedade de economia mista;
>
> II – desenvolvimento ou emprego de tecnologia brasileira para produção e oferta de produtos e serviços da empresa pública ou da sociedade de economia mista, sempre de maneira economicamente justificada.

Da leitura do dispositivo percebe-se que o interesse a ser seguido pela sociedade de economia mista não é o interesse público genérico nem tampouco o interesse do acionista controlador (Estado), mas sim o interesse coletivo ou o atendimento ao imperativo de segurança nacional que justificou a criação da empresa. Ademais, esse interesse deve estar orientado a alcançar o bem-estar econômico, ampliação do acesso aos consumidores dos bens e serviços produzidos pela estatal e o incentivo à tecnologia brasileira.

Nesse sentido, em atenção à satisfação do interesse público específico, se defende que "o direito societário se aplica às sociedades de economia mista, mas sempre em articulação com o direito público, sob a preponderância das políticas públicas, em detrimento da lucratividade"[28].

[28] WARDE JR., Walfrido Jorge. LEGISLADOR FRANKESTEIN! Não é possível transplantar governança das empresas privadas às empresas estatais. 2016. In: NORONHA, João Otávio de, FRAZÃO, Ana, e MESQUITA, Daniel Augusto (Coord.). **Estatuto Jurídico das Estatais:** análise da Lei n. 13.303/16. Ed. Fórum. Belo Horizonte, 2017, p. 105.

Noutro giro, a expressão "em detrimento da lucratividade" tem limites[29] e não pode jamais significar uma arbitrariedade do poder público contra o interesse dos minoritários investidores na obtenção do lucro. Afinal, o Estado atraiu o capital privado para o desenvolvimento da atividade e, portanto, tem responsabilidade na gestão desse patrimônio. Caso o Estado quisesse evitar esse compromisso com o privado, deveria "se valer da empresa pública, que não conta com aportes de capital privado e, portanto, admite que o poder de controle seja exercido de forma absoluta pelo próprio Estado"[30].

Com efeito, não se pode esquecer da remuneração do investimento acionário, ainda que não se fale de lucro *máximo*. Afinal, "se o Poder Público precisa atrair capitais privados, é evidente que precisa, também, oferecer garantias e até mesmo vantagens que sirvam efetivamente como atrativos"[31]. Dessa forma, o interesse público, *específico*, deve sempre estar em harmonia também com o interesse particular dos acionistas privados:

[29] Nesse sentido, ressalte-se que: "a diferença específica entre empresa estatal e empresa privada está na relevância da finalidade lucrativa (causa final). Na companhia controlada totalitariamente pelo Estado, a obtenção de resultado positivo tem em mira precipuamente assegurar a preservação da empresa enquanto unidade produtiva, o que pressupõe normalmente a autossuficiência financeira. Se houver acionistas privados, o lucro serve ainda para remunerar o investimento acionário, segundo padrões adequados de risco-retorno. Isso obviamente afasta a necessidade de proporcionar ganhos extraordinários" (PINTO JR., Mario Engler. **O Estado como Acionista Controlador.** 2009. 517 f. Tese (Doutorado em Direito) – Faculdade de Direito da Universidade de São Paulo, São Paulo, 2009, p. 339).

[30] NESTER, Alexandre Wagner. O exercício do poder de controle nas empresas estatais. In: JUSTEN FILHO, Marçal. **Estatuto jurídico das empresas estatais.** Lei 13.303/2016 – "Lei Das Estatais". Revista dos Tribunais: São Paulo, 2016, p. 133.

[31] DALLARI, Adilson Abreu. Sociedade de Economia Mista. Sócio Estratégico – Acordo de Acionistas. **Revista de Direito Administrativo**, n. 221, p. 383, julho/setembro. 2000.

> os deveres e responsabilidades dos administradores também precisam se ajustar à nova realidade jurídica, deixando de lado o compromisso exclusivo com a maximização dos lucros em favor dos acionistas para assumir função mais ampla de caráter conciliatório (...) O conflito entre os vários interesses internalizados deixa de ter conotação qualitativa e conteúdo irreconciliável, para adquirir dimensão quantitativa mais flexível, na medida que o objeto da disputa cinge-se à determinação do nível de rentabilidade da companhia. Essa diferenciação é de fundamental importância para explicar o virtual embate entre interesse público e finalidade lucrativa, que caracteriza a atual sociedade de economia mista. Ao invés de encará-lo como conflito insuperável entre acionistas imbuídos de propósitos antagônicos (acionista controlador público e capitalistas minoritários), deve ser tratado como controvérsia limitada à definição da meta de lucro considerada satisfatória para remunerar o investimento acionário[32].

É levando em conta tais observações que se deve analisar o interesse social de uma companhia de economia mista. Por força da natureza instrumental da sociedade, o interesse social da companhia[33] acaba por internalizar o interesse público acima

[32] Pinto Jr., Op. Cit., pp. 311-312.

[33] Por conta do espaço deste trabalho, não será abordada o embate doutrinário quanto à definição *per si* de interesse social. Reconhece-se a discussão quanto às teorias institucionalista, contratualista e organizativa, sem, porém, investigá-la a fundo. Mesmo porque, no tocante às sociedades de economia mista, é possível defender que: "qualquer que seja a linha teórica adotada, o interesse público estará sempre incorporado ao interesse social. Para os institucionalistas, trata-se de incluir no leque de interesses abrangidos pela organização societária mais outra categoria representada pelo interesse público em sentido estrito, conforme definido na lei autorizativa da constituição da empresa estatal. Já para os contratualistas, a realização do interesse público poderia integrar o objeto do contrato da sociedade, desde que isso tenha sido acordado previamente entre todos os sócios. Quanto à teoria organizativa, não resta dúvida sobre a

analisado, sem, porém, olvidar-se dos demais interesses – privados e sociais[34]. Nesse sentido:

> O interesse social deixa de representar o objetivo pré-determinado pelos sócios ou decorrente de imposição legal, para assumir conotação funcional, consistente na harmonização dos anseios dos diversos atores afetados pelo funcionamento da companhia. Se a atenção com o interesse público também for relevante para a atividade empresarial, a sua internalização na companhia encontra amparo no conceito de organização apta a dirimir conflitos[35].

Não por acaso, as diretrizes da *Organisation for Economic Co-operation and Development* (OECD), sobre governança corporativa para empresas de controle estatal[36] estabelecem como primeira diretriz: "assegurar uma estrutura reguladora legal e efetiva para empresas de propriedade do Estado". A partir dessa diretriz, a OECD recomenda que "deve existir uma separação clara entre as funções de propriedade do Estado e outras funções estatais que possam influenciar as condições

sua aplicação à sociedade de economia mista, não propriamente para indicar o escopo final a ser perseguido, mas para tornar viável o convívio com expectativas concorrentes de outras partes interessadas, sobretudo os capitalistas privados" (PINTO JR., Op. cit., p. 332.)

[34] FRAZÃO, sobre o ponto: "importante explicar o alcance do chamado interesse social, principalmente quando se adota uma compreensão institucionalista, vinculada à função social da empresa, segundo a qual devem ser observados não apenas os interesses dos acionistas, mas também os de trabalhadores, consumidores e, sobretudo no caso das estatais, do poder público e da própria coletividade. Sob essa perspectiva, o interesse social passa a corresponder não apenas à maximização de lucros, mas ao interesse da comunidade como um todo, tal como prevê o parágrafo único do artigo 116. da Lei das S/A" (FRAZÃO, Op. cit., p. 112).

[35] PINTO JR., Op. cit., p. 330.

[36] Acessível em: https://www.oecd.org/daf/ca/corporategovernanceofstate-ownedenterprises/42524177.pdf.

das empresas de propriedade estatal, particularmente no que diz respeito às regulamentações do mercado"[37].

Dessa maneira, ainda que se considere a preponderância do interesse público motivador da criação da sociedade de economia mista, questões a ele atinente "não podem, pois, ser pretextos para autorizar gestores a agirem com total discricionariedade, atendendo interesses outros que não os da sociedade e os da comunhão acionária"[38]. A sociedade de economia mista, como *empresa* que é, imbuída de função social[39], deve observar

[37] "O Estado muitas vezes tem um papel duplo de regulador de mercado e proprietário das estatais que desenvolvem operações comerciais, particularmente nas novas redes industriais desregulamentadas e, muitas vezes, parcialmente privatizadas. Quando for o caso, o Estado será ao mesmo tempo um competidor importante de mercado e um mediador. Uma total separação administrativa entre as responsabilidades de proprietário e de regulador do mercado é, então, pré-requisito fundamental para criar um nível de igualdade entre as estatais e as empresas privadas e para evitar distorção da competição. Tal separação é também defendida pelos Princípios de Reforma Reguladora da OCDE. Outro caso importante ocorre quando as estatais são utilizadas como instrumento de política industrial. Isso pode facilmente resultar em confusão e conflitos de interesses entre políticas industriais e funções de propriedade do Estado, particularmente se a responsabilidade pelas políticas industriais e as funções de propriedade estiverem no mesmo ramo ou setor ministerial. A separação entre políticas industriais e propriedade aprimorará a identificação do Estado como proprietário e favorecerá a transparência na definição de objetivos e monitoração de desempenhos. Porém, tal separação não deve impedir a necessária coordenação entre as duas funções. Para prevenir conflitos de interesse, é também necessário separar claramente a função de propriedade de quaisquer entidades da administração estatal que podem ser clientes ou principais fornecedores para as estatais. Devem ser aplicáveis regras gerais de aquisições às estatais semelhantes às aplicáveis a qualquer outra empresa. As barreiras legais e não-legais a um processo de compras justo devem ser removidas. Na implementação da separação efetiva entre os diferentes papéis do Estado em relação às estatais, devem ser considerados os conflitos de interesse reais ou potenciais." (OECD, p. 10, grifou-se)

[38] Frazão, Op. Cit., p. 113.

[39] Com efeito, "foi considerando a empresa como tendo a função de produzir ou fazer circular bens e serviços numa economia de massa em que impera o

todos os interesses envolvidos[40], e não apenas o interesse público *estrito*, muito menos interesses publicistas gerais do Estado. Justamente por isso, o art. 238 da LSA prevê o seguinte:

> Art. 238. A pessoa jurídica que controla a companhia de economia mista tem os deveres e responsabilidades do acionista controlador (artigos 116 e 117), mas poderá orientar as atividades da companhia de modo a atender ao interesse público que justificou a sua criação.

Nesse sentido, a análise dos limites da atuação do acionista controlador no âmbito de uma sociedade de economia mista também indicam um caminho para a proteção dos acionistas

consumismo, que se deu relevo à empresa, como atividade funcional, o que desloca seu titular do âmbito estrito dos direitos subjetivos, para encaminhá-lo para o direito-função ou poder-dever, fazendo-se presente sua responsabilidade para com os que se relacionam com a empresa (trabalhadores, credores, consumidores, o Estado, a comunidade etc.), no que se tentou de certa forma, dar conteúdo às formulações mais genéricas de função social (bem público, interesse geral etc.). Procurou-se, pois, obter, tecnicamente, maior precisão, levando-se em conta que a atividade desenvolvida pelo empresário tem como fim a realização de interesses que ultrapassam aqueles egoísticos do agente, e portanto gera um poder-dever do sujeito da atividade funcional" (Bulgareli, Waldirio, **Tratado de Direito Empresarial**, 3ª ed. – São Paulo: Atlas, 1997, p. 70).

[40] Inclusive, não ignorar os interesses privados pode ser, de certa forma, uma das formas de permitir a realização do interesse público especifico. Afinal, "ao atender os interesses dos acionistas/sócios, a governança corporativa torna os valores mobiliários da companhia mais atraentes. Da mesma forma, ela promove as mudanças necessárias para uma melhor condução da sociedade, gerando valor para esta, atraindo investimentos" (Tomazette, Marlon. A administração nas empresas estatais. 2016. In: Noronha, João Otávio de, Frazão, Ana, e Mesquita, Daniel Augusto (Coord.). **Estatuto Jurídico das Estatais:** análise da Lei n. 13.303/16. Ed. Fórum. Belo Horizonte, 2017, p. 144), de forma a trazer para as mãos do Estado maiores recursos a serem direcionados para esse interesse público estrito motivador da concepção da companhia de economia mista.

minoritários, porquanto eventual abuso no poder de controle poderá redundar na anulação de decisões contrárias aos interesses destes últimos.

1.3. Controle nas Sociedades de Economia Mista

O parâmetro legal para se caracterizar o acionista controlador consta do seguinte dispositivo da LSA:

> Art. 116. Entende-se por acionista controlador a pessoa, natural ou jurídica, ou o grupo de pessoas vinculadas por acordo de voto, ou sob controle comum, que:
>
> *a)* é titular de direitos de sócio que lhe assegurem, de modo permanente, a maioria dos votos nas deliberações da assembléia-geral e o poder de eleger a maioria dos administradores da companhia; e
>
> *b)* usa efetivamente seu poder para dirigir as atividades sociais e orientar o funcionamento dos órgãos da companhia.
>
> Parágrafo único. O acionista controlador deve usar o poder com o fim de fazer a companhia realizar o seu objeto e cumprir sua função social, e tem deveres e responsabilidades para com os demais acionistas da empresa, os que nela trabalham e para com a comunidade em que atua, cujos direitos e interesses deve lealmente respeitar e atender.

A partir desse dispositivo, Modesto Carvalhosa informa que o conceito de controle passa, necessariamente, pelo atributo da estabilidade ou da permanência, que significa a detenção, pelo sócio ou grupo controlador, de direitos que lhe assegure, de modo perene, a maioria dos votos nas deliberações da assembleia geral, bem como poder para eleger a maioria dos administradores[41].

[41] "Essa qualidade de *permanência*, como referido, outorga ao controlador o direito de eleger a maioria dos administradores e de sempre deliberar

No mesmo sentido, Eizirik aponta que o controle em uma S.A. é um poder de fato, pois existe enquanto o acionista controlador conseguir número de votos suficientes para obter a maioria nas assembleias[42].

Diante do poder de comandar a vida social, "existe uma obrigação fundamental de que controladores de sociedades empresárias não causem danos injustificáveis ou desproporcionais aos interesses albergados pela ordem econômica constitucional"[43]. O Estado, enquanto acionista controlador, porém, submete-se, para além disso, a um regime especial, mais rígido, posto ser responsável por concretizar a conciliação de interesses acima discutida.

Nas sociedades privadas, "o acionista controlador tem interesse particular direto na gestão, na medida em que a participação societária lhe garante direitos subjetivos que podem ser exercidos em proveito próprio"[44]. Já nas estatais, "não há que se falar em exercício de direito subjetivo, mas de necessário exercício de função em todas as suas atribuições, inclusive no que se refere ao direito de voto"[45], eis que o interesse estatal, enquanto ente personificado, não tem espaço dentro da companhia mista, cujo interesse público é restrito nos termos da lei que a

majoritariamente em matérias próprias das assembleias gerais. Ademais, reveste a administração da companhia do caráter de *estabilidade*, como referido, na medida em que a maioria dos seus membros somente poderá ser destituída pelo controlador. Apenas o atributo de *permanência*, próprio do controlador, reveste a administração do atributo da *estabilidade*" (CARVALHOSA, p. 518-519).

42 "O controle da sociedade anônima constitui um poder de fato, não um poder jurídico, visto que não há norma que o assegure. O acionista controlador não é sujeito ativo do poder de controle, mas o tem enquanto for titular de direitos de voto em número suficiente para obter a maioria nas deliberações assembleares" (EIZIRIK, Nelson. **A Lei das S/A Comentada.** 2ª ed. v. 2. Quartier Latin, São Paulo, 2015, p. 226).

43 FRAZÃO, Op. cit., p. 117.

44 FRAZÃO, Op. cit., p. 119.

45 FRAZÃO, Op. cit., p. 119-120.

constituir[46]. De tal modo, equipara-se a posição do acionista controlador estatal ao regime jurídico dos administradores[47].

Em outras palavras, segundo Frazão, os deveres e responsabilidades do Estado enquanto acionista controlador estão em um "nível até mais alto"[48] que o regime aplicável aos controladores de companhias privadas, porquanto se aproximam do regime ao qual se submetem os administradores, cujos "poderes lhes são dados para o atendimento de interesses outros que não os seus próprios"[49], notadamente o interesse social da companhia[50]. No mesmo sentido:

> Se a limitação dos poderes do controlador é característica moderna das sociedades anônimas em geral, no caso específico

[46] TAVARES GUERREIRO, José Alexandre. Conflitos de interesse entre sociedade controladora e controlada e entre coligadas, no exercício do voto em assembleias gerais e reuniões sociais. **Revista de direito mercantil, industrial, econômico e financeiro**. v. 22, n. 51, pp. 29-32, jul./set. 1983. p. 32.

[47] FRAZÃO, Op. cit., p. 120.

[48] FRAZÃO, Op. cit., p. 114.

[49] FRAZÃO, Ana. **Função social da empresa**: repercussões sobre a responsabilidade civil de controladores e administradores de S/As. Rio de Janeiro: Renovar, 2011, p. 252.

[50] Existe, conforme prevê a Lei 13.303/2016, exceção à regra: "A possibilidade de atendimento a outros interesses está condicionada à observância de exigências rigorosas impostas pela Lei nº 13.303/2016, como se verifica do §1º do artigo 27, segundo o qual investimentos em prol da inovação e de benefícios ao consumidor deverão estar atrelados ao objeto da companhia; e do §2º do mesmo artigo, que franqueia a celebração de convênio ou contrato de patrocínio entre estatal e pessoa física ou jurídica para a promoção de atividades culturais, sociais, esportivas, educacionais e de inovação tecnológica, "desde que comprovadamente vinculadas ao fortalecimento da sua marca, observando-se, no que couber, as normas de licitação e contratos desta lei"[24]. Reforça-se, com isso, que os atos a título gratuito levados a cabo pelas estatais não podem decorrer de meras liberalidades, mas precisam estar inseridos no contexto da racionalidade empresarial e, portanto, devem trazer, ao menos indiretamente, alguma contrapartida econômica, com vistas a garantir a sustentabilidade da

das empresas estatais ela também é recepcionada, e isso não apenas como consequência da adoção do figurino empresarial, mas ainda por razões peculiares a essa entidade do Estado[51].

Por isso, não se pode concluir, a partir da análise do art. 238 da LSA[52], que permite o Estado orientar a atividade da companhia em prol do interesse público que a fundamenta, que o exercício do controle estatal na sociedade de economia mista confere poderes irrestritos para a imposição de políticas públicas ou decisões que contrariem os interesses sociais que justificaram sua criação e, em última análise, os interesses dos minoritários investidores.

Assim, por mais que seja "difícil estabelecer o campo de ação e discricionariedade dos gestores"[53], é inegável que existem limitações. Afinal, por mais que o interesse público *estrito* tenha preponderância no âmbito das empresas estatais, não é lícito ao Estado fazer tudo o que quer, como quiser. Ou seja, nem mesmo tal autorização pode ser vista de maneira ampla, permitindo se esquecer dos demais interesses que gravitam em torno da sociedade mista:

empresa" (Frazão, Ana. O abuso de poder de controle na Lei das Estatais. 2016. In: Noronha, João Otávio de, Frazão, Ana, e Mesquita, Daniel Augusto (Coord.). **Estatuto Jurídico das Estatais:** análise da Lei n. 13.303/16. Ed. Fórum. Belo Horizonte, 2017, p. 115).

51 Sundfeld, Carlos Ari. A Participação Privada nas Empresas Estatais. In: Sundfeld, Carlos Ari (coord.). **Direito Administrativo Econômico**. São Paulo: Malheiros, 2000, p. 270.

52 "Art. 238. A pessoa jurídica que controla a companhia de economia mista tem os deveres e responsabilidades do acionista controlador (artigos 116 e 117), mas poderá orientar as atividades da companhia de modo a atender ao interesse público que justificou a sua criação".

53 Frazão, Op. cit., p. 108.

> o dispositivo apenas autoriza o Estado, enquanto acionista controlador, a influir na atuação da companhia para assegurar o cumprimento da missão pública que lhe é peculiar, sem que isso configure abuso do poder de controle. No entanto, a legitimação da conduta estatal somente adquire sentido lógico se estiver conforme o interesse da companhia controlada, o que, por sua vez, pressupõe a ampliação do conceito de interesse social para incorporar objetivos lícitos de política pública. Sob o ponto de vista jurídico, opera-se a penetração do interesse público no interior da companhia. Não se trata, porém, de qualquer interesse público, mas apenas daquele previsto na lei autorizativa da constituição da companhia, reproduzido no estatuto social e compatível com seu campo de atuação[54].

Dessa forma, a própria LSA, de maneira acertada e antes da Lei 13.303/2016, já impedia que o Estado, enquanto acionista controlador, ou os administradores das companhias mistas, fizessem "o que bem entendessem ou as transformassem em instrumentos maleáveis para atender a interesses gerais ou circunstanciais do poder público que fossem estranhos ou incompatíveis com o objeto social"[55]. A Lei das Estatais, por sua vez, especialmente por força de seu art. 14[56], também busca reforçar

[54] PINTO JR., Op. cit., p. 336.
[55] FRAZÃO, Op. cit., p. 114.
[56] "Art. 14. O acionista controlador da empresa pública e da sociedade de economia mista deverá: I – fazer constar do Código de Conduta e Integridade, aplicável à alta administração, a vedação à divulgação, sem autorização do órgão competente da empresa pública ou da sociedade de economia mista, de informação que possa causar impacto na cotação dos títulos da empresa pública ou da sociedade de economia mista e em suas relações com o mercado ou com consumidores e fornecedores; II – preservar a independência do Conselho de Administração no exercício de suas funções".
III – observar a política de indicação na escolha dos administradores e membros do Conselho Fiscal.

o "direito-função reserva do acionista controlador" que, através de uma "postura ativa" deve sempre promover os interesses da companhia[57].

A partir dessas considerações, é que se deve analisar os possíveis abusos de poder de controle e conflitos de interesses nas sociedades de economia mista, nas quais

> a vedação ao conflito de interesses é ainda mais rigorosa, tendo em vista que, ao contrário dos controladores privados de companhias privadas – que podem votar em consideração aos seus interesses pessoais, desde que estes sejam compatíveis com os interesses da companhia –, os controladores de estatais, até por serem normalmente entes públicos, não podem levar em consideração qualquer outro interesse que não seja o da própria companhia[58]

Com efeito, "a Lei nº 13.303/2016 não inovou no que diz respeito aos critérios de identificação do abuso do poder de controle, adotando o regime já previsto na Lei das S/A"[59]. Assim, à luz da LSA, que trata do tema em seu art. 115[60], tem-se que:

> enquanto o abuso de direito de voto se define pela orientação do voto em sentido contrário ao do interesse social, o que pode incluir até mesmo os interesses dos *stakeholders* que devem ser

[57] NESTER, Alexandre Wagner. O exercício do poder de controle nas empresas estatais. In: JUSTEN FILHO, Marçal. **Estatuto jurídico das empresas estatais.** Lei 13.303/2016 – "Lei Das Estatais". Revista dos Tribunais: São Paulo, 2016, pp. 134-135.

[58] FRAZÃO, Op. cit., p. 125.

[59] Idem, p. 23.

[60] "Art. 115. O acionista deve exercer o direito a voto no interesse da companhia; considerar-se-á abusivo o voto exercido com o fim de causar dano à companhia ou a outros acionistas, ou de obter, para si ou para outrem, vantagem a que não faz jus e de que resulte, ou possa resultar, prejuízo para a companhia ou para outros acionistas".

protegidos, o conflito de interesses ocorre quando os interesses da companhia e do acionista são divergentes[61].

Tais disposições da LSA têm o propósito de assegurar manifestações que contribuam para o fiel exercício do objeto da empresa e assegurem decisões que resguardarão o interesse institucional (essencialmente, o lucro) e não o interesse pessoal. Vale destacar que o objeto da empresa consta de seu estatuto social, mas o caminho a ser percorrido pela empresa para chegar na execução desse objeto passa por inúmeras decisões de assembleia e de órgãos de direção e administração.

Dentre os limites do exercício do direito a voto constantes do art. 115 da LSA, destacam-se: (a) necessidade do voto ser exercido no interesse da companhia, ou seja, deve ser manifestada a opinião mais consentânea com a realização do objeto social; (b) não pode ser proferido de modo a causar dano à companhia ou a outros acionistas; (c) não pode ser proferido para "obter, para si ou para outrem, vantagem a que não faz jus e de que resulte, ou possa resultar, prejuízo para a companhia ou para outros acionistas"; (d) o acionista não pode votar para aprovar suas contas como administrador, para aprovar laudo de avaliação de bens com que concorrer para a formação do capital social, "nem em quaisquer outras que puderem beneficiá-lo de modo particular, ou em que tiver interesse conflitante com o da companhia" (§ 1º do art. 115 da LSA).

O limite indicado no item (a) revela que "prevalece o interesse social sobre o interesse individual dos acionistas... o acionista vota na condição de membro de determinada comunidade acionária, não com vistas ao atendimento de interesses que a ela são estranhos"[62]. Na realidade da sociedade de economia mista,

[61] FRAZÃO, Op. cit., p. 124.

[62] EIZIRIK, Nelson. **A Lei das S/A Comentada.** 2ª ed. v. 2. Quartier Latin: São Paulo, 2015, pp. 209-210.

a Lei n. 13.303/16 é expressa no sentido de impor ao acionista controlador o exercício do poder de controle "no interesse da companhia, respeitado o interesse público que justificou sua criação" (art. 4º, § 1º).

O limite informado no item (b) reflete a vedação ao voto que causa dano à companhia ou aos demais acionistas, que é aquele "ditado pelo espírito de emulação, no qual o acionista busca unicamente prejudica-los"[63].

Quanto à vedação de voto para obter vantagem irregular ou de que resulte prejuízo para a companhia ou para outros acionistas, item (c), nas palavras de Eizirik: "No caso, o voto constitui, ao mesmo tempo, uma distorção dolosa da sua finalidade – o interesse social – e uma conduta voltada à obtenção de vantagem individual ilegítima"[64].

Diante da gravidade de tal conduta e da aplicação dos dispositivos do art. 37 da Constituição e da Lei n. 8.429/92 às sociedades de economia mistas, constata-se que esse abuso do direito de voto pode configurar ato de improbidade administrativa que importa em enriquecimento ilícito (art. 9º da Lei n. 8.429/92) ou que causa prejuízo ao erário (art. 10 da Lei n. 8.429/92).

Com relação ao item (d), destaca-se que o mesmo traduz um impedimento de voto em quatro situações: aprovação de contas, aprovação de laudo de avaliação do bem entregue pelo acionista para a formação do capital social, benefício particular e conflito de interesse com a companhia. Os dois primeiros casos se traduzem em situações objetivas que afastam de plano o direito ao voto.

Quanto ao benefício particular, constata-se que o mesmo ocorre quando há uma "vantagem lícita, um favor concedido ao beneficiário, em sua condição de acionista, mas que rompe

[63] EIZIRIK, *Op. cit.*, p. 211.
[64] EIZIRIK, *Op. cit.*, p. 212.

o princípio da igualdade entre os acionistas"[65]. Se só determinado acionista tem a vantagem conferida em lei ou no estatuto, ele não pode votar na deliberação acerca do tema.

Por fim, quanto ao voto em situação de conflito de interesse, destaca-se a lição de Eizirik:

> Caracteriza-se o conflito quando o acionista é portador, diante de determinada deliberação, de 2 (dois) interesses inconciliáveis: um enquanto indivíduo, singularmente considerado; outro enquanto membro de determinada comunidade acionária. Assim, o seu interesse particular é incompatível com o interesse social, não podendo um deles ser atendido sem o sacrifício do outro.[66]

Nessa hipótese, há discussão acerca da classificação do conflito como formal ou substancial para se determinar o impedimento do acionista conflitado de votar (se entendido o conflito, no caso, como de natureza formal) ou para se autorizar a votação e se anular o voto caso ele seja dado em benefício da empresa conflitada (se entendido o conflito, no caso, como de natureza substancial). Na visão de Eizirik, o conflito de interesse é de natureza substancial[67].

Diante da incidência dos princípios da Administração Pública no âmbito das empresas estatais, a Lei n. 13.303/16 trouxe uma clara vedação de contratação de partes relacionadas[68], situação típica em que há conflito de interesses[69]:

[65] Eizirik, *Op. cit.*, p. 216.

[66] Eizirik, *Op. cit.*, pp. 219-220.

[67] Eizirik, *Op. cit.*, p. 221.

[68] São consideradas partes relacionadas as pessoas físicas ou jurídicas com as quais a Companhia tenha possibilidade de contratar em condições que não sejam as de independência que caracterizam as transações com terceiros alheios à Companhia. (BMF/BOVESPA. **Política para transações com partes**

Art. 38. Estará impedida de participar de licitações e de ser contratada pela empresa pública ou sociedade de economia mista a empresa:

I – cujo administrador ou sócio detentor de mais de 5% (cinco por cento) do capital social seja diretor ou empregado da empresa pública ou sociedade de economia mista contratante;

(...)

Parágrafo único. Aplica-se a vedação prevista no caput:

I – à contratação do próprio empregado ou dirigente, como pessoa física, bem como à participação dele em procedimentos licitatórios, na condição de licitante;

II – a quem tenha relação de parentesco, até o terceiro grau civil, com:

a) dirigente de empresa pública ou sociedade de economia mista;

b) empregado de empresa pública ou sociedade de economia mista cujas atribuições envolvam a atuação na área responsável pela licitação ou contratação;

c) autoridade do ente público a que a empresa pública ou sociedade de economia mista esteja vinculada.

III – cujo proprietário, mesmo na condição de sócio, tenha terminado seu prazo de gestão ou rompido seu vínculo com a respectiva empresa pública ou sociedade de economia mista promotora da licitação ou contratante há menos de 6 (seis) meses.

relacionadas e demais situações de conflito de interesse. Disponível em: http://ri.bmfbovespa.com.br/fck_temp/26_103/file/Pol%C3%ADtica%20Conflitos%20de%20Interesse_20160513.pdf Acessado em setembro de 2017, p. 4).

[69] O conflito de interesses surge quando uma pessoa se encontra envolvida em processo decisório em que ela tenha o poder de influenciar o resultado final, assegurando um ganho para si, algum membro próximos da família, conforme aqui definido, ou terceiro com o qual esteja envolvido, ou ainda que possa interferir na sua capacidade de julgamento isento. (BMF/BOVESPA. Op. cit., p. 6).

Assim, eventual abuso do poder de controle por parte do Estado que signifique a contratação de parte relacionada por uma sociedade de economia mista, além de ensejar a anulação do ato, poderá redundar nas sanções da lei de improbidade administrativa, conforme observado acima, e nas sanções contratuais previstas no art. 83 da Lei n. 13.303/16.

Caso os interesses da companhia não sejam atendidos, o acionista controlador é sancionado, especialmente quando o resultado de sua conduta, seja em abuso ou conflito, lesar a companhia por não atender seus interesses e/ou beneficiar o controlador em detrimento dos acionistas minoritários[70].

Nesse contexto, revela-se que o exercício do controle e o direito de voto nas estatais possuem contornos e limites mais rígidos que nas empresas privadas, diante da necessidade de se observar os parâmetros do direito público, o interesse social e o interesse dos minoritários investidores.

2. Acordo de Acionistas: de Defesa dos Minoritários

2.1. Breves Considerações

Via de regra, "maioria e minoria não representam situações indesejáveis; pelo contrário, constituem pressuposto fundamental para o funcionamento eficiente das sociedades cujo processo de formação da sociedade coletiva opera de acordo com a regra da maioria"[71]. Como é cediço, porém, o acionista controlador "tem a prerrogativa de estabelecer os rumos do empreen-

[70] CVM, PAS RJ2002/1173, Rel. Diretora Norma Parente, Data de Julgamento: 02.10.2003; PAS CVM 23/2003, Rel. Diretor Eli Loria, Data de Julgamento: 25.03.2008.

[71] Adamek, Marcelo Vieira von. **Abuso de minoria em direito societário** (abuso das posições subjetivas minoritárias). 2010.436 f. Tese (Doutorado em Direito) – Faculdade de Direito da Universidade de São Paulo, São Paulo, 2010, p. 27.

dimento empresarial"[72], podendo tal situação trazer problemas jurídicos quando:

> estando a maioria das participações nas mãos de um sócio ou de um grupo estável, o procedimento de deliberação e o método assemblear restam esvaziados, surgindo daí a necessidade de uma especial proteção à minoria. Consoante Herbert Wiedemann, da minoria à maioria tem por base uma ideia da composição de interesses, tal como ocorre em uma negociação contratual; mas quando há uma maioria estável, o resultado da deliberação assemelha-se ao de contrato consigo mesmo (*Insichgeschäft*): a maioria não delibera; ordena[73].

De tal sorte, uma vez que "ninguém participaria de uma sociedade em que a maioria pudesse tudo, inclusive deliberar em seu exclusivo interesse, ou contra o interesse da sociedade, ou em que imperasse a lei da selva"[74], os minoritários devem ter seus interesses protegidos, tanto para assegurar o retorno do investimento quanto porque "a defesa dos direitos e interesses dos acionistas minoritários é uma forma de se proporcionar equilíbrio nas relações intersociais, cooperando para o desenvolvimento da própria sociedade"[75].

Esse embate se dá especialmente nos casos das empresas estatais, nas quais o ente público de fato ordena, posto que o

[72] MUNHOZ, Eduardo Secchi. Quem deve comandar a companhia? Alocação do poder empresarial: sistema de freios e contrapesos. In: KUYEN, Luiz Fernando Martins. **Temas essenciais de Direito Empresarial**: Estudos em Homenagem a Modesto Carvalhosa. São Paulo: Saraiva, 2012, pp. 507-508.

[73] ADAMEK, Op. Cit., p. 34.

[74] LAMY FILHO, Alfredo; PEDREIRA, José Luiz Bulhões. **A Lei das S.A.**, Rio de Janeiro: Renovar, 1992, p. 161.

[75] SANDES, Leonardo de Almeida. *Direito societário na atualidade*: aspectos polêmicos. Coordenação de Leonardo de Faria Beraldo. Belo Horizonte: Del Rey, 2007, p. 318.

controle permanece estável em suas mãos[76]. Nesse contexto, "a prática tem demonstrado que o ente federativo (controlador) acaba exercendo esse poder de controle de modo absoluto ou muito intenso, interferindo de forma preponderante na organização da sociedade, na sua estruturação e na sua direção"[77].

2.2. Acordo de Acionistas

Uma das ferramentas à disposição dos acionistas minoritários para a proteção e consecução de seus interesses é o acordo de acionistas, amplamente adotado e reconhecido no âmbito empresarial.

O acordo de acionistas, de modo geral, nada mais é do que um contrato pactuado entre acionistas da mesma companhia, buscando regular o exercício de seus direitos e a proteção dos seus interesses sociais, estabelecendo normas de comportamento perante a sociedade empresarial[78]. Na lição de Carvalhosa:

[76] Frise-se, neste ponto, que não desconsideramos a crítica de parte da doutrina. Consoante Warde jr., por exemplo, no âmbito das estatais, "os acionistas privados, têm agido, nessa situação particular, como se não soubessem que adquiriram participações societárias de uma empresa estatal organizada sob a forma de sociedade anônima, como se desconhecessem que as suas finalidades essenciais não são as mesmas de uma empresa privada, em que pese essa ressalva esteja presente em todos os prospectos de oferta pública de ações de sociedades de economia mista" (Warde Jr., Walfrido Jorge. Legislador Frankestein! Não é possível transplantar governança das empresas privadas às empresas estatais. 2017. In: Noronha, João Otávio de, Frazão, Ana, e Mesquita, Daniel Augusto (Coord.). **Estatuto Jurídico das Estatais:** análise da Lei n. 13.303/16. Ed. Fórum. Belo Horizonte, 2017, p. 98). Assim, a proteção aos minoritários não deve ser exacerbada, sob pena de permitir o abuso da minoria.

[77] Nester, Alexandre Wagner. O exercício do poder de controle nas empresas estatais. In: Justen Filho, Marçal. **Estatuto jurídico das empresas estatais.** Lei 13.303/2016 – "Lei Das Estatais". Revista dos Tribunais: São Paulo, 2016, p. 131.

[78] Eizirik, Nelson. ***A Lei das S.A comentada***, p. 702.

> Trata-se, o acordo de acionistas, de um contrato submetido às normas comuns de validade e eficácia de todo o negócio jurídico privado, concluído entre acionistas de uma mesma companhia, tendo por objeto a regulação do exercício dos direitos referentes às suas ações, tanto no que concerne ao controle como ao voto dos minoritários ou, ainda, à negociabilidade dessas ações.[79]

Nesse contexto, constata-se que o acordo de acionistas tem por características fundamentais: (a) dependência com a sociedade empresária, pois tem por objeto assuntos relacionados à sociedade; (b) é firmado entre sócios da sociedade; e (c) "são contratos autônomos em relação à sociedade, pois criam vínculo obrigacional somente entre seus signatários, produzindo, no entanto, efeitos no âmbito da sociedade"[80].

Ao apreciar a natureza jurídica do acordo de acionistas, Barbi Filho conclui que esse é um "negócio jurídico de direito privado, um contrato preliminar, civil e nominado, parassocial em relação à companhia e que, quanto a seus efeitos, é plurilateral, bilateral ou unilateral"[81]. Carvalhosa, por sua vez, entende que o acordo de minoritários tem mesmo o caráter parassocial[82], mas o acordo de controle tem caráter social, "na medida em que adentra a estrutura organizacional da companhia, no capítulo do seu direcionamento permanente"[83].

No âmbito da sociedade de economia mista, o acordo de acionista continua com o caráter parassocial e privado. A partir

[79] Carvalhosa, Modesto. **Acordo de acionistas**. São Paulo: Saraiva, 2011, p. 21.

[80] Bertoldi, Marcelo M. **Acordo de acionistas**. Ed. Revista dos Tribunais. São Paulo, 2006, p. 37.

[81] Barbi Filho, Celso. **Acordo de acionistas**. Del Rey. Belo Horizonte, 1993, p. 78.

[82] Carvalhosa, op. cit., p. 173.

[83] Carvalhosa, op. cit., p. 170.

da doutrina do direito administrativo[84], Schwind observa que o acordo de acionistas não se despe da natureza privada em razão da participação e do controle estatal em uma sociedade de economia mista. Nesse sentido, o mencionado autor:

> Por um lado, se fosse aplicável o regime de direito público ao acordo de acionistas, haveria uma desnaturação do próprio instrumento contratual. Sua função de conferir maior estabilidade à empresa público-privada por meio da disciplina dos direitos sociais dos signatários ficaria inteiramente comprometida se fosse dado ao Estado o poder de alterá-lo unilateralmente a qualquer momento. Além disso, a possibilidade de se alterar o acordo de acionistas a qualquer momento, de forma unilateral, aumentaria o risco da empresa público-privada perante o mercado, dificultando a obtenção de financiamentos e tornando problemático seu relacionamento com os demais atores no mercado.
>
> Aliás, caso o regime público incidisse sobre o acordo de acionistas, o sócio estatal poderia se tornar o verdadeiro controlador da companhia, desnaturando o regime jurídico da empresa público-privada. Afinal, o sócio estatal teria efetivamente o poder de decidir os rumos do empreendimento, já que poderia alterar o acordo parassocial da forma que desejasse, ainda que observando os atos constitutivos. Nesse caso, a relação entre os sócios, embora formalmente societária, na prática apresentaria uma verticalização que é incompatível com a lógica de uma sociedade empresária de direito privado.[85]

[84] JUSTEN FILHO, Marçal. **Curso de direito administrativo**, 9ª ed. Editora RT, São Paulo, 2013, p. 586-587.

[85] SCHWIND, Rafael Wallbach. **O Estado acionista** – empresas estatais e empresas privadas com participação estatal. Almedina, São Paulo, 2017, p. 363.

Nos termos do art. 118 da LSA[86], os acordos de acionistas poderão versar sobre compra e venda de ações da companhia, direito de preferência, exercício dos direitos individuais, especialmente o de voto, e poder de controle. Conforme prevê a lei, "os acordos de acionistas só podem versar sobre as matérias que a lei expressamente determinar, para terem plena efi-

[86] "Art. 118. Os acordos de acionistas, sobre a compra e venda de suas ações, preferência para adquiri-las, exercício do direito a voto, ou do poder de controle deverão ser observados pela companhia quando arquivados na sua sede. § 1º As obrigações ou ônus decorrentes desses acordos somente serão oponíveis a terceiros, depois de averbados nos livros de registro e nos certificados das ações, se emitidos. § 2° Esses acordos não poderão ser invocados para eximir o acionista de responsabilidade no exercício do direito de voto (artigo 115) ou do poder de controle (artigos 116 e 117). § 3º Nas condições previstas no acordo, os acionistas podem promover a execução específica das obrigações assumidas. § 4º As ações averbadas nos termos deste artigo não poderão ser negociadas em bolsa ou no mercado de balcão. § 5º No relatório anual, os órgãos da administração da companhia aberta informarão à assembleia-geral as disposições sobre política de reinvestimento de lucros e distribuição de dividendos, constantes de acordos de acionistas arquivados na companhia. § 6o O acordo de acionistas cujo prazo for fixado em função de termo ou condição resolutiva somente pode ser denunciado segundo suas estipulações. § 7o O mandato outorgado nos termos de acordo de acionistas para proferir, em assembleia-geral ou especial, voto contra ou a favor de determinada deliberação, poderá prever prazo superior ao constante do § 1o do art. 126 desta Lei. § 8o O presidente da assembleia ou do órgão colegiado de deliberação da companhia não computará o voto proferido com infração de acordo de acionistas devidamente arquivado.§ 9o O não comparecimento à assembleia ou às reuniões dos órgãos de administração da companhia, bem como as abstenções de voto de qualquer parte de acordo de acionistas ou de membros do conselho de administração eleitos nos termos de acordo de acionistas, assegura à parte prejudicada o direito de votar com as ações pertencentes ao acionista ausente ou omisso e, no caso de membro do conselho de administração, pelo conselheiro eleito com os votos da parte prejudicada. § 10. Os acionistas vinculados a acordo de acionistas deverão indicar, no ato de arquivamento, representante para comunicar-se com a companhia, para prestar ou receber informações, quando solicitadas. § 11. A companhia poderá solicitar aos membros do acordo esclarecimento sobre suas cláusulas".

cácia perante a sociedade"[87], devendo também ser arquivado em sede para tanto. Vinculam, ademais, a todos: acionistas em assembleia geral ou especial, bem como administradores indicados pelos acionistas[88] (art. 118, §8º LSA). Onde não houver o conselho, vinculam-se ainda os diretores, eis que a diretoria acaba exercendo "a dupla função de órgão deliberativo e representativo"[89].

A partir do regramento legal dos acordos de acionistas, a doutrina divide esses acordos em duas espécies: acordos de voto e acordos de bloqueio. Barbi Filho ensina que "o acordo de voto abrange as matérias que, por força de lei ou do estatuto, sejam levadas à deliberação da assembleia geral"[90]. O acordo de voto se subdivide em acordo de comando ou de controle, que se destina "à obtenção ou manutenção do controle da companhia"[91][92], e acordo de defesa, que confere aos acionistas minoritários um instrumento de defesa de seus direitos[93]. Os acordos de bloqueio[94], por sua vez, têm por objeto "a negociabilidade das ações,

[87] Carvalhosa, Modesto; Eizirik, Nelson. **A nova lei das S/A**. Saraiva: São Paulo, 2002, p. 211.

[88] Ibidem.

[89] Idem, p. 211-212.

[90] Barbi Filho, op. Cit., p. 99.

[91] Carvalhosa ensina que os signatários do acordo de controle fazem uma reunião prévia à cada deliberação dos órgãos sociais para orientar o voto do bloco. "Nessa reunião prévia será decidido, pelo critério da maioria absoluta dos acionistas, o direcionamento dos votos a serem proferidos pelos convenentes em assembleia geral. E, em se tratando de matérias relevantes ou extraordinárias, a direção dos votos a serem dados pelos conselheiros e pelos diretores representantes dos acionistas signatários nas reuniões do conselho de administração e da diretoria, respectivamente". (Carvalhosa, Modesto. **Acordo de Acionistas**. Ed. Saraiva. São Paulo, 2011, p. 117).

[92] Idem, p. 104.

[93] Idem, p. 108.

[94] Schwind exemplifica como ocorre o acordo de bloqueio em uma empresa com capital público-privado: "O contrato parassocial pode conter um compromisso

ou seja, sua compra e venda e a preferência para adquiri-las"[95], eles são chamados "de bloqueio" porque restringem a livre circulabilidade das ações, evitando, por exemplo, que a livre negociação das ações acarrete alterações na participação dos contratantes[96].

No âmbito do presente trabalho, a análise do acordo de voto, mais especificamente, o acordo de defesa, é de fundamental importância para compreender como os acionistas minoritários podem fortalecer sua posição frente ao controle da sociedade de economia mista exercido pelo Estado.

O acordo de defesa não confere controle aos acionistas minoritários. Por isso, Carvalhosa afirma que o acordo de minoritários não vincula os administradores instituídos (§§ 8º e 9º do art. 118 da LSA) e não pode ter por objeto impor diretrizes aos órgãos de gestão da companhia[97]. Nas palavras de Carvalhosa,

dos acionistas no sentido de manterem a composição acionária da empresa público-privada. Outra possibilidade consiste na previsão de que o ingresso de novos sócios dependerá da concordância do sócio estatal. Em ambos os casos, trata-se de típicos acordos de bloqueio, pelo qual os acionistas se comprometem a não transferir as suas ações a terceiros – ao menos por um prazo determinado – ou se comprometem a transferir ações somente mediante a anuência do sócio. Com uma cláusula de bloqueio nesse sentido, propicia-se maior estabilidade na composição acionária da empresa público-privada. O objetivo do sócio estatal será garantir a consecução das atividades assumidas pela empresa. Isso porque a escolha do sócio privado poderá ter ocorrido com base em características suas (de ordem técnica, econômica etc.). Nesse caso, uma redução muito grande da participação acionária do sócio privado, ou o seu total desligamento da sociedade, poderia comprometer justamente os objetivos que levaram o Estado a se associar a ele." (SCHWIND, Rafael Wallbach. **O Estado acionista** – empresas estatais e empresas privadas com participação estatal. Almedina, São Paulo, 2017, p. 368).

95 CARVALHOSA, Modesto. **Acordo de Acionistas**. Ed. Saraiva. São Paulo, 2011, p. 111.

96 Idem, p. 112.

97 "Não é a companhia, no caso de acordo de voto dos minoritários, titular do interesse nele convencionado. A execução do acordo de voto, próprio dos minoritários, não produz efeitos permanentes e muito menos relevantes na

não será válido "o acordo de voto dos minoritários que tenha por objeto matérias de competência dos órgãos de administração"[98]. As cláusulas dos acordos de defesa limitam-se aos assuntos das assembleias gerais e especiais da companhia (*v.g.* eleição de fiscais representantes de minoritário, eleição de administrador/diretor representante dos minoritários, voto dissidente em bloco perante os controladores etc.) e ao exercício ou renúncia de direitos individuais disponíveis dos minoritários.

Bertoldi identifica algumas hipóteses em que a LSA concede direitos a uma parcela predeterminada do capital social da companhia (minoritários):

> Entre eles, pode-se citar os seguintes: terá legitimidade para solicitar a exibição dos livros sociais os acionistas que representem, pelo menos, 5% do capital social; os acionistas que representem no mínimo 5% do capital social poderão convocar assembleia geral, se acaso tal providência não for tomada pelos administradores da companhia; os acionistas ordinarialistas que representem 15% do capital social ou os preferencialistas que representem 10% do capital social poderão fazer uso do instrumento da votação em separado para a escolha de membro do conselho de administração da companhia; caberá aos acionistas que representem 5% do capital social promover ação de responsabilidade civil contra o administrador, se acaso assim não for deliberado pela assembleia geral da companhia[99].[100]

sociedade no que respeita à consecução do interesse social que cabe, autônoma e permanentemente, à comunhão dos controladores" (Carvalhosa, Modesto. **Acordo de Acionistas**. São Paulo: Saraiva, 2011, p. 262)

[98] Carvalhosa, Modesto. **Acordo de Acionistas**. São Paulo: Saraiva, 2011, p. 119.

[99] Ver artigos 105, 123, 126, 133, 141, § 4º, 157, 159, 161 da LSA.

[100] Bertoldi, Marcelo M. **Acordo de acionistas**. Ed. Revista dos Tribunais. São Paulo, 2006, pp. 87-88.

Nesse contexto, o acordo de defesa confere aos minoritários a formação de um grupo coeso, uma minoria organizada na defesa de seus interesses perante os administradores e controladores, por meio do qual as minorias podem contrabalançar o poder de controle e exercer seus direitos políticos de voto de forma organizada[101]. Ademais, por meio do acordo de defesa, os minoritários podem "fiscalizar a legalidade, a regularidade e a legitimidade dos atos praticados pelos administradores e pela comunhão de controle"[102].

Este último aspecto dos acordos de defesa assume especial importância no âmbito das sociedades de economia mista, especialmente quando essa fiscalização tem por objeto defender o interesse social para o qual a estatal foi criada bem como o interesse da coletividade acionária[103].

O acordo de defesa não visa unicamente o interesse próprio dos participantes. Em decorrência do já estudado art. 115 da LSA, o voto deve ser exercido no interesse da companhia. Assim, os acordos de acionistas devem atender o interesse social. Nesse sentido, Carvalhosa:

> Desse modo, os acionistas minoritários vinculados por acordo de voto caracterizam-se pela vontade expressa de intervir eficazmente na vida da companhia, por meio de uma efetiva participação política, não apenas no interesse dos próprios convenentes, mas também na preservação do interesse social por parte daqueles que devem implementá-lo (controladores e administradores). Essa atuação, mediante a agregação de ações minoritárias no acordo de voto, não representa um limite ao poder de controle, mas desempenha uma função que concorre, igualmente, para a

101 Carvalhosa, Modesto. **Acordo de Acionistas**. São Paulo: Saraiva, 2011, p. 263.

102 Idem, p. 267.

103 Idem, p. 267.

defesa do interesse social e da coletividade acionária. Por outro lado, e embora o acordo de voto constitua um instrumento eficaz de proteção às minorias acionárias, não deverá visar unicamente aos interesses dos próprios participantes da avença, visto que deverão os seus subscritores atender, também e precipuamente, ao interesse social.[104]

No âmbito das sociedades de economia mista, a necessidade de se atender aos interesses sociais nos acordos de acionistas é ainda mais forte, uma vez que uma entidade da Administração Pública indireta não pode ser pautada por decisões assembleares que se destinem a satisfazer apenas o interesse privado dos acionistas. Conforme observado no tópico acima, o interesse social de uma estatal é aquele definido na lei que autorizou a sua criação e deve ser implementado a partir do relevante interesse coletivo e do imperativo de segurança nacional estabelecido na Constituição[105]. Assim, os acordos de defesa nas sociedades de economia mista são instrumento fundamental de controle dos atos do acionista controlador.

Tais acordos de defesa podem ser celebrados tanto entre minoritários, quanto pelos minoritários em conjunto com o controlador, a fim de determinar algumas limitações no tocante à condução das atividades da companhia[106].

[104] Idem, p. 267.

[105] No âmbito das sociedades de economia mista não faz muito sentido a discussão doutrinária entre os institucionalistas, que entendem que o interesse da empresa é independente do interesse de seus acionistas, e os não institucionalistas, que entendem que o interesse social é aquele comum aos sócios. (Idem, pp. 131-134)

[106] Nesse sentido, Carvalhosa (Carvalhosa, Modesto. **Acordo de Acionistas**. São Paulo: Saraiva, 2011, p. 266) e Barreto (Barreto, Celso de Albuquerque. **Acordo de Acionistas**. Forense. Rio de Janeiro, 1982, p. 79).

3. A Lei nº 13.303/16 e a Participação dos Acionistas Minoritários

Diante da necessidade de adequação das regras de direito administrativo e de direito empresarial à realidade das empresas estatais, de forma a, de um lado, propiciar um regime jurídico com características adequadas à atuação desses entes no setor privado e, de outro, conferir normas que aproximassem a gestão dessas companhias aos princípios da Administração Pública, foi editada a Lei n. 13.303/16, que trata do regime jurídico das empresas públicas, das sociedades de economia mista e suas subsidiárias, no âmbito da União, dos Estados, do Distrito Federal e dos Municípios.

Com efeito, "a Lei nº 13.303/2016 chegou ao mundo jurídico com a pretensão de definir melhor o regime jurídico de governança das estatais e, dessa maneira, assegurar a regular gestão de tais entes"[107], com grande destaque para seu art. 6º, consoante o qual se faz necessária a existência de mecanismos para a proteção dos acionistas minoritários[108]. Assim:

> a Lei das Estatais criou, em seu artigo 6º, "núcleo duro" de gestão e organização para todas as empresas estatais, estruturando-se em quatro regimes básicos: (i) o de governança corporativa, referente aos mecanismos de que dispõe a estatal para lidar com conflitos atuais ou potenciais a serem enfrentados pela empresa, de modo a orientar decisões estratégicas; (ii) o de transparência, ampliando e pormenorizando obrigações destinadas a restringir e controlar a discricionariedade dos gestores; (iii) o de gestão de

[107] Frazão, Op. cit., p. 107.

[108] "Art. 6º O estatuto da empresa pública, da sociedade de economia mista e de suas subsidiárias deverá observar regras de governança corporativa, de transparência e de estruturas, práticas de gestão de riscos e de controle interno, composição da administração e, havendo acionistas, mecanismos para sua proteção, todos constantes desta Lei".

riscos e controle interno, compreendendo a adoção de código de conduta e integridade (*compliance*) por meio do qual se demonstre o comprometimento da empresa – e especialmente da alta administração – com a prevenção ao cometimento de ilícitos; e (iv) o regime organizativo, por meio do qual se instituem órgãos obrigatórios como o Conselho de Administração, o Comitê de Auditoria Estatutário, o "comitê de elegibilidade" e o Conselho Fiscal[109].

Para efeitos deste estudo, para além do acordo de acionistas, cumpre analisar as alterações trazidas pela lei quanto à composição dos espaços administrativos e fiscalizatórios da companhia, especialmente no que se refere à possibilidade de se fortalecer o poder do acionista minoritário como forma de garantir seu retorno financeiro, afinal, "investimento não se faz por mera benevolência"[110], uma vez que, apesar do que pode entender o senso comum, cabe à sociedade de economia mista, bem como à legislação a ela atinente, garantir os interesses minoritários, privados.

3.1. Conselho de Administração

O Conselho de Administração é "o principal componente do sistema de governança, devendo ser encarado como o órgão colegiado encarregado do processo de decisão de uma organização em relação ao seu direcionamento estratégico"[111]. Na definição de Eizirik:

[109] FRAZÃO, Op. cit., p. 133.

[110] NESTER, Alexandre Wagner. O exercício do poder de controle nas empresas estatais. In: JUSTEN FILHO, Marçal. **Estatuto jurídico das empresas estatais.** Lei 13.303/2016 – "Lei Das Estatais". Revista dos Tribunais: São Paulo, 2016, p. 133.

[111] TOMAZETTE, Marlon. A administração nas empresas estatais. In: NORONHA, João Otávio de, FRAZÃO, Ana, e MESQUITA, Daniel Augusto (Coord.). **Estatuto Jurídico das Estatais:** análise da Lei n. 13.303/16. Ed. Fórum. Belo Horizonte, 2017, p. 148.

> O conselho de administração constitui órgão deliberativo, encontrando-se em posição intermediária entre a assembleia e a diretoria, competindo-lhe fixar a política geral da companhia e as diretrizes que deverão ser postas em prática pelos diretores (artigo 142, inciso I).
>
> (...)
>
> Conforme vem sendo reconhecido, o conselho de administração é o principal componente do sistema de "governança corporativa", uma vez que constitui o elo entre os acionistas e a gestão profissional da companhia, orientando e supervisionando a atuação desta última. Sua missão principal é a de proteger e valorizar a sociedade, enquanto organização, otimizar o retorno do investimento no longo prazo e buscar o equilíbrio entre todas as partes interessadas nos negócios sociais.[112]

A partir do rol de competências estabelecido no art. 18 da Lei n. 13.303/16 e no art. 142 da LSA, constata-se que o Conselho de Administração tem "três grandes grupos de atribuições: (a) programáticas (ex.: fixação de diretrizes); (b) de fiscalização ou controle (ex.: supervisão da diretoria); e (c) propriamente administrativas (ex.: eleição dos diretores)"[113], [114].

Por ser o órgão social de maior relevo na gestão da companhia, os acionistas minoritários não podem ser excluídos desse

[112] Eizirik, Nelson. **A Lei das S/A comentada** – artigos 138 ao 205. Volume Três. 2ª edição. Ed. Quartier Latin. São Paulo, 2015, pp. 27 e 28.

[113] Idem, p. 9.

[114] Fernão Justen de Oliveira e Fernanda Caroline Maia entendem que são quatro os grupos de atribuições do conselho de administração: relacionadas à governança corporativa, gestão de riscos, coerência de informações e avaliação dos diretores da companhia (Oliveira, Fernão Justen; Maia, Fernanda Caroline. O conselho de administração nas empresas estatais. In: Justen Filho, Marçal. **Estatuto jurídico das empresas estatais**. Lei 13.303/2016 – "Lei Das Estatais". Revista dos Tribunais: São Paulo, 2016, p. 173).

órgão. Para concretizar a *mens legis* de promover maior poder a estes acionistas e evitar abusos do Estado enquanto controlador, os minoritários devem estar representados no conselho de administração.

Para tanto, a Lei das Estatais disciplinou de forma diversa da LSA a composição do Conselho de Administração para as empresas estatais: enquanto o art. 140 da LSA[115] prevê que o órgão será composto por, no mínimo, 3 (três) conselheiros, o art. 13, I, da Lei 13.303/2016[116] define que o Conselho será composto por, no mínimo, 7 (sete) membros, sendo que, nos termos do art. 19[117], "será pelo menos um representante eleito pelos minoritários em votação separada, se número maior não lhe for assegurado pelo sistema do voto múltiplo"[118].

Essa composição qualificada, nas palavras de Justen de Oliveira e Caroline Maia "dirige-se a diluir a ascendência do controlador por meio da garantia de participação de acionistas

[115] "Art. 140. O conselho de administração será composto por, no mínimo, 3 (três) membros, eleitos pela assembleia-geral e por ela destituíveis a qualquer tempo, devendo o estatuto estabelecer".

[116] "Art. 13. A lei que autorizar a criação da empresa pública e da sociedade de economia mista deverá dispor sobre as diretrizes e restrições a serem consideradas na elaboração do estatuto da companhia, em especial sobre: I – constituição e funcionamento do Conselho de Administração, observados o número mínimo de 7 (sete) e o número máximo de 11 (onze) membros".

[117] "Art. 19. É garantida a participação, no Conselho de Administração, de representante dos empregados e dos acionistas minoritários. § 1º As normas previstas na Lei no 12.353, de 28 de dezembro de 2010, aplicam-se à participação de empregados no Conselho de Administração da empresa pública, da sociedade de economia mista e de suas subsidiárias e controladas e das demais empresas em que a União, direta ou indiretamente, detenha a maioria do capital social com direito a voto. § 2º É assegurado aos acionistas minoritários o direito de eleger 1 (um) conselheiro, se maior número não lhes couber pelo processo de voto múltiplo previsto na Lei no 6.404, de 15 de dezembro de 1976".

[118] TOMAZETTE, Op. cit., p. 151.

minoritários e empregados, independentemente da detenção de capital social com direito a voto e de previsão estatutária"[119].

Sobre o voto múltiplo, importante destacar que se trata de mais um mecanismo a favor da representatividade dos minoritários, eis que os acionistas detentores de ao menos 10% (dez por cento) do capital social com direito a voto podem pleitear, até 48 horas antes da assembleia geral, a adoção desse método, através do qual a cada ação equivalerão tantos votos quantos forem os membros do Conselho de Administração, podendo cumulá-los em apenas um candidato ou não[120]. Frise-se que,

> o voto múltiplo atua para concentrar votos, a fim de tentar garantir a participação dos minoritários no conselho, fazendo prevalecer o interesse social, sobre o interesse dos controladores. A eleição pelo voto múltiplo representa um direito dos minoritários, não dependendo de deliberação ou previsão estatutária. Tais representantes da minoria, eleitos em separado, passam a ser destituíveis pela própria minoria que o elegeu, fugindo da assembleia geral tal competência. Trata-se de regra lógica; na medida em que são eleitos em separado, só poderão ser destituídos em separado[121].

Aqui, o acordo de acionistas – subespécie de acordo de defesa – celebrado entre minoritários de uma sociedade de economia mista tem fundamental importância na medida em que, se assinado por minoritários proprietários de 10% (dez por cento) do capital social, sempre terão a oportunidade de reque-

119 Oliveira, Fernão Justen; Maia, Fernanda Caroline. O conselho de administração nas empresas estatais. In: Justen Filho, Marçal. **Estatuto jurídico das empresas estatais.** Lei 13.303/2016 – "Lei Das Estatais". Revista dos Tribunais: São Paulo, 2016, p. 182.

120 Idem, p. 178.

121 Tomazette, Op. cit., p. 151-152.

rer a adoção, pela companhia, do voto múltiplo para a escolha de membros do Conselho de Administração.

A adoção desse método pode assegurar uma participação ainda maior dos minoritários no Conselho de Administração, uma vez que pelo processo de voto múltiplo eles podem eleger mais de um conselheiro (art. 19, § 2º, da Lei n. 13.3033/16). Nesse caso, os signatários do acordo de defesa podem concentrar seus votos múltiplos em dois candidatos, por exemplo, para que eles tenham dois representantes no conselho[122].

3.2. Conselheiros Independentes

Ainda dentro do Conselho de Administração, a Lei n. 13.303/16 traz um instrumento que busca conferir uma gestão mais profissional, eficiente e isenta para as estatais. A lei determina que, no mínimo, 25% (vinte e cinco por cento) sejam membros independentes. Caso seja adotado o voto múltiplo pelos minoritários, ao menos 1 (um) conselheiro deve ser independente.

Assim, a obrigatoriedade de participação de conselheiros independentes no Conselho de Administração mitiga o poder do Estado como acionista controlador, uma vez que ao menos um quarto desse conselho será de membros independentes e ao menos um conselheiro será representante dos minoritários.

Se, por exemplo, um Conselho de Administração de uma sociedade de economia mista for composto de 7 (sete) membros, 2 (dois) deles terão que ser independentes e 1 (um) deles será

[122] "O voto múltiplo é o mecanismo pelo qual os acionistas minoritários com 10% do capital votante requerem, até 48 horas antes da assembleia geral, que cada ação corresponda ao número de membros do Conselho de Administração e permite-se cumular todos os votos em um só candidato ou em vários". (OLIVEIRA, Fernão Justen; MAIA, Fernanda Caroline. O conselho de administração nas empresas estatais. In: JUSTEN FILHO, Marçal. **Estatuto jurídico das empresas estatais.** Lei 13.303/2016 – "Lei Das Estatais". Revista dos Tribunais: São Paulo, 2016, pp. 177-178).

representante dos minoritários, ou seja, haverá 4 (quatro) representantes do acionista controlador (Estado) e 3 (três) representantes independentes/minoritários. Contudo, o § 4º do art. 23 da Lei n. 13.303/16 reduz a participação do minoritário ao informar que "serão consideradas, para o cômputo das vagas destinadas a membros independentes, aquelas ocupadas pelos conselheiros eleitos por acionistas minoritários". Assim, no exemplo acima, seriam 2 (dois) conselheiros independentes/minoritários e 5 (cinco) representantes dos acionista controlador.

Os conselheiros independentes caracterizam-se por não ter qualquer vínculo com a companhia, salvo o de poder ser acionista da empresa. Em decorrência disso, a doutrina informa duas responsabilidades desses conselheiros decorrentes de sua posição imparcial: (a) ele "atua como instrumento de redução dos benefícios dos controladores majoritários através do monitoramento do grupo e, consequentemente, proteção dos acionistas minoritários"[123] e (b) ele protege a estatal de influências políticas, uma vez que sua escolha não depende de qualquer relação anterior com o controlador ou a própria companhia[124].

O conselheiro é considerado independente por, nos termos do art. 22, § 1º, da Lei n. 13.303/16:

> I – não ter qualquer vínculo com a empresa pública ou a sociedade de economia mista, exceto participação de capital;
>
> II – não ser cônjuge ou parente consanguíneo ou afim, até o terceiro grau ou por adoção, de chefe do Poder Executivo, de Ministro de Estado, de Secretário de Estado ou Município ou de administrador da empresa pública ou da sociedade de economia mista;

[123] Idem, p. 195.

[124] Idem, p. 196.

III – não ter mantido, nos últimos 3 (três) anos, vínculo de qualquer natureza com a empresa pública, a sociedade de economia mista ou seus controladores, que possa vir a comprometer sua independência;

IV – não ser ou não ter sido, nos últimos 3 (três) anos, empregado ou diretor da empresa pública, da sociedade de economia mista ou de sociedade controlada, coligada ou subsidiária da empresa pública ou da sociedade de economia mista, exceto se o vínculo for exclusivamente com instituições públicas de ensino ou pesquisa;

V – não ser fornecedor ou comprador, direto ou indireto, de serviços ou produtos da empresa pública ou da sociedade de economia mista, de modo a implicar perda de independência;

VI – não ser funcionário ou administrador de sociedade ou entidade que esteja oferecendo ou demandando serviços ou produtos à empresa pública ou à sociedade de economia mista, de modo a implicar perda de independência;

VII – não receber outra remuneração da empresa pública ou da sociedade de economia mista além daquela relativa ao cargo de conselheiro, à exceção de proventos em dinheiro oriundos de participação no capital.

Com efeito, a presença do conselheiro independente é mais uma medida de *governança corporativa* estabelecida pela Lei das Estatais, medida essa apta também a beneficiar os minoritários. Isso porque,

A presença de um conselheiro externo, com independência para fazer perguntas difíceis ou argumentar contrapropostas apresentadas pelos diretores, pode evitar decisões prejudiciais à organização. Nesse sentido, o conselheiro independente pode ser um instrumento poderoso de criação de valor. Apresenta, ainda, características que fazem um conselheiro ser verdadeiramente independente: preocupação com a reputação; comprometimento com a função; ter uma mente investigativa; manter a distância certa; e estar preparado para sair a qualquer momento. Exige-se para que seja garantida sua independência a ausência de vínculos diretos ou indiretos com a própria sociedade, exceto a participação de capital. Dentro dessa ideia, o conselheiro independente não pode receber outra remuneração da empresa pública ou da sociedade de economia mista além daquela relativa ao cargo de conselheiro, à exceção de remuneração de sua participação no capital[125].

Nesse contexto, a organização dos acionistas minoritários, por meio de acordo de acionistas de defesa, na assembleia que elegerá os conselheiros independentes é de fundamental importância para inserir no Conselho de Administração mais representantes aliados aos interesses da companhia e descomprometidos com os interesses do acionista controlador.

3.3. Controle Interno

A expressão "controle interno" aqui tratada é a que decorre do controle dos atos administrativos, ou seja, da estrutura constitucionalmente delineada para a fiscalização dos atos das pessoas jurídicas de direito público e das pessoas de direito privado que gerem, arrecadam ou cujo capital é composto com a participação do Estado[126].

[125] TOMAZETTE, Op. cit., p. 153.

[126] Constituição: Art. 70. (...) Parágrafo único. Prestará contas qualquer pessoa física ou jurídica, pública ou privada, que utilize, arrecade, guarde, gerencie ou administre dinheiros, bens e valores públicos ou pelos quais a União responda, ou que, em nome desta, assuma obrigações de natureza pecuniária. (Redação dada pela Emenda Constitucional nº 19, de 1998)
Art. 74. Os Poderes Legislativo, Executivo e Judiciário manterão, de forma integrada, sistema de controle interno com a finalidade de:

Diversos são os mecanismos previstos pela Lei das Estatais quanto ao controle interno das atividades da companhia. Em seu art. 9º, já mencionado neste trabalho, a Lei prevê, *inter alia*, (i) implementação cotidiana de práticas de controle interno; (ii) auditoria interna e Comitê de Auditoria Estatutário, órgão que passa a ser obrigatório; e (iii) elaboração de Código de Conduta e Integridade, que disponha acerca de práticas de *governança corporativa* para a correta gestão da empresa.

> Auditoria interna se vincula ao Conselho de Administração da empresa pública ou sociedade de economia mista, de forma direta ou por meio do Comitê de Auditoria Estatutário (...) Suas atividades são eminentemente fiscalizatórias, tanto no tocante aos aspectos financeiros propriamente ditos, como no que se refere ao controle interno, gerenciamento de riscos e governança corporativa.
>
> Portanto, além da área específica da empresa estatal que será responsável pela gestão de riscos e verificação do cumprimento de obrigações, há também a auditoria interna, que deve deter competência expressamente prevista para fiscalizar essas questões e a própria atuação da área da empresa criada com essa finalidade.[127]

O Comitê de Auditoria Estatutário – CAE é um órgão auxiliar do Conselho de Administração e se configura em mais uma ferramenta a ser utilizada para a proteção do minoritário na medida em que fiscaliza a atuação dos auditores independentes, supervisiona e monitora as atividades de controle e auditoria interna na estatal e promove análises de risco da companhia.

[127] CARDOSO, André Guskow. Governança corporativa, transparência e *compliance* nas empresas estatais: o regime instituído pela Lei 13.303/2016. In: JUSTEN FILHO, Marçal. **Estatuto jurídico das empresas estatais**. Lei 13.303/2016 – "Lei Das Estatais". Revista dos Tribunais: São Paulo, 2016, p. 113.

Segundo André Camargo, são "importantes as regras trazidas pelo Estatuto para o CAE de empresas públicas e sociedades de economia mista brasileiras, sempre em busca de uma maior transparência, eficiência e qualidade de sua gestão. Mas como veremos adiante, nenhuma medida surtirá qualquer efeito isoladamente"[128].

Conforme o art. 24 da Lei, são de "competência mínima"[129] do Comitê:

> Art. 24. A empresa pública e a sociedade de economia mista deverão possuir em sua estrutura societária Comitê de Auditoria Estatutário como órgão auxiliar do Conselho de Administração, ao qual se reportará diretamente.
>
> §1º Competirá ao Comitê de Auditoria Estatutário, sem prejuízo de outras competências previstas no estatuto da empresa pública ou da sociedade de economia mista:
>
> I – opinar sobre a contratação e destituição de auditor independente;
>
> II – supervisionar as atividades dos auditores independentes, avaliando sua independência, a qualidade dos serviços prestados e a adequação de tais serviços às necessidades da empresa pública ou da sociedade de economia mista;
>
> III – supervisionar as atividades desenvolvidas nas áreas de controle interno, de auditoria interna e de elaboração das demonstrações financeiras da empresa pública ou da sociedade de economia mista;
>
> IV – monitorar a qualidade e a integridade dos mecanismos de controle interno, das demonstrações financeiras e das informa-

[128] CAMARGO, André Antunes Soares de. A Diretoria, o Comitê de Auditoria Estatutário e o Conselho Fiscal na Lei nº 13.303/2016: primeiras reflexões In: Noronha, João Otávio de, Frazão, Ana, e Mesquita, Daniel Augusto (Coord.). Estatuto Jurídico das Estatais: análise da Lei n. 13.303/16. Ed. Fórum. Belo Horizonte, 2017, p. 177.

[129] Idem, p. 75

ções e medições divulgadas pela empresa pública ou pela sociedade de economia mista;

V – avaliar e monitorar exposições de risco da empresa pública ou da sociedade de economia mista, podendo requerer, entre outras, informações detalhadas sobre políticas e procedimentos referentes a:

a) remuneração da administração;

b) utilização de ativos da empresa pública ou da sociedade de economia mista;

c) gastos incorridos em nome da empresa pública ou da sociedade de economia mista;

§ 2º O Comitê de Auditoria Estatutário deverá possuir meios para receber denúncias, inclusive sigilosas, internas e externas à empresa pública ou à sociedade de economia mista, em matérias relacionadas ao escopo de suas atividades.

A existência do Conselho Fiscal também é um importante instrumento de controle interno nas estatais, uma vez que funciona como um auditor dos atos da administração[130]. Esse órgão é obrigatório nessas companhias, diante da previsão do art. 26 da Lei n. 13.303/16[131]. E, por disposição legal expressa, apenas

[130] "O Conselho Fiscal também foi objeto de regulação pelo Estatuto, realçando a sua importância prática sob o ponto de vista de fiscalização e controle de empresas públicas e sociedades de economia mista, um verdadeiro "auditor" dos atos da administração, vigiando-a, opinando e informando o Conselho de Administração e o acionista controlador. Sua atuação, portanto, é fundamental para que a estrutura de governança corporativa funcione em uma organização, devendo ser independente e eficiente em seu funcionamento. Seu funcionamento é essencial para que a administração seja sempre vigiada, em sincronia com os demais mecanismos internos de governança corporativa." (CAMARGO, Op. cit., p.178).

[131] Art. 26. Além das normas previstas nesta Lei, aplicam-se aos membros do Conselho Fiscal da empresa pública e da sociedade de economia mista as disposições previstas na Lei no 6.404, de 15 de dezembro de 1976, relativas a seus poderes, deveres e responsabilidades, a requisitos e impedimentos para

1 (um) membro do Conselho Fiscal deve ser indicado pelo ente controlador.

Conforme o Guia de Orientação para o Conselho Fiscal, elaborado pelo Instituto Brasileiro de Governança Corporativa (IBCG):

> A lei define a forma de eleição dos conselheiros fiscais. Com o objetivo de propiciar ao órgão a devida independência da administração, as melhores práticas recomendam que os sócios controladores abram mão da prerrogativa de eleger a maioria dos membros, elegendo o mesmo número de conselheiros que os indicados pelos minoritários e preferencialistas, permitindo, assim, que o último membro do conselho fiscal seja eleito por sócios que representem a maioria do capital social, aí incluídos ordinaristas e preferencialistas, em assembléia na qual cada ação – independentemente de espécie ou classe – corresponda a um voto. Controladores e não-controladores devem ter uma participação paritária, com um membro adicional eleito pelos sócios que representem a totalidade do capital social. Sócios controladores e não-controladores devem debater a composição do conselho fiscal antes de sua eleição, de forma a alcançar a desejável diversidade de experiências profissionais, pertinentes às funções do conselho e ao campo de atuação da sociedade.[132]

investidura e a remuneração, além de outras disposições estabelecidas na referida Lei.
§ 1º Podem ser membros do Conselho Fiscal pessoas naturais, residentes no País, com formação acadêmica compatível com o exercício da função e que tenham exercido, por prazo mínimo de 3 (três) anos, cargo de direção ou assessoramento na administração pública ou cargo de conselheiro fiscal ou administrador em empresa.
§ 2º O Conselho Fiscal contará com pelo menos 1 (um) membro indicado pelo ente controlador, que deverá ser servidor público com vínculo permanente com a administração pública.

132 INSTITUTO BRASILEIRO DE GOVERNANÇA CORPORATIVA. **Guia de Orientação para o Conselho Fiscal.** 2ª ed., disponível em: <http://www.ibgc.org.br/userfiles/1.pdf>, pp. 15-16.

Portanto, a organização dos minoritários para formar um bloco por meio de acordo de acionistas de defesa pode influir na escolha dos conselheiros fiscais, mediante eleição realizada nos parâmetros dos arts. 161[133] e 162[134] da LSA. A CVM, inclusive, cria mecanismos facilitadores da participação dos minoritários no processo de constituição do Conselho:

133 "Art. 161. A companhia terá um conselho fiscal e o estatuto disporá sobre seu funcionamento, de modo permanente ou nos exercícios sociais em que for instalado a pedido de acionistas.
§ 1º O conselho fiscal será composto de, no mínimo, 3 (três) e, no máximo, 5 (cinco) membros, e suplentes em igual número, acionistas ou não, eleitos pela assembléia-geral.
§ 2º O conselho fiscal, quando o funcionamento não for permanente, será instalado pela assembléia-geral a pedido de acionistas que representem, no mínimo, 0,1 (um décimo) das ações com direito a voto, ou 5% (cinco por cento) das ações sem direito a voto, e cada período de seu funcionamento terminará na primeira assembléia-geral ordinária após a sua instalação.
§ 3º O pedido de funcionamento do conselho fiscal, ainda que a matéria não conste do anúncio de convocação, poderá ser formulado em qualquer assembléia-geral, que elegerá os seus membros.
§ 4º Na constituição do conselho fiscal serão observadas as seguintes normas:
a) os titulares de ações preferenciais sem direito a voto, ou com voto restrito, terão direito de eleger, em votação em separado, 1 (um) membro e respectivo suplente; igual direito terão os acionistas minoritários, desde que representem, em conjunto, 10% (dez por cento) ou mais das ações com direito a voto;
b) ressalvado o disposto na alínea anterior, os demais acionistas com direito a voto poderão eleger os membros efetivos e suplentes que, em qualquer caso, serão em número igual ao dos eleitos nos termos da alínea a, mais um.
§ 5º Os membros do conselho fiscal e seus suplentes exercerão seus cargos até a primeira assembléia-geral ordinária que se realizar após a sua eleição, e poderão ser reeleitos.
§ 6º A função de membro do conselho fiscal é indelegável.
§ 6º Os membros do conselho fiscal e seus suplentes exercerão seus cargos até a primeira assembléia-geral ordinária que se realizar após a sua eleição, e poderão ser reeleitos.
§ 7º A função de membro do conselho fiscal é indelegável".

134 Art. 162. Somente podem ser eleitos para o conselho fiscal pessoas naturais, residentes no País, diplomadas em curso de nível universitário, ou que tenham

Conforme dispõe o parágrafo 2º do artigo 161 da Lei nº 6.404/76, o conselho fiscal, quando o funcionamento não for permanente, será instalado pela assembleia geral a pedido de acionistas que representem, no mínimo, 0,1 (um décimo) das ações com direito a voto, ou 5% (cinco por cento) das ações sem direito a voto, e cada período de seu funcionamento terminará na primeira assembleia geral ordinária após a sua instalação. A Instrução CVM nº 324/00 fixa escala reduzindo, em função do capital social, as porcentagens mínimas de participação acionária necessárias ao pedido de instalação de Conselho Fiscal de companhia aberta previsto no parágrafo 2º do artigo 161 da Lei nº 6,404/76. Assim, o acionista minoritário tem o direito de requerer, em assembleia geral, a instalação do Conselho Fiscal, observado o quorum especial de instalação previsto na Instrução 324/00[135].

Outro instrumento de controle interno da empresa estatal é a disponibilização de "canal de denúncias que possibilite

exercido por prazo mínimo de 3 (três) anos, cargo de administrador de empresa ou de conselheiro fiscal.
§ 1º Nas localidades em que não houver pessoas habilitadas, em número suficiente, para o exercício da função, caberá ao juiz dispensar a companhia da satisfação dos requisitos estabelecidos neste artigo.
§ 2º Não podem ser eleitos para o conselho fiscal, além das pessoas enumeradas nos parágrafos do artigo 147, membros de órgãos de administração e empregados da companhia ou de sociedade controlada ou do mesmo grupo, e o cônjuge ou parente, até terceiro grau, de administrador da companhia.
§ 3º A remuneração dos membros do conselho fiscal, além do reembolso, obrigatório, das despesas de locomoção e estada necessárias ao desempenho da função, será fixada pela assembléia-geral que os eleger, e não poderá ser inferior, para cada membro em exercício, a dez por cento da que, em média, for atribuída a cada diretor, não computados benefícios, verbas de representação e participação nos lucros.

[135] COMISSÃO DE VALORES MOBILIÁRIOS. Ofício Circular CVM/SEP nº 01/2017. Fevereiro de 2017. Disponível em < http://www.cvm.gov.br/legislacao/oficios-circulares/sep/oc-sep-0117.html>, p. 111.

o recebimento de denúncias internas e externas relativas ao descumprimento do Código de Conduta e Integridade e das demais normas internas de ética e obrigacionais" (art. 9º, § 1º, III, da Lei n. 13.303/16).

Essa previsão legal se alia ao disposto no art. 87 da mesma Lei, que assim prevê:

> Art. 87. O controle das despesas decorrentes dos contratos e demais instrumentos regidos por esta Lei será feito pelos órgãos do sistema de controle interno e pelo tribunal de contas competente, na forma da legislação pertinente, ficando as empresas públicas e as sociedades de economia mista responsáveis pela demonstração da legalidade e da regularidade da despesa e da execução, nos termos da Constituição.
>
> (...)
>
> § 2º Qualquer licitante, contratado ou pessoa física ou jurídica poderá representar ao tribunal de contas ou aos órgãos integrantes do sistema de controle interno contra irregularidades na aplicação desta Lei, para os fins do disposto neste artigo.

A participação do capital público nas companhias objeto da Lei n. 13.303/16 revela a necessidade de se ter um controle popular sobre as estatais, afinal, o dinheiro investido pelo Estado para a formação o capital advém, ao fim e ao cabo, da arrecadação de tributos. Nesse contexto, nada mais natural do que conferir legitimidade a qualquer pessoa física ou jurídica para representar contra irregularidades nas estatais.

Nesse contexto, todos esses órgãos e instrumentos criados na Lei n.. 13.303/16 para fortalecer o controle interno – auditoria interna, Comitê de Auditoria Estatutário, legitimidade ampla para representações – despertam para a possibilidade de mais um ajuste entre minoritários por meio de acordo de acionista, qual seja, aquele que objetiva, conforme lembrado por Carvalhosa, "fiscalizar a legalidade, a regularidade e a legitimidade dos atos praticados pelos administradores e pela comunhão de controle"[136].

Certamente, uma representação formulada perante o Tribunal de Contas ou perante os órgãos internos da própria estatal por um grupo de minoritários coeso tem mais força do que a formulada por um indivíduo isoladamente. Esse grupo coeso, também, tem condições de levantar mais informações da companhia e constituir um corpo jurídico que acompanhará, de forma eficiente e atenta, toda a tramitação dos processos internos e dos que correm perante a Corte de Contas.

O mesmo poderia ocorrer no ajuizamento de ações perante o Poder Judiciário e na formulação de representações perante a Comissão de Valores Mobiliários.

Desse modo, garante-se uma proteção mais efetiva dos interesses dos acionistas minoritários que se organizarem por meio de acordo de acionistas cujo objeto é a fiscalização dos atos da sociedade de economia mista, seja para eleger conselheiros de administração (independentes ou representantes de minoritários), seja para escolher conselheiros fiscais, seja para auxiliar o Comitê de Auditoria Estatutário, seja para contribuir na fiscalização exercida por esses órgãos, seja para levantar informações ou para promover representações perante o controle interno e os órgãos de controle externo (Poder Judiciário, Comissão de Valores Mobiliários e Tribunal de Contas).

3.4. Cláusula Compromissória Arbitral

No âmbito das sociedades de economia mista, os minoritários podem, também, ajustar que a arbitragem é a seara apropriada

[136] CARVALHOSA, Modesto. **Acordo de Acionistas**. São Paulo: Saraiva, 2011, p. 267.

para resolver os conflitos entre os acionistas, nos termos do art. 12, parágrafo único, da Lei n. 13.303/16[137].

Nesse sentido, Schwind informa:

> Os acordos de acionistas podem também prever mecanismos para a resolução de controvérsias entre os sócios convenentes, inclusive por meio de arbitragem. Há previsão nesse sentido nos acordos de acionistas das concessionárias dos aeroportos de Guarulhos, Brasília e Viracopos[138].

Ao assim proceder, as disputas entre os acionistas e entre estes e a companhia serão levadas ao foro arbitral, e serão reguladas pela Lei n. 9.307/96.

3.5. Outros Acordos de Acionistas Envolvendo Minoritários nas Sociedades de Economia Mista

Na obra "O Estado Acionista", Rafael Wallbach Schwind observa que as empresas público-privadas – e dentre elas está a sociedade de economia mista – podem ter em seu âmbito acordos de acionistas de diversas espécies. Para o referido autor, pode haver, por exemplo, a celebração de ajuste entre sócios para o estabelecimento de um cronograma de investimentos, previsão da concessão de garantias aos financiadores, compromisso quanto à manutenção da composição acionária da empresa, direito de preferência em caso de alienação de ações, direito

137 Art. 12. A empresa pública e a sociedade de economia mista deverão:
(...)
Parágrafo único. A sociedade de economia mista poderá solucionar, mediante arbitragem, as divergências entre acionistas e a sociedade, ou entre acionistas controladores e acionistas minoritários, nos termos previstos em seu estatuto social.

138 Schwind, op. Cit., p. 374.

de venda conjunta em caso de aquisição de controle por terceiro ("tag along") e acordos de voto entre sócios estatal e privado.

No estabelecimento de um cronograma de investimentos, a sociedade de economia mista confere uma "maior estabilidade em termos econômico-financeiros, transmitindo maior segurança ao mercado"[139]. Assim, esse instrumento pode demonstrar "ao mercado que há um firme comprometimento dos sócios com o negócio"[140], o que poderá gerar melhores condições para financiamentos e maior credibilidade na comercialização de novas ações.

No acordo de acionistas em que os sócios ajustam a concessão de garantias aos financiadores do empreendimento, a companhia tem um acesso ao crédito de forma mais eficiente, uma vez que os próprios sócios ajustam condições de obtenção de crédito e fornecimento de garantias, de modo que o agente financeiro terá maior segurança ao saber que sua garantia não será questionada futuramente, diante da concordância dos sócios em acordo de acionistas. Assim, a eficiência gerada pode redundar na diminuição dos custos de um empréstimo.

Nesse sentido, Schwind:

> O compromisso no sentido de conceder certas garantias destina-se a demonstrar que não haverá questionamentos por parte dos acionistas em relação a elas. Com isso, diminui-se o risco de financiamento, viabilizando-se o crédito em melhores condições à empresa público-privada.[141]

A celebração de acordos de acionistas com o compromisso quanto à manutenção da composição acionária da empresa público-

[139] Idem, p. 365.
[140] Idem, p. 366.
[141] Idem, p. 367.

-privada, por sua vez, refere-se a um acordo de bloqueio que tem por objetivo impedir que o sócio transfira "as suas ações a terceiros – ao menos por um prazo determinado – ou se comprometem a transferir ações somente mediante a anuência do sócio"[142], o que gera estabilidade na composição acionária da empresa e evita problemas quando a companhia é concessionária de serviço público[143].

Com relação aos acordos de acionistas que preveem direito de preferência em caso de alienação de ações, Schwind observa que o "direito de preferência pode ser estabelecido em benefício tanto do sócio privado quanto do sócio estatal"[144] e será exercido quando um dos acionistas pretender alienar ações. Em havendo essa previsão, evita-se que um terceiro estranho ingresse na sociedade sem a vontade dos demais sócios. Obviamente, o exercício desse direito de preferência não pode significar a alienação do controle, porquanto, numa sociedade de economia mista, como vimos, o controle deve ser estatal[145].

[142] Idem, p. 368.

[143] Confira-se, a respeito, o art. 27 da Lei n. 8.987/95: Art. 27. A transferência de concessão ou do controle societário da concessionária sem prévia anuência do poder concedente implicará a caducidade da concessão.

[144] Schwind, op. Cit., p. 370.

[145] Acerca de eventual violação à regra da licitação, Schwind observa: "Poderia se questionar o direito de preferência concedido em favor do sócio privado como possivelmente violador do princípio da licitação. Em princípio, as ações detidas pelo sócio estatal somente poderiam ser alienadas por meio de um procedimento licitatório[38]. Entretanto, o direito de preferência em favor do sócio privado é plenamente compatível com o ordenamento.
Conforme já exposto no Capítulo VI, a empresa público-privada submete-se ao regime de direito privado. Afinal, trata-se de uma empresa privada. Aplica-se a ela a legislação societária, inclusive a Lei nº 6.404. O estabelecimento de direitos de preferência na aquisição de ações dos outros acionistas é muito comum no âmbito das empresas privadas. Trata-se de direito expressamente contemplado na Lei 6.404, em especial nos seus artigos 40, 57, 168, 171 e 172. Trata-se de um mecanismo natural às sociedades comerciais, inclusive anônimas, que tem o intuito de conferir maior estabilidade à composição acionária". (op. Cit., pp. 371-372)

Eventual ajuste de acionistas relativo ao direito de venda conjunta em caso de aquisição do controle por terceiro – "*tag along*" – disciplinaria que, em eventual transferência do controle acionário para terceiros, os sócios minoritários estariam protegidos, porquanto poderiam se retirar da sociedade com a venda conjunta de suas ações nos mesmos prazos e condições exercidas pelo agente estatal.

Obviamente, tal circunstância somente poderia ocorrer se houvesse autorização legal para a alienação do controle da sociedade de economia mista, momento em que a companhia deixaria de ter essa natureza jurídica[146].

Considerações Finais

A sociedade de economia mista, como visto, é uma personagem de extrema importância para a atuação do Estado na Economia. Contudo, tal intervenção estatal, frise-se, "não corresponde a uma ideia de que o controle societário público sobre a sociedade mista deva ser do tipo absolutista, incontrastável, ilimitado. Tal impressão resulta – isto, sim – dos hábitos administrativos brasileiros, que traduzem mais a distorção no uso do instituto, decorrente dos desvios de nossa história"[147], sob pena

[146] Nesse sentido, a partir da interpretação do art. 37, XIX, da Constituição, a decisão do Supremo Tribunal Federal: "10. Ação direta.de inconstitucionalidade julgada procedente, em parte, declarando-se a inconstitucionalidade do parágrafo único do art. 69 do inciso XXXIII.do art. 99, ambos da Constituição do Estado do Rio de Janeiro, bem assim para declarar parcialmente inconstitucional o art. 69, "caput", da mesma Constituição, quanto a todas as interpretações que não sejam a de considerar exigível a autorização legislativa somente quando a alienação de ações do Estado em sociedade de economia mista implique a perda de seu controle acionário". (ADI 234, Relator(a): Min. Néri da Silveira, Tribunal Pleno, julgado em 22/06/1995, DJ 15-09-1995 PP-29628 EMENT VOL-01800-01 PP-00023)

[147] Sundfeld, Carlos Ari. A Participação Privada nas Empresas Estatais. In: Sundfeld, Carlos Ari (coord.). **Direito Administrativo Econômico**. São

de violar, gravemente, os direitos dos acionistas minoritários, que devem ter suas pretensões garantidas e seu investimento recompensado, tal qual a lógica empresarial.

O Estado não pode se valer de sua posição de acionista majoritário para beneficiar-se e para beneficiar outros interesses, também considerados de interesse público, mas que em nada se coadunavam com os interesses específicos da companhia. É necessário destacar: a atuação estatal numa sociedade de economia mista é, com força da lei, *restrita* ao interesse público específico que motivou a criação da companhia, e deve sempre respeitar o interesse social e o interesse privado dos minoritários.

Por isso, os mecanismos de proteção dos acionistas minoritários devem ser desenvolvidos e respeitados. Dentre eles, destacam-se os acordos de acionistas. Esses instrumentos têm o propósito de incluir o acionista minoritário na direção dos negócios da companhia, de modo a permitir sua concreta participação e consequente satisfação dos seus interesses, sem o velho conflito entre o público e o privado.

O acordo de defesa não confere controle aos acionistas minoritários, mas confere aos minoritários a formação de um grupo coeso, uma minoria organizada na defesa de seus interesses perante os administradores e controladores, por meio do qual as minorias podem contrabalançar o poder de controle e exercer seus direitos políticos de voto de forma organizada. Ademais, por meio do acordo de defesa, os minoritários fiscalizam a legalidade, a regularidade e a legitimidade dos atos praticados pelos administradores e controladores.

Nessa esteira, a Lei nº 13.303/16 acaba por instituir mecanismos de proteção do acionista minoritário e do interesse da companhia, a saber: o Conselho de Administração, que contará com representantes dos entes privados; o Conselheiro Inde-

Paulo: Malheiros, 2000, p. 275.

pendente, também podendo ser indicado pelos minoritários; o Comitê de Auditoria Estatutário, cuja instalação obrigatória garantirá a constante busca por transparência e adequada gestão empresarial, buscando evitar os desvios na conduta das atividades empresariais; e o Conselho Fiscal, cuja disposição legal exige que apenas um conselheiro seja eleito pelo controlador.

A participação dos minoritários nesses órgãos sociais será tão mais efetiva quanto for a capacidade de organização desses minoritários em acordos de defesa. Nessa participação direta, os minoritários contribuirão para que a gestão não se afaste dos interesses da companhia e de todos os seus *stakeholders*.

Uma estatal com a participação influente de minoritários certamente não buscará o interesse puramente estatal em detrimento do interesse da companhia, não admitirá a utilização da sociedade de economia mista para fins eleitoreiros, não permitirá a omissão de informações contábeis nem a manipulação de resultados.

Não se pode ignorar, ainda, o instrumento conferido no art. 9º, § 1º, III, pela Lei nº 13.303/16, consistente na disponibilização de canal de denúncias que possibilite o recebimento de denúncias internas e externas.

A ocupação dos espaços de gestão e de controle de uma sociedade de economia mista pelos minoritários, proporcionada por acordos de acionistas que estabelecem uma minoria coesa, aliado ao canal aberto de denúncias, se constitui em um eficiente contrapeso na gestão da companhia.

O uso adequado desses instrumentos pelo minoritário faz com que o controlador conte com a presença diária desses investidores nos órgão sociais, o que tende a inibir a tomada de decisões que atendam ao interesse apenas do Estado – proprietário da maioria das ações – e contrárias ao interesse social.

Por outro lado, essa organização coesa de minoritários pode ser voltada a formação de um grupo que promova um controle repressivo, representando e denunciando o abuso do poder de controle perante órgãos de controle externo, tais como, o Poder Judiciário, a Comissão de Valores Mobiliários e os Tribunais de Contras.

Assim, seja em um ou em outro aspecto, a sociedade de economia mista tem apenas a ganhar com a organização dos minoritários e os instrumentos colocados à sua disposição pela Lei nº 13.303/16.

Referências

ADAMEK, Marcelo Vieira von. *Abuso de minoria em direito societário* (abuso das posições subjetivas minoritárias). 2010.436 f. Tese (Doutorado em Direito) – Faculdade de Direito da Universidade de São Paulo, São Paulo, 2010.

BARBI FILHO, Celso. *Acordo de acionistas.* Del Rey. Belo Horizonte, 1993.

BARRETO, Celso de Albuquerque. *Acordo de Acionistas.* Forense. Rio de Janeiro, 1982.

BARROSO, Luís Roberto. *Estado e livre iniciativa na experiência.* Revista Brasileira de Direito Público – RBDP, v. 45, p. 9–19, 2014).

BERCOVICI, Gilberto. Política Econômica e Direito Econômico. *Revista da Faculdade de Direito da Universidade de São Paulo,* v. 105, p. 389–406, 2010.

BERTOLDI, Marcelo M. *Acordo de acionistas.* Ed. Revista dos Tribunais. São Paulo, 2006.

BMF/BOVESPA. *Política para transações com partes relacionadas e demais situações de conflito de interesse.* Disponível em: http://ri.bmfbovespa.com.br/fck_temp/26_103/file/Pol%C3%ADtica%20Conflitos%20de%20Interesse_20160513.pdf Acessado em setembro de 2017.

BULGARELI, Waldirio, *Tratado de Direito Empresarial.* 3ª ed. São Paulo: Atlas, 1997.

CAMARGO, André Antunes Soares de. A Diretoria, o Comitê de Auditoria Estatutário e o Conselho Fiscal na Lei nº 13.303/2016: primeiras reflexões In: NORONHA, João Otávio de, FRAZÃO, Ana, e MESQUITA, Daniel Augusto. *Estatuto Jurídico das Estatais* – Análise da Lei n. 13.303/16. Ed. Fórum. Belo Horizonte, 2017, pp. 171-182.

CARVALHOSA, Modesto. *Acordo de Acionistas.* São Paulo: Saraiva, 2011.

__________. *Comentários à lei de sociedades anônimas.* 4. Ed, v. 4, t. 1. São Paulo: Saraiva, 2009

CARVALHOSA, Modesto; EIZIRIK, Nelson. *A nova lei das S/A*. Saraiva: São Paulo, 2002.

COMISSÃO DE VALORES MOBILIÁRIOS. *Ofício Circular CVM/SEP nº 01/2017*. Fevereiro de 2017. Disponível em <http://www.cvm.gov.br/legislacao/oficios-circulares/sep/oc-sep-0117.html>. Acesso em setembro de 2017.

COMPARATO, Fabio Konder; SALOMÃO FILHO, Calixto. *O poder de controle na sociedade anônima*. 5. ed. Rio de Janeiro: Forense, 2008.

COMPARATO, Fábio Konder. *Sociedade e de economia mista transformada em sociedade anônima ordinária – inconstitucionalidade*. Revista Trimestral de Direito Público, São Paulo, n. 25, p. 61-68, janeiro/março. 1999.

DALLARI, Adilson Abreu. Sociedade de Economia Mista. *Sócio Estratégico – Acordo de Acionistas*. Revista de Direito Administrativo, n. 221, p. 379-400, julho/setembro. 2000.

EIZIRIK, Nelson. *A Lei das S/A Comentada*. 2. ed. v. 2. Quartier Latin: São Paulo, 2015.

__________. *A Lei das S/A Comentada*. 2. ed. v. 3. Ed. Quartier Latin. São Paulo, 2015.

__________. Acordo de acionistas regulando o exercício do poder de controle. Interpretação dos §8º e 9º do art. 118 da Lei das S.A. In: CARVALHOSA, Modesto; EIZIRIK, Nelson. *Estudos de Direito Empresarial*. São Paulo: Saraiva, 2010.

FRANCO, Vera Helena de Mello. *Grupos econômicos sob o controle estatal*: conflito de interesse (a norma do artigo 238 da lei das S.A.. Aplicação. Limites), 1982. 281 f. Tese (Doutorado em Direito Comercial) – Faculdade de Direito da Universidade de São Paulo, São Paulo, 1982.

FRAZÃO, Ana. *Função social da empresa:* repercussões sobre a responsabilidade civil de controladores e administradores de S/As. Rio de Janeiro: Renovar, 2011.

____________. O abuso de poder de controle na Lei das Estatais. In: NORONHA, João Otávio de, FRAZÃO, Ana, e MESQUITA, Daniel Augusto. *Estatuto Jurídico das Estatais* – Análise da Lei n. 13.303/16. Ed. Fórum. Belo Horizonte, 2017, pp. 107-140.

GRAU, Eros Roberto. *Parecer – Acordo de Acionistas.* Revista da Procuradoria Geral de Minas Gerais, Direito Público, Belo Horizonte, v. 1., n. 2, p. 58-68, julho/dezembro. 1999.

GUIMARÃES, Edgar; SANTOS, José Anacleto Abduch. *Lei das Estatais. Comentários ao Regime Jurídico Licitatório e Contratual da Lei Nº 13.303/2016*. 1ª ed. Editora Fórum, Belo Horizonte, 2016.

INSTITUTO BRASILEIRO DE GOVERNANÇA CORPORATIVA. *Guia de Orientação para o Conselho Fiscal.* 2ª ed., disponível em: <http://www.ibgc.org.br/userfiles/1.pdf>. Acesso em setembro de 2017.

JUSTEN FILHO, Marçal. *Curso de direito administrativo*, 9ª ed. Editora RT, São Paulo, 2013.

LAMY FILHO, Alfredo; PEDREIRA, José Luiz Bulhões. *A Lei das S.A.*, Rio de Janeiro: Renovar, 1992.

MEIRELLES, Hely Lopes, *O Estado e suas empresas.* Revista de Informação Legislativa. v. 19, n. 76, 1982.

MELLO. Celso Antônio Bandeira de. *Curso de Direito Administrativo.* 27ª ed. Malheiros Editores. São Paulo, 2010, p. 191.

MUNHOZ, Eduardo Secchi. Quem deve comandar a companhia? Alocação do poder empresarial: sistema de freios e contrapesos. In: KUYEN, Luiz Fernando Martins. *Temas essenciais de Direito Empresarial:* Estudos em Homenagem a Modesto Carvalhosa. São Paulo: Saraiva, 2012.

NESTER, Alexandre Wagner. O exercício do poder de controle nas empresas estatais. In: JUSTEN FILHO, Marçal. *Estatuto jurídico das empresas estatais.* Lei 13.303/2016 – "Lei Das Estatais". Revista dos Tribunais: São Paulo, 2016.

OLIVEIRA, Fernão Justen; MAIA, Fernanda Caroline. O conselho de administração nas empresas estatais. In: JUSTEN FILHO, Marçal. *Estatuto jurídico das empresas estatais.* Lei 13.303/2016 – "Lei Das Estatais". Revista dos Tribunais: São Paulo, 2016.

PERIN JUNIOR, Ecio. *A tutela jurídica do acionista minoritário – de acordo com a Lei 10.303/2001.* Revista de direito privado, São Paulo, v. 3, n. 12, p. 106-130, out./dez. 2002.

PINTO JR., Mario Engler. *O Estado como Acionista Controlador.* 2009. 517 f. Tese de Doutorado em Direito – Faculdade de Direito da Universidade de São Paulo, São Paulo, 2009.

PINTO JR., Mario Engler. *Empresa Estatal – Função Econômica e Dilemas Societários.* 2ª edição. Ed. Atlas: São Paulo, 2013.

PONTES, Evandro Fernandes Pontes. Os Interesses Jurídicos nas Sociedades de Economia Mista. 2017. In: NORONHA, João Otávio de, FRAZÃO, Ana, e MESQUITA, Daniel Augusto (coord.). *Estatuto Jurídico das Estatais* – Análise da Lei n. 13.303/16. Ed. Fórum. Belo Horizonte, 2017, pp. 421-466.

SANDES, Leonardo de Almeida. *Direito societário na atualidade:* aspectos polêmicos. Coordenação de Leonardo de Faria Beraldo. Belo Horizonte: Del Rey, 2007.

SUNDFELD, Carlos Ari. A Participação Privada nas Empresas Estatais. In: SUNDFELD, Carlos Ari (coord.). *Direito Administrativo Econômico.* São Paulo: Malheiros, 2000.

SCHWIND, Rafael Wallbach. *O Estado acionista* – empresas estatais e empresas privadas com participação estatal. Almedina, São Paulo, 2017.

TAVARES GUERREIRO, José Alexandre. Conflitos de interesse entre sociedade controladora e controlada e entre coligadas, no exercício do voto em assembleias gerais e reuniões sociais. *Revista de direito mercantil, industrial, econômico e financeiro*. v. 22, n. 51, p. 29-32, jul./set. 1983.

TOMAZETTE, Marlon. A administração nas empresas estatais. 2017. In: NORONHA, João Otávio de, FRAZÃO, Ana, e MESQUITA, Daniel Augusto (coord.). *Estatuto Jurídico das Estatais* – Análise da Lei n. 13.303/16. Ed. Fórum. Belo Horizonte, 2017, pp. 141-169.

WARDE JR., Walfrido Jorge. LEGISLADOR FRANKESTEIN! Não e possível transplantar governança das empresas privadas às empresas estatais. In: NORONHA, João Otávio de, FRAZÃO, Ana, e MESQUITA, Daniel Augusto (coord.). *Estatuto Jurídico das Estatais* – Análise da Lei n. 13.303/16. Ed. Fórum. Belo Horizonte, 2017, pp. 67-105.

Os Requisitos Societários das Instituições de Pagamento

Daniela Hidemi Bando

Introdução

Não é novidade que com o desenvolvimento tecnológico e a rápida disseminação de informações, tem-se criado diversos instrumentos e mecanismos para facilitar o dia a dia das pessoas. Nesse contexto, encontram-se aqueles desenvolvidos para a melhoria dos meios de pagamento, facilitando a compra e venda de produtos e resultando na substituição do papel moeda por outras formas de pagamento, como cartões de débito, crédito ou aplicativos on-line para celulares. Uma tendência que tem sido global.

O aumento no volume de transações sem a utilização de papel moeda tem sido uma preocupação do Banco Central do Brasil (Banco Central) desde o início dos anos 2000. Já naquela época, o Banco Central havia identificado que o Sistema de Pagamentos Brasileiro se encontrava atrasado em relação aos demais países, em razão da baixa cooperação entre os prestadores dos serviços, os arranjos fragmentados e o modelo de governança dessas sociedades[1]. Fato é que, até então, não havia regulamentação aos prestadores de serviços de pagamento.

[1] BANCO CENTRAL DO BRASIL. **Diagnóstico do Sistema de Pagamentos de Varejo do Brasil.** Brasília/DF, 2005. Disponível em: <https://www.bcb.gov.

Somente, em 09 de outubro de 2013, como resultado da conversão de uma Medida Provisória, foi promulgada a Lei 12.865, criando as Instituições de Pagamento (Instituições e Pagamento) e os Arranjos de Pagamento (Arranjos de Pagamento), como integrantes do Sistema de Pagamentos Brasileiros. O Conselho Monetário Nacional (CMN) e o Banco Central passaram, a partir de então, a deter competência para regulamentar as Instituições e os Arranjos de Pagamento.

Para tanto, a Lei 12.865/2013 positivou os princípios norteadores do CMN e do Banco Central, tais como: (i) da interoperabilidade entre os Arranjos de Pagamento; (ii) da solidez e eficiência; (iii) do acesso não discriminatório aos serviços e às infraestruturas; (iv) do atendimento às necessidades dos Usuários Finais (Usuários Finais), em especial, o da liberdade de escolha, da privacidade e proteção de dados pessoais, e da transparência e do acesso à informações claras e completas sobre as condições de prestação de serviços; (v) da confiabilidade, qualidade e segurança dos serviços de pagamento; (vi) da inclusão financeira; e (vii) capacidade de inovação e a diversidade dos modelos de negócios das Instituições de Pagamento e dos Arranjos de Pagamento. Com base em tais princípios, o CMN e o Banco Central editaram, ao final do ano de 2013, diversos regulamentos deliberando sobre os requisitos mínimos para as Instituições de Pagamento funcionarem.

Recentemente, o CMN e o Banco Central emitiram novos normativos, alterando e trazendo inovações às regras das Instituições de Pagamento e aos Arranjos de Pagamento.[2] Os novos regulamentos esclarecem certos pontos que antes eram obscuros e inovam, dentre outras matérias, ao estabelecer limites para

br/htms/novaPaginaSPB/Diagnostico%20do%20Sistema%20de%20Pagamentos%20de%20Varejo%20no%20Brasil.pdf. Acesso em 30.08.2017.

[2] O presente trabalho foi atualizado até a data de 10/08/2018.

que as sociedades passem a pedir autorização ao Banco Central, para atuarem como Instituições de Pagamento. O objetivo dessas novas regras foi de incentivar a inovação, desenvolvimento de novos produtos e aumentar a concorrência no setor[3].

Não obstante, em decorrência da dinâmica do mercado e da tecnologia, muitas dúvidas continuam surgido, tanto por *start up's*, que criam aplicativos de intermediação de pagamentos, quanto por intermediadores de serviços de grande porte. Note-se que não raro surgem sociedades que criam aplicativos ou programas buscando facilitar as formas de pagamentos realizadas, principalmente, por meio da internet, e que podem ser enquadradas como Instituições de Pagamento. Por outro lado, por muitas vezes, essas sociedades recém constituídas sequer sabem da existência de regras e requisitos mínimos para o seu funcionamento.

Visando atender às necessidades dinâmicas do mercado, o presente trabalho tem como finalidade expor os requisitos societários necessários, para que as Instituições de Pagamento possam executar suas atividades regularmente e, ao final, verificar se tais requisitos atendem aos princípios estampados na Lei 12.865/2013. Para tanto, os princípios serão entendidos sob três óticas distintas: a dos Arranjos de Pagamento; dos Usuários Finais dos serviços; e das Instituições de Pagamento, conforme será melhor abordado ao longo deste artigo. Esclarece-se, contudo, que não serão abordadas com profundidade os princípios relacionados aos Arranjos de Pagamento, por não ser esse o foco deste trabalho.

Destaque-se, por oportuno, que o objetivo deste artigo não é, de forma alguma, esgotar as matérias referentes a cada um

[3] BANCO CENTRAL DO BRASIL. **Agenda BC+: Banco Central reduz custo do cartão de débito e estimula o aumento da eficiência nos pagamentos de varejo.** 26/03/2018. Disponível em: < https://www.bcb.gov.br/pt-br/#!/c/notas/16421>. Acesso em 10.08.2018.

dos requisitos societários, submergir nos requisitos regulatórios das Instituições de Pagamento ou realizar qualquer crítica sobre os modelos econômicos adotados pelo CMN ou pelo Banco Central. Em que pese os requerimentos estarem previstos em regulamentação administrativa, o foco do presente trabalho é fundamentalmente societário. Razão pela qual, temas que tiveram ampla e profunda discussão societária terão um maior destaque neste trabalho.

Para tanto, em razão das recentes alterações dos regulamentos do CMN e do Banco Central e da existência de poucos trabalhos realizados sobre o tema, como metodologia deste artigo, foram utilizadas as normas, doutrinas e jurisprudência do direito societário e do direito bancário, bem como as normas que regem as Instituições de Pagamento. Por meio de tais recursos, serão apresentadas as discussões e conceitos acerca dos requisitos societários das sociedades não regulamentadas e das instituições financeiras, contrapondo-os com os das Instituições de Pagamento. Por meio dessa metodologia, buscou-se demonstrar a natureza jurídica, os fundamentos e as implicações de cada um desses requisitos às Instituições de Pagamento.

Assim, este trabalho foi dividido em três grandes Capítulos. O primeiro Capítulo apresenta os princípios e os conceitos dos Arranjos e das Instituições de Pagamento, auxiliando na identificação dessas instituições, conforme as disposições legais. O segundo Capítulo dispõe acerca dos requisitos societários das Instituições de Pagamento, sendo subdividido em: objeto social; capital e patrimônio social; e administradores. Finalmente, o último Capítulo traz breves comentários acerca das obrigações complementares das Instituições de Pagamento, atentando-se aos requisitos societários.

Adianta-se, entretanto, que não será abordado o objeto social das instituições financeiras, uma vez que essas instituições podem ter diversos objetos sociais, a depender da atividade exercida por elas. Entendeu-se que que as discussões bancárias não agregariam neste trabalho e optou-se por não se adentrar neste mérito.

Portanto, a finalidade do presente trabalho é apresentar ao leitor a relevância dos requisitos societários às Instituições de Pagamento, de forma prática e objetiva, com o objetivo de verificar se tais Requisitos societárias cumprem com os princípios e finalidades consagrados na Lei 12.865/2013.

1. A Lei 12.865/2013 e as Instituições de Pagamento

A Lei 12.865 de 09 de outubro de 2013 (Lei 12.865/2013) criou legalmente as Instituições de Pagamento e os Arranjos de Pagamento, os integrando ao Sistema de Pagamentos Brasileiros (SPB).

A partir da Lei 12.865/2013, o Conselho Monetário Nacional (CMN) e o Banco Central do Brasil (Banco Central) passaram a ser competentes para regulamentar as diretrizes e os parâmetros das Instituições e dos Arranjos de Pagamento. Para isso, a Lei 12.865/2013 positivou certos princípios que passaram a fazer base do SPB e fundamentaram a criação das Instituições e os Arranjos de Pagamento. Dessa forma, são princípios norteadores das regras do CMN e do Banco Central: (i) interoperabilidade ao Arranjo de Pagamento e entre Arranjos de Pagamentos distintos; (ii) solidez e eficiência dos Arranjos de Pagamento e das Instituições de Pagamento, promoção da competição e previsão de transferência de saldos em moeda eletrônica, quando couber, para outros arranjos ou instituições de pagamento; (iii) acesso não discriminatório aos serviços e às aos requisitos necessários ao funcionamento dos Arranjos de Pagamento; (iv) atendimento às necessidades dos Usuários Finais, em especial liberdade de escolha, segurança, proteção de seus interesses econômicos, tratamento não discriminatório, privacidade e proteção de dados pessoais, transparência e acesso a informações claras e completas sobre as condições de prestação de serviços; (v) confiabilidade, qualidade e segurança dos serviços de pagamento; (vi) inclusão financeira, observados os padrões de qualidade, segurança e transparência equivalentes em todos os Arranjos de Pagamento; e (vii) capacidade de inovação e a diversidade dos modelos de negócios das Instituições de Pagamento e dos Arranjos de Pagamento.

Para fins de análise e compreensão da Lei 12.865/2013, esses princípios podem ser estudados por três perspectivas: as dos Arranjos de Pagamento; a dos usuários dos serviços de pagamento (Usuários Finais); e a das Instituições de Pagamento.

Sob a ótica dos Arranjos de Pagamento, observa-se que houve a preocupação do legislador em melhorar a interoperabilidade, não somente interna dos Arranjos de Pagamento, como externa, isto é, entre os Arranjos de Pagamento. Também houve a preocupação em garantir a solidez e a eficiência desses Arranjos. Essa preocupação se deve, muito provavelmente, à identificação do Banco Central do baixo grau de cooperação entre os prestadores de serviços de pagamento, tanto nas operações de redes compartilhadas, quanto nos canais de distribuição de serviços de pagamento, conforme já havia sido apontado no Segundo Diagnóstico do Sistema de Pagamentos de Varejo do Brasil. A falta de interoperabilidade restringia os estabelecimentos comerciais a aceitação de determinados instrumentos de pagamento, o que aumentava os custos dos participantes do Arranjo, para a manutenção das máquinas de transação, linhas telefônicas, redes de pagamento, dentre outros, o que se reverteria, no final, aos comerciantes e Usuários Finais[4].

[4] Banco Central do Brasil. **Segundo Diagnóstico do Sistema de Pagamentos de Varejo do Brasil**. 2005. Disponível em :https://www.bcb.gov.br/htms/novaPaginaSPB/Diagnostico%20do%20Sistema%20de%20Pagamentos%20de%20Varejo%20no%20Brasil.pdf. Acesso em 30 ago 2017, p.77-124.

Já os princípios que visam o acesso não discriminatório aos serviços de pagamento; o atendimento às necessidades dos Usuários Finais, tais como a liberdade de escolha, segurança, proteção de seus interesses econômicos, etc; e a confiabilidade, qualidade e segurança dos serviços de pagamento, são claramente destinados à proteção dos Usuários Finais. Embora a Lei 12.865/2013 não tenha definido os Usuários Finais como consumidores, tais princípios reforçam os direitos dos consumidores à informação e adequada e eficiente prestação de serviços[5], estabelecidos na Lei 8.078/1990 (Código do Consumidor). A preocupação, nesse caso, foi garantir que a regulamentação das Instituições e Arranjos de Pagamento observasse os direitos dos Usuários Finais à informação, ao atendimento às suas necessidades, bem como à qualidade, segurança e proteção deles.

Por fim, sob a perspectiva das Instituições de Pagamento, a Lei 12.865/2013 lhes assegurou a inclusão financeira, em todos os Arranjos de Pagamento, observados os padrões de qualidade, segurança e transparência equivalentes; garantindo, assim, a capacidade de inovação e a diversidade dos modelos de negócios. Como se verá, esses princípios são indispensáveis às atividades dessas instituições, de forma que a não observação deles pode inviabilizar os negócios dessas sociedades.

Portanto, o objetivo da Lei 12.865/2013 era de viabilizar um ambiente mais seguro para os participantes dos Arranjos de Pagamento, Usuários Finais e Instituições de Pagamento, com o fim de desenvolver as atividades no País, melhorando a interoperabilidade, o acesso, a eficiência, a segurança, a qualidade, inclusão financeira, sem prejuízo da capacidade de inovação dessas instituições. Nas palavras de Verçosa,

[5] Conforme estabelecido no art. 6º, III e X da Lei 8.078/1990.

O objetivo básico desse sistema de arranjos de pagamento, que passou a integrar o Sistema de Pagamentos Brasileiro (SPB) é o de proporcionar condições de acesso seguro e barato aos meios de pagamento até então inexistentes para a população brasileira não bancarizada, ou seja, aqueles que não têm conta bancária, podendo nele se incluir os que também não possuem cartões de crédito ou de débito[6].

Dessa forma, desde a Lei 12.865/2013, o CMN e o Banco Central passaram a emitir diversos regulamentos, estabelecendo os requerimentos mínimos e os procedimentos necessários para a constituição e gerenciamento dos Arranjos de Pagamento e das Instituições de Pagamento, que serão detalhadas a seguir.

1.1. Dos Arranjos de Pagamento

Em conformidade com a definição da Lei 12.965/2013, o Arranjo de Pagamento representa o conjunto de regras e procedimentos que disciplinam a prestação de serviços de pagamento entre diversos recebedores e Usuários Finais.

O responsável pelo estabelecimento do Arranjo de Pagamento é o Instituidor do Arranjo de Pagamento (Instituidor do Arranjo), que deve ser uma pessoa jurídica constituída no País, com objeto social compatível às atividades de Instituidor de Arranjo de Pagamento[7]. O Instituidor do Arranjo é o representante do Arranjo de Pagamento, sendo por ele responsável perante o Banco Central. Além disso, a Lei 12.965/2013 atribuiu ao Instituidor do Arranjo a responsabilidade pelo uso da marca associada ao Arranjo de Pagamento, quando cabível. A título exemplificativo, podem ser Instituidores de Arranjos

[6] Verçosa, Haroldo Malheiros Duclerc. **Arranjos e instituições de pagamento (regulamentação e crítica).** Revista de Direito Empresarial, vol. 1/2014, p.77, jan-fev 2014.

[7] Na forma da Circular 3.682/2013.

as bandeiras de pagamento (e.g., Visa, Mastercard, Elo), que estabelecem as regras e princípios que norteiam a prestação do serviço e servem de marca ao Arranjo de Pagamento.

Adicionalmente, a Circular 3.682/2013 estabeleceu os requisitos necessários para autorização e funcionamento do Instituidor de Arranjo de Pagamento[8]. Observe-se que, perante o Banco Central, o Instituidor de Arranjo de Pagamento possui certas obrigações, tais como de estabelecer e monitorar o gerenciamento de riscos; obedecer aos aspectos operacionais mínimos, como o gerenciamento de continuidade de negócios, prevenção de ilícitos cambiais, lavagem de dinheiro; fornecer informações e instruções mínimas a serem prestadas pelas instituições participantes; acompanhar e verificar a existência de fraudes; liquidação das transações entre as instituições participantes dos Arranjos; melhorar a interoperabilidade dos participantes; e promover interoperabilidade com outros Arranjos de Pagamento.

Os Instituidores dos Arranjos são responsáveis, portanto, pelo estabelecimento das regras dos participantes dos Arranjos de Pagamento, bem como pela fiscalização, monitoramento e aplicação de pena àqueles que não cumprirem com as regras dos Arranjos de Pagamento. Assim como todas as instituições sob supervisão do Banco Central, os Instituidores dos Arranjos devem se reportar ao Banco Central e estão sujeitos à fiscalização e penalidades aplicados por essa autarquia.

Sem prejuízo do exposto acima, resta esclarecer que a Circular 3.682/2013, conforme alterada, excepcionou alguns Arranjos de Pagamento do SPB, tais quais, os Arranjos de propósito limitado e os Arranjos de Pagamento, cujo conjunto de participantes apresentem, de forma consolidada, os volumes estabelecidos na referida regulamentação[9].

[8] Para fins do presente trabalho, não serão abordados os aspectos regulatórios e societários dos Instituidores de Arranjo de Pagamento.

[9] Conforme art. 2° e seguintes da Circular 3.682/2013.

Com exceção desses casos, toda a prestação de serviço que envolver pagamento ao público, mediante utilização de instrumentos de pagamentos por Usuários Finais, deve ter seu regulamento estabelecido, gerenciado e monitorado por Instituidores de Arranjos de Pagamento. Para participarem dos Arranjos de Pagamento, os participantes deverão possuir autorização concedida pelo Banco Central, para funcionamento, nos casos das Instituições de Pagamento, ou para prestação de serviços de pagamento, no caso de Instituições Financeiras (Instituições Financeiras); bem como atender aos requisitos definidos no regulamento do Arranjo de Pagamento.

As Instituições de Pagamento, por sua vez, devem obedecer a outros requisitos e condições, conforme estabelecido no capítulo a seguir.

1.2. Das Instituições de Pagamento

As Instituições de Pagamento são definidas na Lei 12.865/2013 como pessoas jurídicas que, aderindo a um ou mais Arranjos de Pagamento, tenham como atividade principal ou acessória, alternativa ou cumulativamente as atividades arroladas no art. 6° da referida Lei[10]. É importante frisar que as Instituições de Pagamento não se confundem com as Instituições Financeiras, devendo observar regras e limitações próprias, conforme demonstrado a seguir.

A partir da definição legal, o CMN e o Banco Central, com fulcro no art. 9° da Lei 12.965/2013, estabeleceram três modalidades diferentes de Instituições de Pagamento: (i) emissores de moeda eletrônica; (ii) emissores de instrumentos pós-pagos; e (iii) credenciadores. As Instituições de Pagamento podem ser classificadas em uma ou mais de uma modalidade, observando as regras societárias e regulatórias para cada uma delas.

[10] Para maiores informações, ver Ítem 2.1.2.

Os Emissores de Moeda Eletrônica (Emissores de Moeda Eletrônica) são definidos como aqueles que gerenciam a conta de pagamento do Usuário Final, do tipo pré-paga; disponibilizam transações de pagamento que envolva o ato de pagar ou transferir tipo pré-paga, com base em moeda eletrônica aportada nessa conta, converte tais recursos em moeda física ou escritural, ou vice-versa, podendo habilitar a sua aceitação com a liquidação em conta de pagamento por ela gerenciada[11]. Destaca-se que essa definição é o resultado do ajuste realizado recentemente pela Circular 3.885/2018, revogando a definição anterior da Circular 3.683/2013.

Para fins da regulamentação do Banco Central, a Moeda Eletrônica é definida como os recursos em reais armazenados em dispositivo (e.g., cartão de débito) ou sistema eletrônico (e.g., aplicativos eletrônicos) que permitem ao usuário final efetuar a transação de pagamento.

Os Emissores de Instrumentos Pós-Pagos (Emissores de Instrumentos Pós-Pagos) são as instituições que gerenciam a conta de pagamento do Usuário Final pagador, do tipo pós-paga, e disponibilizam transação de pagamento com base nessa conta.

Já os Credenciadores (Credenciadores) são aqueles que, sem gerenciar conta de pagamento, (i) habilitam pessoas a receberem pagamento por meio de Instrumentos de Pagamentos emitidos por Instituições de Pagamento ou Instituição Financeira integrante de um mesmo arranjo; e (ii) participam do processo de liquidação das transações de pagamento como credor perante o emissor, conforme as regras do Arranjo de Pagamento.

Do ponto de vista regulatório, até o início de 2018, todas as Instituições de Pagamento deveriam obter previamente ao fun-

[11] Conforme estabelecido na Circular 3.885/2018.

cionamento, o licenciamento, emitido por um Instituidor de Arranjo, bem como a autorização do Banco Central para funcionar.Com o advento da Circular 3.885/2018, buscando dar uma maior liberdade à inovação e à entrada de novas Instituições de Pagamento no mercado[12], a autorização passou a ser necessária apenas às Instituições de Pagamento que apresentarem valores financeiros superiores a, ao menos um dos seguintes parâmetros: (i) R$500.000.000,00 (quinhentos milhões de reais) em transações de pagamento; ou (ii) R$50.000.000,00 (cinquenta milhões de reais) em recursos mantidos em conta de pagamento pré-paga. Via de regra, as Instituições de Pagamento devem considerar os valores transacionados dos últimos doze meses, conforme a modalidade exercida por ela, respeitadas as condições estabelecidas na Circular 3.885/2018.

A instituição que prestar serviço em mais de uma modalidade deverá requerer a autorização ao Banco Central, se apresentar valores financeiros superiores a pelo menos um dos parâmetros acima, em pelo menos uma das modalidades. Nesse caso, deverá requerer a autorização para funcionar em todas as modalidades que exercer[13].

Para fins societários, as Instituições de Pagamento devem, necessariamente, serem constituídas como sociedades empresárias limitadas ou anônimas. Além disso, caso a Instituição de Pagamento seja organizada como sociedade limitada, ela deverá ser regida subsidiariamente pela Lei nº 6.404, de 15 de dezembro de 1976 (Lei 6.404/1976), nos termos do art. 1.053, parágrafo único, da Lei nº 10.406, de 10 de janeiro de 2002 (Código Civil).

[12] BANCO CENTRAL DO BRASIL. **Agenda BC+: Banco Central reduz custo do cartão de débito e estimula o aumento da eficiência nos pagamentos de varejo.** 26/03/2018. Disponível em: < https://www.bcb.gov.br/pt-br/#!/c/notas/16421>. Acesso em 10.08.2018.

[13] Conforme delimitação anterior, os requisitos regulatórios não serão abordados no presente trabalho.

As Instituições de Pagamento são, portanto, pessoas jurídicas que credenciam estabelecimentos para aceitação de Instrumentos de Pagamento, ou emitem instrumentos de pagamentos (*e.g.*, cartões de crédito e de débito)[14], sem se confundirem com as Instituições Financeiras[15].

2. Os Requisitos Societários das Instituições de Pagamento

Para fins metodológicos, o presente capítulo foi subdividido em três subcapítulos principais, compreendendo: objeto social; o capital social e patrimônio; e os administradores das Instituições de Pagamento. Em cada um deles, serão apresentados os requisitos societários das sociedades não reguladas, das Instituições Financeiras para, por fim, fazer um paralelo aos requisitos das Instituições de Pagamento.

2.1. Do Objeto Social

Um dos primeiros requisitos para a constituição de qualquer sociedade limitada ou anônima é a definição do objeto social. O objeto social "pode ser definido como a atividade econômica em razão da qual se constitui a sociedade e em torno da qual a vida social se realiza e se desenvolve"[16]. Ele delimita, assim, a atividade social da empresa e a finalidade pela qual os sócios constituem e orientam as atividades a sociedade, podendo somente ser alterado por meio de alteração do contrato ou do estatuto social.

[14] Conforme posteriormente regulamentado pela Circular 3.682/2013 do Banco Central.

[15] As Instituições Financeiras também podem requerer ao Banco Central a autorização para exercer as atividades das Instituições de Pagamento, desde cumpridos os requisitos legais.

[16] CARVALHOSA, Modesto. **Comentários à lei de sociedades anônimas: 1º volume: arts. 1º a 74**. 7 .ed., rev. e atual. São Paulo, SP: Saraiva, 2013, p.385.

2.1.1. O Objeto Social das Sociedades Não Reguladas

Nas sociedades não reguladas, a delimitação da atividade deve ser realizada de forma precisa e completa, não havendo restrições às atividades delimitadas no objeto social da sociedade, desde que não sejam ilegais ou contrárias à ordem pública e aos bons costumes[17].

A delimitação do objeto social, além de ser obrigatória, é importante para fins da responsabilização dos controladores e administradores das sociedades.

Embora a Lei 6.404/1976[18] não estabeleça um rol taxativo aos atos praticados com abuso de poder pelos acionistas controladores, a própria Lei dispõe expressamente que é considerado abuso de poder orientar a companhia para fim estranho ao objeto social ou lesivo ao interesse nacional, podendo estes vir a responder pelos danos causados à sociedade e terceiros de boa-fé[19].

Na mesma linha ocorre com o administrador que agir em desacordo com o objeto social, que responderá pessoalmente pelos danos e prejuízos que causar à sociedade, na forma da Lei 6.404/1976.

A importância do objeto social teve grande relevância nos debates da doutrina nacional e estrangeira. Em alguns países, a teoria *ultra vires* ganhou força, partindo da premissa que o objeto social define e delimita a capacidade da sociedade. "A pessoa jurídica somente poderia ser considerada existente numa determinada esfera de vida"[20].Esse conceito teve desdo-

[17] Conforme art. 2° da Lei 6.404/1976

[18] Considerando que não há previsão específica acerca do capital social para as sociedades limitadas, será considerada a regência supletiva da Lei 6.404/1976, na forma do art. 1.053 do Código Civil.

[19] Conforme art.117, da Lei 6.404/1976.

[20] Oliveira, J. Lamartine Côrrea. **A dupla crise da pessoa jurídica**. SP: Saraiva, 1979, p. 141. IN: Azevedo, Luiz Augusto Roux. Guerra, Viviane Alves Bertogna. Teoria Ultra Vires Societatis in França, Erasmo Valladão Azevedo

bramentos diferentes no direito inglês e no norte-americano, ao longo da história.

Em meados do século XIX, na doutrina inglesa, defendia-se que os atos praticados por meio dos administradores que ultrapassassem o objeto social, i.e., *ultra vires*, deveriam ser nulos, na medida em que a sociedade não poderia agir para outros propósitos que não aqueles estabelecidos em seu objeto social[21]. Embora o objetivo principal da teoria era de resguardar os interesses dos acionistas e dos credores, em vista dos poderes dos administradores, essa teoria foi muito criticada. Isso porque, os terceiros de boa-fé que desconheciam o objeto social da sociedade tinham seus negócios tidos como nulos, ao celebrar negócio jurídico contrário àquele. Aos acionistas, por sua vez, a teoria *ultra vires* era prejudicial, pois impedia a alteração do objeto social pelos acionistas ou a ratificação dos atos praticados pelos administradores, quando contrários ao objeto social, ainda que benéficos à sociedade[22].

A doutrina norte-americana, por outro lado, entendia que os atos praticados *ultra vires* poderiam ser anuláveis se fossem ratificados pela assembleia geral e quando não fossem prejudiciais à companhia[23]. Dessa forma, os interesses dos credores poderiam ser resguardados se os acionistas assim preferissem.

e Novaes. **Direito Societário Contemporâneo** I. SP: Quartier Latin, 2009. P. 360.

[21] Conforme: AZEVEDO, Luiz Augusto Roux. GUERRA, Viviane Alves Bertogna. **Teoria Ultra Vires Societatis** IN: FRANÇA, Erasmo Valladão Azevedo e Novaes. **Direito Societário Contemporâneo** I. SP: Quartier Latin, 2009. P. 363.

[22] Conforme: AZEVEDO, Luiz Augusto Roux. GUERRA, Viviane Alves Bertogna. **Teoria Ultra Vires Societatis** IN: FRANÇA, Erasmo Valladão Azevedo e Novaes. **Direito Societário Contemporâneo** I. SP: Quartier Latin, 2009. P. 362.

[23] Conforme: REQUIÃO, Rubens, 1918-1997. **Curso de direito comercial**, vol. 2. 23. ed. São Paulo: Saraiva, 2003, p. 29.

No direito brasileiro, a Lei 6.404/1976 não cuidou dos efeitos *ultra vires*, embora tenha responsabilizados os administradores pelos atos praticados em violação ao estatuto social[24].

Por outro lado, o Código Civil faz referência a essa teoria em seu art. 1.015, parágrafo único, III. De acordo com a referida lei, os administradores podem praticar todos os atos pertinentes à gestão da sociedade, desde que não sejam estranhos ao objeto social da sociedade. No caso de excesso de poderes, por parte dos administradores, tais atos somente poderão ser opostos a terceiros se a operação for evidentemente estranha aos negócios da sociedade.

Embora tal artigo tenha sido muito criticado pela doutrina, entende-se que cabe ao poder judiciário interpretá-lo, devendo verificar a nulidade ou ineficácia dos atos *ultra vires* ou a possibilidade de ratificação pelos acionistas ou órgãos da sociedade[25].

2.1.2. O Objeto Social das Instituições de Pagamento

Diferentemente do escopo do objeto social das sociedades não regulamentadas, a Lei 12.865/2013, por meio do art. 6º, II, estabeleceu que as Instituições de Pagamento devem, necessariamente, ter como objeto social, alternativa ou cumulativamente, as seguintes atividades principais ou acessórias: (i) disponibilizar serviço de aporte ou saque de recursos mantidos em conta de pagamento; (ii) executar ou facilitar a instrução de pagamento relacionada a determinado serviço de pagamento, inclusive transferência originada de ou destinada à conta de pagamento; (iii) gerir conta de pagamento; (iv) emitir instrumento de pagamento; (iv) credenciar a aceitação de

[24] Conforme: Requião, Rubens, 1918-1997. **Curso de direito comercial**, vol. 2. 23. ed. São Paulo: Saraiva, 2003, p. 220.

[25] Conforme: França, Erasmo Valladão Azevedo e Novaes. **A proteção aos credores e aos acionistas no aumento de capital**. Revista do Advogado, São Paulo, p.32-40, mar. 2008, p. 381.

instrumento de pagamento; (v) executar remessa de fundos; (vi) converter moeda física ou escritural em moeda eletrônica, ou vice-versa, credenciar a aceitação ou gerir o uso de moeda eletrônica; e (vii) outras atividades relacionadas à prestação de serviço de pagamento, designadas pelo Banco Central do Brasil;

Em adição ao artigo 6º, o artigo 9º da Lei 12.865/2013 atribuiu ao Banco Central competência para limitar o objeto social das Instituições de Pagamento. Com base nesse artigo, o Banco Central, por meio da Circular 3.885/2018, autoriza que as Instituições de Pagamento tenham outras atividades, além das previstas na referida lei, desde que tenham o propósito de viabilizar a prestação de serviço de pagamento ou agregar o valor ao serviço prestado para o usuário, conforme critérios do próprio Banco Central.

As instituições de pagamento, portanto, não podem exercer outras atividades que não tenham relação com os serviços de pagamento. Por exemplo, uma sociedade cuja atividade é de vendas de mercadorias não poderia exercer, complementarmente, a atividade de emissora de cartão pré-pago. Isso porque a venda de mercadorias não tem o objetivo de viabilizar a atividade de emissão e não agrega valor ao serviço prestado para o consumidor final.

Por outro lado, a mesma Circular 3.885/2018 dispõe que o Banco Central tem poder discricionário para aceitar ou vetar o objeto social da Instituição de Pagamento, no momento da autorização concedida pela autarquia.

Por fim, cumpre salientar que do ponto de vista de responsabilização, as atividades e condutas dos administradores da Instituição de Pagamento são restritas ao objeto social dessas instituições, obedecendo às mesmas lógicas das sociedades não regulamentadas.

2.2. Do Capital Social e do Patrimônio

Assim como o objeto social, o capital social e o patrimônio são requisitos mínimos para a constituição e existência de qualquer sociedade. O mesmo se aplica às Instituições de Pagamento. Para estas instituições, entretanto, o Banco Central exige capital social e patrimônio mínimos.

2.2.1. O Conceito de Capital Social

O capital social pode ser definido como um valor, expresso em moeda nacional, que deve ser fixado no estatuto ou no contrato social da sociedade e que somente pode ser modificado mediante observância dos preceitos legais[26].

A fixação do capital social é realizada pelos sócios por meio da subscrição no estatuto, no contrato social ou do boletim de subscrição. Uma vez subscrito o capital social, os sócios deverão integralizá-lo, nas condições previstas no respectivo documento. A depender do tipo de sociedade, os sócios têm responsabilidades distintas pela integralização do capital social.

Nas sociedades limitadas, os sócios respondem solidariamente, com patrimônio próprio, pela integralização do capital social. Por essa razão, caso um dos sócios não integralize sua quota, os demais sócios poderão excluir o sócio remisso, mediante indenização. Nesses casos, podem os sócios tomar para si ou transferir a quota a terceiros, desde que paga a indenização. Caso os demais sócios decidam por não integralizar a quota remanescente, poderão reduzir do sócio remisso a quota ao montante já integralizado, aplicando-se a redução do capital social, proporcionalmente a parcela não integralizada.

Já no caso das sociedades anônimas, a Lei 6.404/1976 dispõe que o estatuto ou o boletim de subscrição podem estabe-

[26] Com fundamento nos arts. 5° e 6° da Lei 6.404/1976.

lecer o montante da prestação e o prazo ou data de pagamento. No caso de omissão, os órgãos da administração deverão efetuar chamadas, fixando o prazo para o pagamento, que não deverá ser inferior a 30 (trinta) dias, mediante avisos publicados na imprensa, por 3 (três) vezes, no mínimo. Caso o acionista não realize o pagamento nas condições previstas no estatuto, no boletim de subscrição ou na chamada, o acionista ficará constituído em mora, sujeitando-se ao pagamento de juros, correção monetária e multa, conforme determinação do estatuto, limitado a 10% do valor da prestação[27].

Verificada a mora do acionista, a companhia pode, nos termos do art. 107 da Lei 6.404/1976, a sua escolha: (i) promover contra o acionista, e os que com ele forem solidariamente responsáveis, processo de execução para cobrar as importâncias devidas, servindo o boletim de subscrição e o aviso de chamada como título extrajudicial nos termos do Código de Processo Civil; ou (ii) mandar vender as ações em bolsa de valores, por conta e risco do acionista, por meio de leilão especial na bolsa de valores do lugar da sede social, na forma do § 2° do art. 107 da Lei 6.404/1976.

Assim, o capital social é um valor expresso em moeda nacional, que corresponde a contribuições efetuadas pelos sócios. Essa quantia, portanto, só pode ser modificada mediante alteração do contrato social, mantendo-se a mesma até que a sociedade necessite de sua elevação ou diminuição[28].

2.2.2. O Conceito de Patrimônio Social

O patrimônio social pode ser definido como um conjunto de relações econômicas[29] e jurídicas da sociedade ou, na forma da

[27] Artigo 106, § 1° e § 2° da Lei 6.404/176.

[28] Conforme: FAZIO JÚNIOR, Waldo. **Sociedades limitadas: de acordo com o código civil de 2002.** São Paulo: Atlas, 2007, p. 100.

[29] Conforme: LAMY FILHO, Alfredo; PEDREIRA, Jose Luiz Bulhões (Coord.). **Direito das companhias.** Rio de Janeiro: Forense, 2009, p. 193.

Lei 6.404/1976, como uma demonstração da situação financeira da empresa, ao término de cada exercício social[30].

Para fins da elaboração dessa demonstração financeira, Lei 6.404/1976 dividiu o patrimônio social em ativo e passivo. De forma geral, as contas do ativo compreendem os direitos da sociedade, enquanto as contas do passivo compreendem as obrigações contraídas pela sociedade, expressas em moeda nacional.

As contas do ativo são subdivididas em ativos circulantes e não circulantes. No ativo circulante são lançados os direitos realizáveis, no curso do exercício social subseqüente ao levantamento do balanço patrimonial, bem como a aplicação de recursos em despesas do exercício seguinte ao do balanço patrimonial. Já no não circulante são lançados os demais direitos e aplicações de recursos realizáveis em período superior ao exercício social subseqüente ao do balanço patrimonial. O ativo não circulante é, assim, subdividido em ativo realizável em longo prazo; investimentos; imobilizado; e intangível.

O passivo, por sua vez, é subdividido em passivo circulante, não circulante e patrimônio líquido. No passivo circulante são lançadas todas as obrigações da companhia, inclusive financiamentos para aquisição de direitos do ativo não circulante, a se vencerem no exercício seguinte. Já as obrigações que tiverem vencimento com prazo maior são lançadas no passivo não circulante.

Por fim, a conta do patrimônio líquido faz parte da conta do passivo e se subdivide em: capital social; reservas de capital; ajustes de avaliação patrimonial; reservas de lucro; ações em tesouraria; e prejuízos acumulados.

O patrimônio da sociedade é, portanto, o conjunto de obrigações e direitos da sociedade a curto, médio e longo prazo, com base em seu exercício social. Por meio do patrimônio é possível realizar avalições das condições financeiras da empresa.

[30] Conforme art. 178 da Lei 6.404/1976

É importante ter em mente que o capital social compõe apenas uma subconta do patrimônio líquido da sociedade. O patrimônio da sociedade somente é igual ao capital social no momento de constituição dela, quando a totalidade de recursos aportados se destina à formação de seu ativo[31]. No entanto, uma vez constituída a sociedade, os ativos e passivos poderão variar conforme os negócios dessa sociedade, sem que necessariamente o capital social seja alterado. As funções do capital social e do por conseguinte, não se confundem e possuem implicações distintas.

2.2.3. As Funções do Capital Social e do Patrimônio no Direito Societário

A função do capital social tem sido historicamente objeto de debate na doutrina societária. Conforme Lamy, "O conceito de capital social é correlato ao reconhecimento da personalidade jurídica das sociedades e à limitação das responsabilidades de todos os sócios nas anônimas[32]". Não por acaso, até o final do século XVIII, os sócios respondiam solidariamente pelas obrigações contraídas por suas sociedades, de forma que o capital social tinha como função primordial o desempenho para as atividades do objeto social das companhias. Não havia limitação das responsabilidades das obrigações contraídas pelas sociedades, uma vez que "os credores eram protegidos, portanto, por meio do patrimônio pessoal de um ou mais sócios, subsidiariamente ao patrimônio social[33]".

[31] Conforme: LAMY FILHO, Alfredo; PEDREIRA, Jose Luiz Bulhões (Coord.). **Direito das companhias.** Rio de Janeiro: Forense, 2009, p.193.

[32] LAMY FILHO, Alfredo; PEDREIRA, Jose Luiz Bulhões (Coord.). **Direito das companhias.** Rio de Janeiro: Forense, 2009,. p.193.

[33] FRANÇA, Erasmo Valladão Azevedo e Novaes. **A proteção aos credores e aos acionistas no aumento de capital**. Revista do Advogado, São Paulo, p.32-40, mar. 2008, p. 33.

Note-se que naquela época, com a intervenção do Estado na economia, os sócios eram tanto entes privados, como estatais, o que garantiam aos credores menores riscos de inadimplemento das obrigações contraídas pelas sociedades, ou ao menos, maiores probabilidades de recuperação dos valores.

Com a Revolução Industrial, ao final do século XVIII, surgimento das grandes indústrias, aumento do comércio e manufaturas, o Estado passou a intervir cada vez menos no comércio, havendo necessidade de um aprimoramento nos regimes societários, para atribuir maior segurança jurídica tanto dos sócios quanto dos credores.

Isso fez com que o capital social deixasse de ter importância apenas na capitalização da sociedade e passasse a ter papel fundamental para a garantia dos credores[34].

Na legislação brasileira, essa concepção pode ser encontrada tanto na Lei 6.404/1976, quanto o Código Civil. Em ambas as legislações há restrições para a alteração do capital social, em prol dos interesses dos credores. A redução do capital social demonstra notadamente essa preocupação.

No caso das sociedades limitadas, os sócios somente podem reduzir o capital se, depois de integralizado, houver danos irreparáveis; ou se o capital for excessivo, em relação ao objeto da sociedade. Dessa forma, a lei impede que o quotista receba quaisquer valores na redução, salvo se houver algum dano irreparável à sociedade ou se for excessiva às suas atividades, integrantes do objeto social. Ainda assim, no caso de redução por excesso, o quotista somente receberá valor das suas quotas, depois de 90 (noventa) dias contados da data da publicação da ata que aprovar a redução. Esse prazo serve para garantir que

[34] Conforme: COPOLA, Marina Palma. **O Capitalismo Social como Instrumento de Proteção dos Credores na Lei 6.404/1976** IN: FRANÇA , Erasmo Valladão Azevedo e Novaes. **Direito Societário Contemporâneo** I. SP: Quartier Latin, 2009, p. 645.

o credor quirografário possa se opor à redução. Apenas se a redução não for impugnada ou se a dívida por paga e devidamente comprovada ou realizada por depósito judicial, o quotista poderá receber o valor correspondente à sua quota.

Da mesma forma, nas sociedades anônimas, a redução do capital social, com restituição aos acionistas de parte do valor das ações dos acionistas ou pela diminuição do valor das ações (quando não houverem sido integralizadas), somente se tornará efetiva após 60 (sessenta) dias da publicação da ata que deliberar pela redução[35]. Durante esse prazo, os credores quirografários poderão opor-se à redução do capital social, sob pena de decadência desse direito. Transcorrido esse prazo e sem que haja oposição dos credores, a ata que houver deliberado à redução poderá, então, ser arquivada. Caso tenha havido oposição de qualquer credor, a sociedade deverá realizar o pagamento e comprová-lo ou realizá-lo por meio de depósito judicial, para que possa, então, arquivar a ata e realizar a redução do capital social.

O credor tem, assim, a garantia legal de que os aportes realizados por meio de capital social na sociedade serão utilizados exclusivamente nas atividades da sociedade[36].

A despeito disso, prevalece o entendimento de que o capital social não se confunde com o patrimônio da companhia, conforme exposto anteriormente.

Assim, diferentemente do patrimônio, que é uma realidade dinâmica e essencialmente mutável[37], o capital social é um valor

[35] Conforme artigo 174 da Lei 6.404/1976.

[36] Conforme: FRANÇA, Erasmo Valladão Azevedo e Novaes. **A proteção aos credores e aos acionistas no aumento de capital**. Revista do Advogado, São Paulo, p.32-40, mar. 2008, p. 36.

[37] Conforme: FRANÇA, Erasmo Valladão Azevedo e Novaes. **A proteção aos credores e aos acionistas no aumento de capital**. Revista do Advogado, São Paulo, p.32-40, mar. 2008, p. 36.

fixo atribuído pelos sócios da sociedade e que somente pode ser alterado, se observados todos os requisitos legais. Conforme Valladão, o capital social "é um valor ideal, e não uma realidade corpórea[38]".

Por essa razão, com o decorrer do tempo, algumas correntes doutrinárias passaram a defender que a função do capital social não é de garantir os credores, mas de determinar a participação e, consequentemente, delimitar as responsabilidades dos sócios nas sociedades[39].A garantia dos credores, por outro lado, deveria ser pautada pelo patrimônio da sociedade, que pode vir a ser negativo ou não, a depender do passivo e do ativo da companhia[40].

Com base nesse entendimento, o capital social representa a contribuição realizada por cada sócio da sociedade, da qual deriva a participação de suas responsabilidades e direitos perante a sociedade. É por meio da contribuição do capital social que se definem os direitos de voto, distribuição de dividendos e de juros sobre capital próprio, o direito de preferência e até o direito de controle da sociedade[41].

Dessa forma, o capital social, não teria como papel principal a garantia dos credores, mas a função de definir os direitos e deveres dos acionistas da sociedade.

Sem fazer juízo de valores sobre qual corrente doutrinária deve prevalecer, diante dessa divergência, há dois papéis rele-

[38] França, Erasmo Valladão Azevedo e Novaes. **A proteção aos credores e aos acionistas no aumento de capital**. Revista do Advogado, São Paulo, p.32-40, mar. 2008, p. 34.

[39] Conforme: Lobo, Jorge. **Direitos dos acionistas.** Rio de Janeiro: Elsevier, 2011, p. 11, passim.

[40] Conforme: França, Erasmo Valladão Azevedo e Novaes. **A proteção aos credores e aos acionistas no aumento de capital**. Revista do Advogado, São Paulo, p.32-40, mar. 2008, p. 36.

[41] Conforme: Fazio Júnior, Waldo. **Sociedades limitadas: de acordo com o código civil de 2002**. E Ed. São Paulo: Atlas, 2007, p.100.

vantes do capital social que devem ser destacados: (i) garantia dos credores; e (ii) medida dos direitos dos acionistas[42]. Em razão dessas funções, a doutrina distinguiu cinco atributos essenciais do capital social: (i) unidade do capital; (ii) fixidez do capital; (iii) a irrevogabilidade das prestações; (iv) realidade do capital,e (v) intangibilidade do capital.

Portanto, todos os princípios corroboram para a importância do capital social na sociedade, sem prejuízo da relevância do patrimônio social. Em razão disso, a Lei 6.404/1976 e o Código Civil dispuseram de uma série de regras visando resguardar tanto os interesses dos sócios, quanto dos credores. Pode-se citar a distribuição de dividendos, necessidade de auditoria para confecção de balanços, publicidade de balanços, proibição de participação recíproca, impossibilidade de recebimento em caução de ações próprias, obrigação de constituição de reserva legal, correção monetária anual do capital social, bem como a sanções aos administradores e acionistas para não observância dessas normas[43].

2.2.4. O Capital Social e o Patrimônio Mínimo das Instituições Financeiras

A Lei 6.404/1976 não impõe um capital social e/ou um patrimônio mínimo. A ideia é que os acionistas devem ter ampla liberdade na fixação do capital social e a empresa pode realizar livre movimentação de seu patrimônio.

Por outro lado, há leis que, ao regulamentar determinadas sociedades, delegam poderes a órgãos ou autarquias atribuindo-

[42] Conforme: Copola, Marina Palma. **O Capitalismo Social como Instrumento de Proteção dos Credores na Lei 6.404/1976** IN: França , Erasmo Valladão Azevedo e Novaes. **Direito Societário Contemporâneo** I. SP: Quartier Latin, 2009, p. 647.

[43] Conforme: Lamy Filho, Alfredo; Pedreira, Jose Luiz Bulhões (Coord.). **Direito das companhias.** Rio de Janeiro: Forense, 2009, p. 198.

-lhes competência para fixação de capital e/ou patrimônios mínimos, visando a minimização do risco[44] e a proteção à poupança popular[45].

Nessa lógica, a Lei 4.595/1964 atribuiu competência ao CMN para delimitar o capital mínimo das instituições financeiras privadas, levando em conta sua natureza, bem como a localização de suas sedes e agências ou filiais.

O principal fundamento do capital mínimo advém da teoria do capital social como garantia aos credores e, consequentemente, para resguardar a poupança popular e o sistema financeiro nacional.

> O intuito das regras sobre capitalização é obrigar à manutenção de valor mínimo de capital dos próprios sócios da sociedade e, consequentemente, proteger os credores. Em caso de insolvência, é regra de lei o pagamento de credores em preferência aos sócios. Desta forma, todo o capital dos sócios será perdido antes de existir prejuízo dos credores[46].

Note-se que, inicialmente, o CMN previu, por meio da Resolução 2.099, de 17 de agosto de 1999, apenas limites mínimos de capital e patrimônio das instituições financeiras e demais instituições autorizadas a funcionar pelo Banco Central. Esses limites, entretanto, eram absolutos[47], limitando-se a valores fixos,

[44] Conforme: COPOLA, Marina Palma. **O Capitalismo Social como Instrumento de Proteção dos Credores na Lei 6.404/1976.** IN: FRANÇA, Erasmo Valladão Azevedo e Novaes. Direito Societário Contemporâneo I. SP: Quartier Latin, 2009, p. 647

[45] Conforme: EIZIRIK, Nelson. **A lei das S/A comentada: artigos 1º a 120.** São Paulo: Quartier Latin do Brasil, 2011, p.111.

[46] SALOMÃO NETO, Eduardo. **Direito Bancário**. São Paulo: Atlas, 2007, p. 126.

[47] Conforme: SALOMÃO NETO, Eduardo. **Direito Bancário.** São Paulo: Atlas, 2007, p. 127 e SS..

conforme o tipo e natureza de autorização que a instituição possuía perante o Banco Central.

Com o passar do tempo, o CMN e o Banco Central passaram a emitir outras normas, regulando outros requisitos para a manutenção do capital social e do patrimônio mínimo das instituições financeiras.

Isso ocorreu, principalmente, em decorrência dos Acordos de Capital firmados desde 1988. Desde o início dos anos 1980, com o aumento das atividades financeiras internacionais, do uso de instrumentos financeiros, como *swaps* e outras operações especulativas, surgiu a necessidade de criação de modelos de gerenciamento de ativos e passivos das Instituições Financeiras, em prol da sobrevivência dessas instituições e da solidez do Sistema Financeiros nacional e internacionais[48].

Assim, em 1988, no Comitê de Basiléia foi estabelecido o primeiro Acordo de Capital de 1988 (conhecido como Basiléia I), em que se estabeleceu uma estrutura de cálculo de capital regulamentar mínimo para instituições financeiras, tornando-se um padrão mundial.

Como reflexo do Basiléia I, paralelamente às regras da Resolução 2.099/1994, foram introduzidos limites mínimos de capital com base no valor dos ativos das instituições, de forma que os ativos passaram a ser ponderados pelos riscos de cada operação realizada pela instituição[49].

[48] Conforme:. GARCIA, VALÉRIA SALOMÃO. **Gerenciamento de risco em instituições financeiras e o Novo Acordo de Capital.** IN: DUARTE Jr., Antônio Marcos, VARGA, George. **Gestão de riscos no Brasil.** Rio de Janeiro: Financial Consultoria, 2003, p. 13.

[49] Conforme: GOMES, Jackson Ricardo. **Desafios na integração do controle de riscos em bancos brasileiros.** IN: DUARTE Jr., Antônio Marcos, VARGA, George. **Gestão de riscos no Brasil.** Rio de Janeiro: Financial Consultoria, 2003, p. 27, passim.

Em 2004 e 2005, o Comitê de Basiléia consolidou novas sugestões para mitigação dos riscos financeiros, o Basiléia II[50], seguido por Basiléia III, firmado em 2010 e 2011.Destaca-se que o acordo de Basileia II, embora tenha sido inovador à época, trouxe algumas desvantagens competitivas aos bancos, em decorrência do alto custo das regras regulatórias internacionais, visando a promoção da segurança de operações e minimização dos riscos dos sistemas bancários[51].

Assim, as sugestões de Basiléia III, além dos ajustes do sistema anterior, incluíram a exigência do capital adicional, que deve ser utilizado em épocas de crise[52].

As três versões dos Acordos de Basileia são cumulativas e foram incorporadas ao regulamento nacional, pelo CMN e pelo Banco Central. Assim, atualmente, as regras vigentes determinam que o patrimônio mínimo seja calculado por meio de fórmulas matemáticas, compostas pelos ativos e riscos tomados pela Instituição Financeira, calculadas conforme os modelos padronizados, disponibilizados pelo Banco Central.

O capital e o patrimônio mínimos relacionam-se, outrossim, com o gerenciamento de riscos das instituições regulamentadas pelo Banco Central, uma vez que, ao estabelecer um capital mínimo, o Banco Central minimizaria o risco de insolvência dessas instituições[53].

[50] Conforme: SALOMÃO NETO, Eduardo. **Direito Bancário**. São Paulo: Atlas, 2007, p. 127

[51] Conforme:. AMADO, Adriana M.; MARINHO, Alexandre; SANCHES, Elisângela. **Sistema financeiro: uma análise do setor bancário brasileiro**. Rio de Janeiro: Elsevier, 2007, p. 156.

[52] Conforme: SALOMÃO NETO, Eduardo. **Direito Bancário**. São Paulo: Atlas, 2007, p. 127

[53] Conforme: GARCIA, VALÉRIA SALOMÃO. **Gerenciamento de risco em instituições financeiras e o Novo Acordo de Capital**. IN: DUARTE Jr., Antônio Marcos, VARGA, George. **Gestão de riscos no Brasil**. Rio de Janeiro: Financial Consultoria, 2003, p. 15.

2.2.5. O Capital Social e o Patrimônio Mínimo das Instituições de Pagamento

Assim como ocorre nas Instituições Financeiras, as Instituições de Pagamento devem obedecer à requisitos mínimos de capital social e patrimônio.

A Circular 3.885/2018 e a Circular 3.682/2013, conforme aditada, ambas emitidas pelo Banco Central, com base na Lei 12.865/2013 e Resolução nº 4.282, de 04 de novembro de 2013, dispõem sobre os requisitos mínimos para a integralização do capital social e a manutenção do patrimônio das Instituições de Pagamento.

Na forma da regulamentação em vigor, as Instituições de Pagamento devem integralizar um capital social de, no mínimo, R$2.000.000,00, para cada uma das modalidades de Instituição de Pagamento. Excepcionalmente, as Instituições de Pagamento que participem de arranjos fechados, somente como emissoras, devem integralizar o capital mínimo de R$3.000.000,00[54].

A integralização do capital social inicial deve ocorrer necessariamente em moeda corrente. Já nos casos de aumento de capital, a integralização poderá ocorrer também com lucros acumulados; reservas de capital e de lucros; ou créditos de juros sobre capital próprio ou de dividendos dos acionistas. Somente nessas hipóteses, em que não houver integralização com moeda corrente, a Circular 3.885/2018 dispensa a autorização para aumento de capital ao Banco Central.

Nos demais casos, para fins da obtenção da autorização para o aumento de capital, além dos documentos listados na Circular 3.885/2018, o Banco Central poderá exigir a comprovação da origem e a movimentação financeiras dos recursos a serem utilizados no referido aumento, tal como ocorre no caso das Instituições Financeiras.

[54] A Circular 3.885/2018, alterou os valores antes previstos pela Circular 3.683/2013.

Em relação aos requisitos mínimos de patrimônio das Instituições de Pagamento, a Circular 3.681/2013 estabeleceu diferentes percentuais para as emissoras ou credenciadoras de instrumento pós-pago e para as emissoras de moeda eletrônica.

As instituições emissoras ou credenciadoras de instrumento de apagamento pós-pago devem manter, permanentemente, patrimônio líquido ajustado pelas contas de resultado em valor correspondente a, no mínimo 2% do valor médio mensal das transações de pagamento executadas pela instituição nos últimos 12 meses[55].

Já as emissoras de moeda eletrônica devem manter, permanentemente, patrimônio líquido ajustado pelas contas de resultado correspondente a, no mínimo, o valor entre 2% da média mensal das transações de pagamento executadas pela instituição nos últimos 12 meses ou do saldo das moedas eletrônicas por elas emitidas, apurado diariamente[56].

No mais, as Instituições de Pagamento devem observar que o Banco Central pode determinar adoção de ações suplementares para o gerenciamento de risco, bem como estabelecer requerimentos limites adicionais de patrimônio e de liquidez, conforme será abordado no Capítulo 4.

Por fim, embora o CMN e o Banco Central tenham estabelecido requisitos mínimos de capital social e patrimônio, diferentemente das Instituições Financeiras, os requerimentos são quantitativamente menores, e mais flexíveis às Instituições de Pagamento. Por outro lado, o Banco Central tem autonomia e discricionariedade para estabelecer requisitos suplementares para cada Instituição de Pagamento, como entender necessário.

[55] Art. 9º da Circular 3.681/2013.

[56] Art. 10 da Circular 3.681/2013.

Observa-se, assim, que embora os requisitos de capital social e de patrimônio mínimos tenham sido baseados nos normativos aplicados às Instituições Financeiras, esses requerimentos são mais brandos e mais flexíveis às Instituições de Pagamento, seja em razão do risco oferecido pelas Instituições de Pagamento ao Sistema de Pagamentos Brasileiros ou ao Sistema Financeiro Nacional, ou mesmo em decorrência do próprio negócio das Instituições de Pagamento.

2.3. Dos Administradores

Neste subcapítulo serão apresentados os conceitos, requisitos, direitos e obrigações dos administradores das sociedades não reguladas, das Instituições Financeiras e das Instituições de Pagamento. Adianta-se que os administradores das Instituições de Pagamento e das Instituições Financeiras devem observar os mesmos requisitos dos administradores das sociedades não reguladas. Por isso, a primeira parte deste subcapítulo será mais extensa e conterá maiores informações e detalhes.

2.3.1. Os Administradores das Sociedades Não Reguladas

Os administradores são responsáveis pela representação da sociedade perante terceiros, na condução e orientação dos negócios da empresa[57], gerindo o patrimônio social da sociedade[58], na forma estabelecida no contrato ou no estatuto social.

Ao longo da história, a natureza jurídica dos administradores foi muito controversa. Já houve, no passado, aqueles que defendiam que os administradores eram mandatários dos sócios, sem responder pelas obrigações contraídas em nome da

[57] Conforme: LEÃO JR., Luciano de Souza IN: LAMY FILHO, Alfredo; PEDREIRA, Jose Luiz Bulhões (Coord.). **Direito das companhias**. Rio de Janeiro: Forense, 2009. p. 1029.

[58] Conforme: MENDONÇA, José Xavier Carvalho de. **Tratado de direito comercial brasileiro**, vol.2, tomo 3, livro 2. Campinas: Bookseller, 2001. p.50.

sociedade, exceto se violassem a lei, o estatuto ou o contrato social[59]. Houve também aqueles que defendiam o contrário, ou seja, que não podia se tratar de mandato, na medida em que os administradores tinham poderes conferidos por lei, que não poderiam ser afastados pelo contrato, i.e., mandato[60]. Finalmente, pela teoria organizacionista, foi consagrado o entendimento de que a administração é um órgão da sociedade[61], de tal maneira que os administradores devem manifestar a vontade da sociedade[62], agindo sempre em prol do interesse social desta. Trata-se, portanto, de um poder dos administradores e não de um mandato. Conforme Pontes de Miranda, "o ato do órgão não entra, no mundo jurídico, como ato da pessoa, que é órgão, ou das pessoas que compõem o órgão. Entra no mundo jurídico como ato da pessoa jurídica porque o ato do órgão é ato seu[63]".

É importante destacar que, enquanto nas sociedades limitadas, a administração cabe apenas aos administradores[64], nas sociedades por ação, a administração da companhia compete ao Conselho de Administração (Conselho de Administração) ou à Diretoria (Diretoria), conforme dispuser o estatuto

[59] Conforme: VIVANTE, Cesare; GAMA, Ricardo Rodrigues. **Instituições de direito comercial.** Campinas: LZN Editora, 2003, p. 109.

[60] Conforme: MENDONÇA, José Xavier Carvalho de. **Tratado de direito comercial brasileiro**, vol.2, tomo 3, livro 2. Campinas: Bookseller, 2001, p.51.

[61] Conforme: MARTINS, Fran. **Direito Societário.** Rio de Janeiro: Forense, 1984, p. 109 e CARVALHOSA, Modesto. **Comentários à Lei de Sociedades Anônimas. V. 3- arts. 138 a 205.** São Paulo: 2014. p. 94.

[62] Conforme: COELHO, Fábio Ulhoa. **Curso de Direito Comercial**. V. 2.São Paulo: Saraiva, 2007, p. 195.

[63] MIRANDA, Pontes. **Tratado de Direito Privado: Parte Geral**. Tomo III. Rio de Janeiro: Borsoi, 1970. p. 231, passim.

[64] Os administradores, nas sociedades limitadas, devem eleitos por 2/3 dos votos dos quotistas, quando o capital social estiver sido integralizado, ou pela unanimidade, quando o capital social não estiver sido integralizado, na forma do art. 1.061 do Código Civil.

social[65]. Trata-se, nesse caso, de um regime duplo de administração obrigatório às companhias abertas ou de capital autorizado ou de um regime facultativo, cabível às companhias fechadas[66].

O Conselho de Administração somente é obrigatório quando a companhia for aberta ou de capital autorizado. Nesses casos, o Conselho de Administração deverá ser composto por, no mínimo, 3 (três) membros, eleitos pela assembleia geral e por ela destituíveis a qualquer tempo, com o prazo de gestão de até 3 (três) anos, permitida a reeleição. O intuito da lei ao atribuir perenidade dos cargos foi de favorecer os acionistas, dando-lhes maior segurança jurídica, para que estes elejam as pessoas que gozem de maior confiança[67].

A Diretoria, por sua vez, deve ser composta por no mínimo 02 (dois) diretores, eleitos e destituíveis a qualquer tempo pelo Conselho de Administração. Os membros do Conselho de Administração poderão cumular os cargos de diretores, desde que respeitado o limite de 1/3 (um terço), podendo o estatuto social estabelecer que determinadas decisões, de competência dos diretores, sejam tomadas em reunião da diretoria.

Enquanto os membros do Conselho de Administração são responsáveis por, coletivamente, fixar a orientação geral dos negócios da companhia, eleger os membros da diretoria e fiscalizar a gestão dos diretores, aos membros da Diretoria cabe, individualmente ou na forma do estatuto social, executar os negócios da sociedade, conforme a orientação do Conselho de

[65] Note-se que o Código Civil não faz a diferenciação dos órgãos da administração para as sociedades limitadas, de forma que há quem defenda a possibilidade de Conselho de Administração e Diretoria nesse tipo de sociedade.

[66] Conforme: CARVALHOSA, Modesto. **Comentários à Lei de Sociedades Anônimas. V. 3- arts. 138 a 205.** São Paulo: 2014, p. 89

[67] Conforme: VIVANTE, Cesare; GAMA, Ricardo Rodrigues. **Instituições de direito comercial.** Campinas: LZN Editora, 2003,. p. 109.

Administração. Os poderes conferidos pela lei ou pelo estatuto social são indelegáveis, na forma do art. 139 da Lei 6.404/1976. Significa que o estatuto social não pode atribuir funções à Diretoria que são próprias do Conselho de Administração e vice-versa. Os poderes e reservas de competência tem força legal e independe da vontade dos acionistas[68].

Sem prejuízo do exposto acima, caso inexista o Conselho de Administração, caberá à Diretoria representar a sociedade e praticar os atos necessários ao seu funcionamento. Nesses casos, caberá a assembleia geral a eleição da Diretoria[69].

Em qualquer um dos casos, havendo Conselho de Administração ou não, o estatuto social deverá estabelecer, ao menos, o número máximo e mínimo de diretores permitidos, bem como o modo de substituição dos diretores, o prazo de gestão no limite da lei, permitida a reeleição, e as atribuições e poderes de cada diretor.

2.3.1.1. Dos Requisitos e Impedimentos dos Administradores

Os administradores, sejam os membros do Conselho de Administração ou os Diretores, devem ser necessariamente pessoas naturais, sendo que os Diretores devem ser, obrigatoriamente, residentes no Brasil[70]. Já os membros do Conselho de Administração podem residir no exterior, desde que sejam representados por representantes residentes no País, na forma da legislação em vigor[71].

São inelegíveis aos cargos de administração as pessoas impedidas por lei especial, condenadas por crime falimentar, de prevaricação, peita ou suborno, concussão, peculato, contra a

[68] Conforme: CARVALHOSA, Modesto. **Comentários à Lei de Sociedades Anônimas. V. 3- arts. 138 a 205**. São Paulo: 2014., p. 95.

[69] Conforme art. 144 da Lei 6.404/1976

[70] Art. 146, caput, da Lei 6.404/1976

[71] Art. 146, § 2º, da Lei 6.404/1976

economia popular, a fé pública ou a propriedade, ou a pena criminal que vede, ainda que temporariamente, o acesso a cargos públicos. Além disso, são inelegíveis também, no caso de companhias abertas, as pessoas que tiverem sido declaradas inabilitadas pela CVM.

A nomeação dos administradores deve respeitar, além dos preceitos legais indicados a seguir, o estatuto ou o contrato social. Assim, na ata da eleição e nomeação do administrador, pela maioria dos sócios ou dos membros do conselho de administração, conforme for o caso, o administrador eleito deverá assinar o termo de posse, declarando-se elegível nos termos da lei e do estatuto ou do contrato social. A partir de então, estará sujeito aos deveres e responsabilidades expostos da na lei e no estatuto social.

2.3.1.2. Dos Deveres dos Administradores

A Lei 6.404/1976 dispõe expressamente alguns deveres que os administradores devem observar, quais sejam: de diligência, lealdade, informação e não intervir em operações em que tiver conflitos de interesse[72].

Segundo o dever de diligência, o administrador deve empregar no exercício de suas funções, o cuidado e diligência que todo homem ativo e probo costuma empregar na administração dos seus próprios negócios[73]. Há quem defenda que o administrador ativo e probo é aquele que, agindo egoisticamente, cuida dos interesses da companhia como se fossem seus[74]. Por outro

[72] Dada a quantidade de jurisprudência e doutrina já produzidas, serão abordados somente os aspectos mais relevantes dos deveres ora referidos, para fins do presente trabalho.

[73] Conforme art. 153 da Lei 6.404/1976.

[74] Conforme: Verçosa, Haroldo Malheiros Duclerc; Pereira, Alexandre Demetrius. **Curso de direito comercial.** 2. ed., atual. São Paulo, SP: Malheiros, 2012,p. 407.

lado, para outros, o administrador diligente é aquele que além de atuar no interesse social da sociedade, é, cumulativamente, qualificado ao cargo, de modo a obter informações necessárias ao desenvolvimento dos negócios da companhia; investigando e analisando as informações da sociedade, com visão crítica e procurando fiscalizar o desenvolvimento da sociedade[75]. A jurisprudência tem cada vez mais consolidado este último entendimento, considerando que o administrador nomeado deve ser qualificado para tal, não podendo se abster de praticar atos na sociedade por falta de conhecimento[76].

Já dever de lealdade, assim como o dever de diligência, decorre da ideia de que o administrador não pode agir em interesse próprio, mas sempre em lealdade à companhia[77]. Em razão desse dever, a Lei 6.404/1976 veda o uso de informações da sociedade que o administrador tenha conhecimento em benefício próprio[78]. Entende-se que as informações que o administrador tiver acesso, no exercício de seu cargo, são de propriedade da sociedade[79]. O desrespeito a tal princípio sujeita o administrador às responsabilidades estabelecidas na lei.

Ainda, em relação ao acesso de informações da sociedade, no caso das companhias abertas, não pode o administrador valer--se da informação adquirida no exercício de seu cargo, que não

[75] Conforme: Eizirik, Nelson. **A lei das S/A comentada: artigos 138 a 205**. São Paulo: Quartier Latin do Brasil, 2011, p.124

[76] Conforme já consolidado no Superior Tribunal de Justiça. Responsabilidade civil. Sociedade Anônima. REsp 1349233 / SP, 4 Turma, Rel. Luis Felipe Salomão, DF, 06 de novembro de 2014. DJe 05 fev 2015. Disponível em: < https://ww2.stj.jus.br/processo/revista/inteiroteor/?num_registro=201201139565&dt_publicacao=05/02/2015>. Acesso em: 09 set. 2017

[77] Conforme: Carvalhosa, Modesto. **Comentários à Lei de Sociedades Anônimas. V. 3- arts. 138 a 205**. São Paulo: 2014, 370.

[78] Conforme art. 155 da Lei 6.404/1976

[79] Conforme: Eizirik, Nelson. **A lei das S/A comentada: artigos 138 a 205**. São Paulo: Quartier Latin do Brasil, 2011, p.136

tenham sido divulgadas ao mercado, para obter para si ou para outrem qualquer vantagem mediante a compra e venda de valores mobiliários[80]. Trata-se do dever de sigilo do administrador, cuja infração é conhecida como *insider trading*.

Assim como o dever de acesso à informação, o dever de informar é direcionado aos administradores das companhias abertas. A origem desse dever advém do princípio do *full disclosure*[81], i.e., do princípio da transparência aos investidores. A finalidade é proteger os investidores e os credores das companhias dos riscos de atuação incompetente e desonesta dos administradores, proporcionando aos acionistas um melhor exercício do direito de voto, bem como e fiscalização da administração da sociedade[82].

Por fim, o art. 156 da Lei 6.404/1976 veda os administradores de intervir em qualquer operação da companhia que tiver conflito de interesses. Por conflito de interesses pode-se entender aquele que ocorrer "[(...)] entre o administrador e a sociedade quando ele é portador, em determinada situação, de um dúplice e contraditório interesse: o social e o particular, sendo que um não pode ser atendido sem que o outro seja sacrificado[83]". Na prática, contudo, surge a dúvida sobre em que momento ocorre o conflito de interesse. Para entender esse conceito, a doutrina se desdobrou em, basicamente, duas teorias: a do conflito formal e a do conflito material.

Segundo a primeira teoria, caso haja deliberação com outros administradores sobre assunto que o administrador saiba ter conflito de interesses, este deverá cientificar os demais do seu

[80] Conforme o §1º do art. 155 da Lei 6.404/1976.

[81] Conforme: Eizirik, Nelson. **A lei das S/A comentada: artigos 138 a 205**. São Paulo: Quartier Latin do Brasil, 2011, p.157

[82] Conforme: Eizirik, Nelson. **A lei das S/A comentada: artigos 138 a 205**. São Paulo: Quartier Latin do Brasil, 2011, p. 158.

[83] Eizirik, Nelson. **A lei das S/A comentada: artigos 138 a 205**. São Paulo: Quartier Latin do Brasil, 2011, p. 150.

impedimento e fazer consignar em ata de reunião a natureza e a extensão do seu interesse. Para a corrente do conflito formal, o voto é proibido em qualquer situação de conflito. Já para os defensores do conflito material ou substancial, a relação de conflito deve ser analisada após o voto proferido pelo administrador.

Dessa forma, na corrente do conflito formal, o impedimento de deliberação do administrador ocorre em momento anterior ao voto dele[84], bastando que o administrador tenha qualquer interesse direto na deliberação real ou potencial da companhia[85]. Nesses casos, o administrador não pode opinar, sugerir ou influenciar os órgãos administrativos da companhia[86]. Já na corrente do conflito material ou substancial, o interesse do administrador deve ser prejudicial à companhia. Nesse caso, é imprescindível que o mérito do voto ou do ato sejam analisados, para que somente após o voto, seja verificada se houve prejuízo ou sacrifício ao interesse social da companhia[87,88].

No mais, são anuláveis os negócios contratados com terceiros em que haja conflito de interesse ou em que não sejam respeitadas as condições razoáveis, equitativas e idênticas as que prevalecem no mercado ou a quem a companhia contrataria com terceiros[89]. Nessa hipótese, o administrador infrator será é obrigado a

84 Conforme: Carvalhosa, Modesto. **Comentários à Lei de Sociedades Anônimas. V. 3- arts. 138 a 205**. São Paulo: 2014,. p. 450.

85 Conforme: Verçosa, Haroldo Malheiros Duclerc; Pereira, Alexandre Demetrius. **Curso de direito comercial.** 2. ed., atual. São Paulo, SP: Malheiros, 2012., p. 475.

86 Conforme: Carvalhosa, Modesto. **Comentários à Lei de Sociedades Anônimas. V. 3- arts. 138 a 205**. São Paulo: 2014,.p. 453.

87 Conforme: Eizirik, Nelson. **A lei das S/A comentada: artigos 1º a 120**. São Paulo: Quartier Latin do Brasil, 2011, p.150.

88 Conforme: Verçosa, Haroldo Malheiros Duclerc; Pereira, Alexandre Demetrius. **Curso de direito comercial**. 2. ed., atual. São Paulo, SP: Malheiros, 2012., p. 475

89 Conforme art. 156, §1°, a Lei 6.404/1976

transferir para a companhia as vantagens que tiver auferido, sem prejuízo das demais penalidades aplicáveis aos administradores.

2.3.1.3. Das Responsabilidades dos Administradores

Em caso de descumprimento de quaisquer deveres, os administradores estarão sujeitos às responsabilidades civis, penais e administrativas, que podem ou não ser cumulativas, a depender da infração ocorrida[90]. A seguir, serão expostas algumas dessas responsabilidades, de forma geral, sob a ótica do direito civil, penal e adminsitrativo.

2.3.1.3.1. Da Responsabilidade Civil

Conforme anteriormente abordado[91], com fulcro na teoria organizacionista, o administrador não é meramente um mandatário dos sócios, mas é parte de um órgão da sociedade, manifestando a vontade e o desta[92]. Como órgão da sociedade, tem o administrador o dever de respeitar a lei, o estatuto e o contrato social, sob pena de responder pelas perdas e danos à sociedade. Ora, os administradores, quando agem como representantes da companhia, não têm responsabilidades para com os terceiros que contratam. Não obstante, quando agem em desacordo com o estatuto social ou contrariamente aos interesses da sociedade, devem ressarci-la dos prejuízos que causar.

Ressalte-se que no âmbito civil, a responsabilidade dos administradores tem dois objetivos principais, quais sejam, a reparação do dano pelo infrator, visando a recomposição do patrimônio daquele que for lesado, bem como a de impedir que

[90] Conforme: Nery Júnior, Nelson. **Princípios do processo na constituição federal: (Processo civil, penal e** administrativo). 9. ed. São Paulo: Revista dos Tribunais, 2009.

[91] Vide Ítem 2.3.1, para maiores informações.

[92] Conforme: Eizirik, Nelson. **A lei das S/A comentada: artigos 1º a 120**. São Paulo: Quartier Latin do Brasil, 2011, p.171

o administrador utilize seus poderes em benefício próprio e de terceiros ou de forma negligente[93].

Assim, a Lei 6.404/1976 estabeleceu alguns requisitos importantes para que o administrador da sociedade seja responsabilizado. Segundo a Lei 6.404/1976, o administrador somente será pessoalmente responsabilizado pelas obrigações que contrair em nome da sociedade e em virtude de ato regular de gestão, pelos prejuízos que causar, quando proceder com culpa ou dolo, dentro de suas atribuições ou poderes; ou com violação da lei ou do estatuto social.

A Lei 6.404/1976 foi expressa ao estabelecer que o prejuízo é um dos requisitos para a responsabilização do administrador. Todavia, conforme Carvalhosa, nada obsta que a sociedade entre com uma ação judicial contra o administrador, requerendo por perdas e danos, ainda que não haja diminuição do ativo da sociedade, desde que violados a lei e o estatuto social com culpa ou dolo, ainda que o prejuízo não possa ser materialmente mensurável[94].

Após muito se debater acerca da natureza da responsabilidade do administrador, consagrou-se na doutrina e na jurisprudência que a responsabilidade civil dos administradores é subjetiva[95], ou seja, deve haver comprovação de que houve ou dolo ou culpa na produção do ato[96,97] para que o administrador possa ser responsabilizado.

[93] EIZIRIK, Nelson. **A lei das S/A comentada: artigos 1º a 120**. São Paulo: Quartier Latin do Brasil, 2011, p.172

[94] CARVALHOSA, Modesto. **Comentários à Lei de Sociedades Anônimas. V. 3- arts. 138 a 205**. São Paulo: 2014. p. 513.

[95] Conforme: EIZIRIK, Nelson. **A lei das S/A comentada: artigos 1º a 120**. São Paulo: Quartier Latin do Brasil, 2011, p.174

[96] Conforme: VALVERDE, Trajano de Miranda. **Sociedades por ações**, Rio de Janeiro: Forense, 1941, passim.

[97] Conforme: BULGARELLI, Waldirio. **Apontamentos sobre a responsabilidade dos administradores das companhias**. Revista de Direito

Em razão dessa interpretação, o administrador que agir diligentemente não responde por seu atos ainda que causar prejuízos à sociedade. Esse entendimento tem como base a doutrina inglesa e norte-americana que instituíram o *business judgement rule*[98]. Tal princípio tem como finalidade a proteção à liberdade dos administradores de decidirem conforme sua conveniência e oportunidade, na condução dos negócios da companhia, estimulando-os a assumirem os riscos inerentes às atividades da sociedade[99].

2.3.1.3.2. Da Responsabilidade Penal

Na responsabilidade penal, a natureza da responsabilidade é sempre pessoal e subjetiva. Significa que deve haver nexo de causalidade entre o ato, o crime e a vontade do agente infrator.

Assim, em qualquer crime praticado por um administrador, independentemente do resultado, é necessária a comprovação da culpa ou do dolo. Relembre-se que o crime culposo é aquele cometido quando o agente der causa ao resultado por imprudência, negligência ou imperícia, na forma do art. 18, II, do Código Penal. Já no crime doloso, deve-se provar que o agente que deu causa ao resultado assumiu o risco de produzi-lo, conforme art. 18, I, do Código Penal.

Independentemente das ações civis ajuizadas pela sociedade contra os administradores, estes estarão sujeitos também às responsabilidades penais, caso pratiquem quaisquer atos ilícitos enquadrados como crimes.

Mercantil, Industrial, Econômico e Financeiro. V. 22, n.50, abr/jun 1983, p. 75-105.

[98] Conforme: LAZZARESCHI NETO, Alfredo Sérgio. **Lei das sociedades por ações anotada.** 3. ed. rev. atual. e ampl. São Paulo: Saraiva, 2010.p.153.

[99] Conforme: EIZIRIK, Nelson. **A lei das S/A comentada: artigos 138 a 205.** São Paulo: Quartier Latin do Brasil, 2011, p.153

2.3.1.3.3. Da Responsabilidade Administrativa

Tal qual o direito penal e o direito civil, o direito administrativo possui regime jurídico próprio. Na esfera administrativa, a lei atribui competência ao agente administrativo para instaurar o processo administrativo sancionador, se verificada qualquer infração à regulamentação vigente. Estão sujeitos às responsabilidades administrativas aqueles que cometerem quaisquer ilícitos administrativos, tais como tributários, ambientais e financeiros.

Quanto à responsabilidade do administrador, na esfera administrativa, é importante destacar que, em decorrência da quantidade de órgãos julgadores distintos, não existe uma orientação jurisprudencial única a respeito da teoria da culpabilidade, como ocorre nas esferas civil e penal. Assim, o administrador de empresa deve ter uma atenção redobrada às infrações que cometer, quando tais infrações envolverem qualquer ilícito administrativo[100].

2.3.2. Os administradores das Instituições Financeiras

2.3.2.1. Dos Requisitos dos Administradores das Instituições Financeiras

Sem prejuízo dos requisitos formais para eleição de administradores[101], o art. 2° da Resolução 4.122/2012 estabelece as condições para o exercício dos cargos de administração das Instituições Financeiras e demais instituições autorizadas a funcionar pelo Banco Central, tais como: ter reputação ilibada; ser residente no País; não estar impedido por lei especial, nem con-

[100] Ver Capítulo 2.3.2.2, para responsabilidade administrativa de Instituições Financeiras.

[101] A nomeação de administradores de instituições financeiras deve ser precedida da autorização prévia do Banco Central, encaminhada por meio de determinados documentos, na forma da Resolução 4.122/2012 do CMN e Circular 3.649/2013 do Banco Central.

denado por crime falimentar, de sonegação fiscal, de prevaricação, etc. Observe-se que muitos dos itens listados da Resolução 4.122/2012 refletem os requisitos da Lei 6.404/1976, com exceção dos seguintes requisitos: (i) não estar declarado inabilitado ou suspenso para o exercício de cargos de conselheiro fiscal, de conselheiro de administração, de diretor ou de sócio-administrador das Instituições Financeiras ou em entidades de previdência complementar, sociedades seguradoras, sociedades de capitalização, companhias abertas ou entidades sujeitas à supervisão da CVM; (ii) não responder, nem qualquer empresa da qual seja controlador ou administrador, por protesto de títulos, cobranças judiciais, emissão de cheques sem fundos, inadimplemento de obrigações e outras ocorrências ou circunstâncias análogas; e (iii) não ter controlado ou administrado, nos 2 (dois) anos que antecedem a eleição ou nomeação, firma ou sociedade objeto de declaração de insolvência, liquidação, intervenção, falência ou recuperação judicial.

Além disso, para o exercício dos cargos de membro do Conselho de Administração, de diretor ou de sócio administrador, o nomeado deve possuir capacitação técnica compatível com as atribuições do cargo para o qual foi eleito ou nomeado. Tal capacitação técnica deve ser comprovada com base na formação acadêmica, experiência profissional ou em outros quesitos julgados relevantes, por intermédio de documentos e declaração firmada pelas instituições, submetidos à avaliação do Banco C entral[102].

A finalidade dessas restrições foi, principalmente, de resguardar o Sistema Financeiro Nacional e o interesse público. Isso porque entende-se que os administradores das instituições financeiras exercem atividades mais sensíveis, impactando todo o sistema financeiro. Por essa razão, para gerir esses recursos, os

[102] Conforme Resolução 4.122/2012.

administradores não podem ser despreparados ou inexperientes, caso contrário colocariam em risco não apenas o patrimônio dos clientes da instituição, mas a higidez de todo o Sistema Financeiro Nacional[103].

Por essa razão, o CMN dispõe que certas atividades devem, necessariamente, serem representadas por um diretor específico. São os casos dos diretores designados para: abertura de conta[104]; ouvidoria[105]; relacionamento com clientes[106]; lavagem de dinheiro[107]; cumprimento da Política de Responsabilidade Socioambiental[108]; gestão de riscos[109]; e procedimentos para consulta de instrumento de derivativos[110]. Em certos casos, os diretores podem designar outras funções na Instituição Financeira, desde que observados os requisitos legais e inexista conflito de interesses.

2.3.2.2. Das Responsabilidades dos Administradores de Instituições Financeiras

Além das responsabilidades civis, penais e administrativas, mencionadas no Capítulo nos ítens anteriores, os administradores das Instituições Financeiras devem observar as responsabilidades administrativas aplicadas pelo Banco Central.

Importante salientar que os processos administrativos do Banco Central e da CVM foram recentemente alterados pela Lei 13.506/2017, como resultado da conversão da Medida Provisória

[103] Conforme: CARVALHOSA, Modesto; EIZIRIK, Nelson. **Estudos de direito empresarial.** São Paulo: Saraiva, 2010, passim.

[104] Conforme art. 15 da Resolução 2.025 de 24 de novembro de 1993.

[105] Conforme art. 10 da Resolução 4.433, de 23 de julho de 2015.

[106] Conforme art. 7° da Resolução 4.539, de 24 de novembro de 2016.

[107] Conforme art.18 da Circular 3.461, de 24 de julho de 2009.

[108] Conforme art. 12 da Resolução 4.327, de 25 de abril de 2014.

[109] Conforme art. 14 da Resolução nº 4.193 de 1º de março de 2013.

[110] Conforme Resolução nº 3.908, de 30 de setembro de 2010.

784/2017[111]. A Lei 13.506/2017 aplica-se aos administradores, membros da diretoria, do conselho de administração, do conselho fiscal, do comitê de auditoria e de outros órgãos previstos no estatuto ou no contrato social das Instituições Financeiras, Instituições de Pagamentos e demais entidades supervisionadas pelo Banco Central.

O art. 3° da Lei 13.506/2017 estabelece um rol exemplificativo de infrações puníveis aos administradores das instituições financeiras e das instituições de pagamento. Um dos objetivos da referida lei foi justamente contornar a insegurança jurídica que havia no cumprimento das decisões do Banco Central e do Conselho de Recursos do Sistema Financeiro Nacional. Isso porque a maioria das infrações oponíveis às Instituições Financeiras e demais instituições supervisionadas pelo Banco Central estavam dispostas em regulamentos emanados por esta autarquia ou pelo CMN, cuja competência tinha como base a Lei 4.595/1964. Isso fazia com que muitas decisões administrativas condenatórias fossem anuladas pelo Poder Judiciário, cujo entendimento era de que não poderia existir infração sem determinação legal.

No que tange as responsabilidades dos administradores das Instituições Financeiras e Instituições de Pagamento, entende-se que a responsabilidade dos administradores é subjetiva. Tal tese foi adotada e consagrada no voto da Ministra Nancy Adrighi, no RESP n 447.939 – SP (2002/0096717-5), julgado em 04 de outubro de 2007[112].

[111] Para fins deste trabalho, serão tratadas apenas as alterações da Lei 13.506/2017 relevantes e referentes às Instituições Financeiras e Instituições de Pagamento.

[112] Da mesma forma foi o entendimento proferido pelo Superior Tribunal de Justiça. Responsabilidade dos adminsitradores. REsp 1610938 / RJ, 5 Turma, Rel. PAULO DE TARSO SANSEVERINO, DF, 09 de agosto de 2016. Disponível em: < https://ww2.stj.jus.br/processo/revista/inteiroteor/?num_registro=201401152963&dt_publicacao=16/08/2016>. Acesso em: 09 set. 2017

Direito civil e bancário. Liquidação extrajudicial de Consórcio, pelo Banco Central, com fundamento na Lei nº 6.024/74. Propositura de ação civil pública para a responsabilização dos administradores. Acolhimento, pelo Tribunal a quo, da tese de que seria objetiva sua responsabilidade, com fundamento no art. 40 da Lei nº 6.024/74. Reforma da decisão. – O Ministério Público é parte legítima para propor a ação de responsabilidade em face dos administradores de instituições financeiras ou consórcios, visando a responsabilização pelos prejuízos causados. Com a falência da sociedade, o parquet tem de ser substituído pelo síndico da sociedade. A demora nessa substituição, todavia, não implica nulidade do processo. Precedente. – A regra do art. 39 da Lei nº 6.024/74 regula uma hipótese de responsabilidade contratual; a do art. 40 da mesma lei, uma hipótese de responsabilidade extracontratual. Ambas as normas, porém, estabelecem a responsabilidade subjetiva do administrador de instituições financeiras ou consórcio. Para que se possa imputar responsabilidade objetiva, é necessária previsão expressa, que a Lei nº 6.024/74 não contém. O art. 40 meramente complementa o art. 39,estabelecendo solidariedade que ele não contempla. – A Lei nº 6.024/74, todavia, autoriza a inversão do ônus da prova, de modo que compete aos administradores da instituição demonstrar que atuaram com o devido zelo, impedindo sua responsabilização pelos prejuízos causados. – Não tendo sido conferido aos réus a oportunidade comprovar sua ausência de culpa, é necessária a anulação do processo para que o processo ingresse na fase de instrução, devolvendo-se os autos ao juízo de primeiro grau.

Recurso especial provido.

Destaca-se, contudo, que não é tão facilmente aplicado quando a infração envolve omissão, pelo administrador das Instituições Financeiras. Nesses casos, o Banco Central e o Conselho de Recursos do Sistema Financeiro Nacional têm partido da presunção de culpa do administrador, apenas o eximindo de penalidade, quando comprovadas as devidas diligências.

2.3.3. Os Administradores das Instituições de Pagamento

As Instituições de Pagamento, assim como as Instituições Financeiras, devem obedecer tanto às normas estabelecidas pela Lei 6.404/1976 e pelo Código Civil, quanto àquelas editadas pelo CMN e pelo Banco Central. Os administradores das Instituições de Pagamento, portanto, devem obedecer aos princípios da diligência, lealdade, informação e vedação ao conflito de interesses, bem como estão sujeitos às mesmas responsabilizações civil, administrativa e penal que os administradores das Instituições Financeiras.

No que tange aos requisitos para eleição do administrador, as Instituições de Pagamento devem cumprir as mesmas regras que as Instituições Financeiras, inclusive, em relação à obtenção da homologação do Banco Central previamente à posse de seus administradores.

Já em relação às obrigações, os administradores das Instituições de Pagamento têm menos obrigações legais do que os administradores das Instituições Financeiras. Assim, as Instituições de Pagamento são obrigadas apenas a designar: **(i)** um diretor responsável pelo cumprimento das normas relativas à conta de pagamento[113]; **(ii)** um diretor para o cumprimento da prevenção e lavagem às atividades relacionadas aos crimes de lavagem de dinheiro[114]; **(iii)** um diretor responsável pelo gerenciamento de riscos[115]; e **(iv)** um diretor responsável pela ouvidoria[116]. Esses cargos podem ser cumulados, desde que observados os requerimentos legais e administrativos instituídos na Lei 6.404/1976 e regulamentações do CMN e Banco Central.

[113] Conforme o art. 5º da Resolução 3.680/2013.

[114] Conforme os art. 6 da Circular 3.680/2013 c/c art. 18 da Circular 3.461/2009.

[115] Conforme os art. 19 da Circular 3.681/2013.

[116] Conforme os art. 18 da Circular 3.681/2013

Ao estabelecer a necessidade de nomeação de um diretor responsável pela condução dos negócios específicos referidos no parágrafo acima para as Instituições de Pagamento, as resoluções do CMN e os regulamentos do Banco Central buscaram proteger e resguardar o interesse social e a economia popular. Afinal, o que se pretendeu foi a proteção dos bens jurídicos mais sensíveis à economia e ao bem-estar social, tais como a proteção do consumidor, ao estabelecer a necessidade de um diretor de conta de pagamento e ouvidoria; aos riscos financeiros; e a prevenção à crimes financeiros[117].

3. Das Obrigações Complementares

O CMN e o Banco Central, por meio de regulamentos esparsos, estabeleceram diversas obrigações complementares às Instituições de Pagamento. O intuito do presente Capítulo é apresentar as obrigações mais relevantes às Instituições de Pagamento, do ponto de vista do direito societário.

Ressalta-se que, embora as obrigações apresentadas neste Capítulo tenham natureza essencialmente regulatória, elas contribuem, ao mesmo tempo, à Governança Corporativa que a Lei 12.865/2013 pretendeu institucionalizar. Conforme o IBGC, os seguintes princípios são basilares para a boa Governança Corporativa: transparência; equidade; prestação de contas (*accoutability*); e responsabilidade corporativa. A obediência a esses princípios minimiza a potencialidade de conflitos, oportunismos e gera um maior crescimento do valor crescimento da companhia, aumentando sua confiabilidade no mercado e para a economia como um todo[118].

[117] Verificar capítulo 3, para maiores informações.

[118] Conforme: Silva, Edson C. **Governança Corporativa nas empresas.** São Paulo: Atlas, 2010. p. 18

3.1. Prevenção à Lavagem de Dinheiro e Ocultação de Bens

Com base na Lei 9.613/1998, que tipificou como crime de lavagem de dinheiro, o Banco Central, por meio de diversos normativos[119], estabeleceu procedimentos e obrigações às Instituições Financeiras e demais instituições autorizadas a funcionar pelo Banco Central, para combater e prevenção à lavagem de dinheiro e financiamento do terrorismo. Tais procedimentos foram estabelecidos com base nas regras e recomendações do Grupo de Ação Financeira contra a Lavagem de Dinheiro e o Financiamento do Terrorismo (GAFI), do qual o Brasil é membro efetivo desde 2000[120].

Nessa mesma trilha, a Circular 3.680/2013 dispôs expressamente que as Instituições de Pagamento devem atender aos procedimentos da Lei 9.613/1998, bem como a Circular 3.461/2009 do Banco Central. Cumpre, assim, às Instituições de Pagamentos implementarem políticas (Política contra o Crime de Lavagem), procedimentos e controles internos, para prevenir os crimes de lavagem de dinheiro, na forma e condições estabelecidas na regulamentação, bem como realizar e manter as informações de seus clientes atualizadas, reportando-se ao Conselho de Controle de Atividades Financeiras (COAF), sempre que necessário.

Ademais, conforme mencionado anteriormente, para fins societários, as Instituições de Pagamento são obrigadas a eleger um diretor responsável pela fiscalização e implementação das políticas de lavagem de dinheiro.

[119] Circular 3.461/2009, Carta Circular 3.342/2008, Carta Circular 3.430/2010, Carta Circular 3.454/2010, Carta Circular 3.542/2012, Circular 3.780/2016, Comunicado 30.976/2017, Circular 3.839/2017.

[120] Conforme: BANCO CENTRAL DO BRASIL. Ação do Estado e Papel do Banco Central. Disponível em<http://www.bcb.gov.br/fis/supervisao/acaoestado.asp>. Acesso em 09 set 2017.

3.2. Gestão de Riscos

O Banco Central, por meio da Circular 3.681/2013, conforme aditada, estabeleceu que as Instituições de Pagamento devem implementar estruturas de gerenciamento de riscos operacional, de liquidez e de crédito.

Por risco operacional, entende-se aquele que se relaciona à possibilidade de ocorrência de perdas resultantes de: (i) falhas na proteção e na segurança de dados sensíveis relacionados tanto às credenciais dos Usuários Finais quanto a outras informações trocadas com o objetivo de efetuar transações de pagamento; (ii) falhas na identificação e autenticação do usuário final; (iii) falhas na autorização das transações de pagamento; (iv) fraudes internas; (v) fraudes externas; (vi) demandas trabalhistas e segurança deficiente do local de trabalho; (vii) práticas inadequadas relativas a Usuários Finais, produtos e serviços de pagamento; (viii) danos a ativos físicos próprios ou em uso pela instituição; (ix) ocorrências que acarretem a interrupção das atividades da instituição de pagamento ou a descontinuidade dos serviços de pagamento prestados; (x) falhas em sistemas de tecnologia da informação; e (xi) falhas na execução, cumprimento de prazos e gerenciamento das atividades envolvidas em arranjos de pagamento[121].

Já o risco de liquidez relaciona-se à possibilidade de a instituição de pagamento de: (i) não ser capaz de honrar eficientemente suas obrigações esperadas e inesperadas, correntes e futuras sem afetar suas operações diárias e sem incorrer em perdas significativas; e (ii) não ser capaz de converter moeda eletrônica em moeda física ou escritural no momento da solicitação do usuário[122].

Por fim, o risco de crédito refere-se à possibilidade de ocorrência de perdas associadas ao não cumprimento pela contra-

[121] Conforme art. 2º, I, da Circular 3.681/2013.

[122] Conforme art. 2º, II, da Circular 3.681/2013.

parte de suas respectivas obrigações financeiras nos termos pactuados, à redução de ganhos ou remunerações, às vantagens concedidas na renegociação e aos custos de recuperação, incluindo o inadimplemento: (i) do usuário final perante o emissor de instrumento de pagamento pós-pago; (ii) do emissor perante o credenciador de instrumento de pagamento pós-pago; e (iii) de instituição de pagamento devedora de outra instituição de pagamento em função de acordo de interoperabilidade entre diferentes Arranjos[123].

Conforme mencionado anteriormente, o gerenciamento dos riscos operacionais, de liquidez e de crédito advêm das recomendações dos Acordos de Basileia e têm como finalidade a proteção do Sistema Financeiro como um todo. Por essa razão, a estrutura de gerenciamento das Instituições de Pagamento deve ser compatível com a natureza das atividades e complexidade dos produtos e serviços oferecidos pela Instituição de Pagamento; ser segregada da unidade executora da atividade de auditoria interna, na forma da Resolução do CMN 2.554/1998; permitir a identificação, mensuração o monitoramento, o controle a mitigação e o gerenciamento contínuo e integrado dos riscos operacional, de liquidez e de crédito; prever políticas e estratégias (Política de Governança) aprovadas e revisadas, no mínimo anualmente, pela Diretoria e pelo Conselho de Administração, quando houver, a fim de determinar sua compatibilidade com os objetivos da instituição e com as condições de mercado; e manter documentação acerca de suas políticas, estratégias de gerenciamento de riscos e governança à disposição do Banco Central do Brasil.

É importante ressaltar que a Política de Governança deve ser documentada e submetida a revisões anuais, cuja documentação deverá ser mantida à disposição da fiscalização do Banco

[123] Conforme art. 2º, III, da Circular 3.681/2013.

Central; devendo definir as atribuições e responsabilidades e garantir a independência das atividades de gerenciamento de riscos, inclusive mediante a segregação entre a área operacional e a área de gestão de risco.

Para fins societários, a Instituição de Pagamento deverá indicar um diretor responsável pelas atividades de gestão de risco, bem como possibilitar a segregação da atividade, seja ou não, por meio de estatuto ou contrato social.

3.3. Ouvidoria

A Circular 3.681/2013 estabeleceu expressamente a necessidade de as Instituições de Pagamento observar a Resolução 3.849/2010, que dispunha sobre a instituição de componente organizacional de ouvidoria. A Resolução 3.849/2010, entretanto, foi revogada e substituída, posteriormente, pela Resolução 4.433 de 23 de julho de 2015.

A finalidade da ouvidoria é servir como um canal entre o Usuário Final e a Instituição de Pagamento, melhorando a comunicação e o atendimento aos usuários dos serviços. Para tanto, o CMN, por meio da Resolução 4.433/2015, estabeleceu prazos e condições que devem ser adotadas pelas Instituições sujeitas a essa Resolução, tais como atender, registrar, instruir, analisar e dar tratamento adequado e formal às demandas dos clientes e usuários dos serviços e produtos, prazos para resposta dessas demandas, e gravação telefônica de atendimento, que deverá ser devidamente arquivado e permanecer à disposição da fiscalização do banco Central, na sede da instituição. Cabe, assim, à ouvidoria: (i) atuar como canal de comunicação entre a instituição e os clientes e usuários de produtos e serviços, inclusive na mediação de conflitos; (ii) prestar atendimento de última instância às demandas dos clientes e usuários de produtos e serviços que não tiverem sido solucionadas nos canais de atendimento primário da instituição; e (iii) informar ao conselho de administração ou, na sua ausência, à diretoria da instituição a respeito das atividades de ouvidoria.

Para fins societários, o estatuto ou o contrato social deve dispor sobre as atribuições e atividades da ouvidoria; os critérios de designação e de destituição do ouvidor, incluindo o tempo de duração de seu mandato; bem como dispor expressamente o compromisso da Instituição de Pagamento de: (i) criar condições adequadas ao funcionamento da ouvidoria, com base nos princípios da transparência, independência, imparcialidade e isenção; e (ii) assegurar ao cesso da ouvidoria às informações necessárias à elaboração de respostas adequada ás demandas recebidas, com total apoio administrativo, podendo requisitar informações e documentos para o exercício de suas atividades no cumprimento de suas atribuições.

3.4. Auditoria Interna

A Circular 3.681/2013 já dispunha sobre a necessidade de uma auditoria interna nas Instituições de Pagamento, com o fim de assegurar o gerenciamento de riscos. No entanto, não havia previsão específica sobre a organização desse órgão nas Instituições de Pagamento. Apenas em novembro de 2017, foi publicada a Circular 3.856/2017, pelo Banco Central, regulando as atividades da auditoria interna nas Instituições de Pagamento.

A regulamentação vigente tem como fulcro as disposições sobre Gerenciamento de Riscos, tratados anteriormente. Dessa forma, a auditoria interna deve ser realizada por uma unidade específica, de forma que as suas atividades possam ser exercidas independentemente das atividades auditadas, de forma contínua e efetiva. Para isso, a auditoria interna deve dispor de recursos suficientes para o seu exercício; ter canais de comunicação definidos e eficazes, para relatar os achados e avaliações; e ter em seu corpo auditores em quantidade suficiente, adequadamente treinados e com experiência para o exercício de suas funções.

Dentre as funções da auditoria, cabe a ela, no mínimo: (i) a efetividade e a eficiência dos sistemas e processos de controles internos e de governança corporativa; (ii) a efetividade das políticas e das estratégias para o gerenciamento dos riscos relevantes; (iii) a confiabilidade, a efetividade e a integridade dos processos e sistemas de informações gerenciais; (iv) a observância ao arcabouço legal, à regulamentação infralegal, às recomendações dos organismos reguladores e aos códigos e normas internos aplicáveis aos membros do quadro funcional da instituição; (v) a salvaguarda dos ativos e as atividades relacionadas à função financeira da instituição; e (vi) as atividades, os sistemas e os processos recomendados ou determinados pelo Banco Central, no exercício de suas atribuições de supervisão; sem prejuízo de outras matérias que o Banco Central queira determinar, conforme a Circular 3.856/2017. No mais, a auditoria interna deve produzir: planos anuais, baseado na avaliação de riscos de auditoria, contendo os processos que farão parte do escopo da atividade de auditoria interna (proposta de cronograma, avaliação de riscos, alocação de recursos, etc); plano específico para cada trabalho realizado; relatório de acompanhamento; e relatório anual da auditoria, com conclusões e recomendações.

Do ponto de vista formal, a auditoria independente deve reportar-se ao Conselho de Administração ou Diretores, na falta dos primeiros, que deve aprovar também o regulamento interno desse órgão. A nomeação, designação, exoneração ou dispensa do chefe de auditoria interna deve ser comunicada ao Banco Central. Os membros, por sua vez, devem ter competência profissional, de tal forma que possam coletar, entender, examinar e avaliar as informações e de julgar os resultados.

3.5. Política e Função de Conformidade (Compliance)

Em dezembro de 2017 foi publicada a Circular 3.865/2017, que dispõe sobre a política de conformidade (*compliance*) dos administradores de consórcio e das Instituições de Pagamento.

De acordo com a referida Circular, cabe ao Conselho de Administração ou à Diretoria (na falta do primeiro) a aprovação da política de conformidade. Na política deverão ser estabelecidos: o objetivo e o escopo da função do *compliance*; a divisão clara das responsabilidades das pessoas envolvidas nessa função, de forma a evitar conflitos de interesse (principalmente com as áreas de negócio); alocação de pessoal treinado e em quantidade suficiente; a posição da unidade específica responsável pela função de *compliance*; as medidas necessárias para garantir independência e adequada autoridade aos responsáveis; alocação de recursos suficientes; livre acesso às atividades da Instituição; canais de comunicação com a diretoria ou administradores; bem como os procedimentos para a coordenação de suas atividades.

A função de *compliance* deve ser exercida em uma unidade segregada e deve ser integralmente segregada da auditoria interna. Já os seus responsáveis devem, dentre outros objetivos: testar e avaliar a aderência da instituição às normas, incluindo normas internas da Instituição; auxiliar na informação e capacitação de todos os empregados e prestadores de serviços; elaborar relatório anual, contendo o sumário dos resultados das atividades relacionadas à função de conformidade, com conclusões, recomendações e providências tomadas pela administração; bem como relatar a sistemática e tempestivamente os resultados das atividades relacionadas à função de *compliance* ao Conselho de Administração ou Diretoria, conforme aplicável.

A política de *compliance* e os relatórios anuais devem ficar à disposição do Banco Central, pelo prazo mínimo de 05 anos.

Conclusão

Conforme exposto neste trabalho, após anos de pesquisa e discussão acerca da necessidade de regulamentação dos serviços de pagamentos, prestados por pessoas que não se confundiam com Instituições Financeiras, em 09 de outubro de 2013, foi promulgada a Lei 12.865/2013, que criou as Instituições de Pagamento e os Arranjos de Pagamento.

De acordo com a referida Lei 12.865/2013, para fins da regulamentação das Instituições de Pagamento, o CMN e o Banco Central devem observar certos princípios que podem ser compreendidos sob três perspectivas distintas: (i) a dos Arranjos de Pagamento; (ii) a dos Usuários Finais dos serviços; e (iii) a das Instituições de Pagamento.

Sob a perspectiva dos Arranjos de Pagamento, a Lei 12.865/2013 estabeleceu o princípio da interoperabilidade e o princípio da solidez e eficiência dos Arranjos de Pagamento. Já pela óptica dos Usuários Finais, foram positivados os princípios do acesso não discriminatório aos serviços e aos requisitos necessárias ao funcionamento dos Arranjos de Pagamento; do atendimento às necessidades dos Usuários Finais; e o princípio da confiabilidade, qualidade e segurança dos serviços de pagamento. Por último, sob a óptica da Instituição de Pagamento, a Lei 12.865/2013 consagrou o princípio da inclusão financeira e o princípio da capacidade de inovação e da diversidade dos modelos de negócios dessas Instituições.

Neste contexto, desde o o final do ano de 2013, o CMN e o Banco Central vêm emitindo diversos regulamentos, deliberando acerca dos requisitos societários às Instituições de Pagamento. Nesse sentido, verificou-se que os seguintes requisitos foram estabelecidos às Instituições de Pagamento: (i) objeto social específico; (ii) capital social inicial e patrimônios mínimos; e (iii) nomeação de determinados administradores.

Para fins do objeto social, as Instituições de Pagamento são obrigadas a delimitar suas atividades àquelas previstas no art. 6º da Lei 12.865/2013. As exceções aplicam-se apenas às atividades que tenham o propósito de viabilizar a prestação de serviço de pagamento ou de agregar o valor ao serviço prestado para o

Usuário Final. Conforme foi demonstrado, o objeto social tem importância relevante, na medida em que representa a finalidade pela qual os sócios constituíram a sociedade e delimita as atividades exercidas por ela. Além disso, a observância do objeto social é imprescindível aos sócios e aos administradores, na medida em que o seu descumprimento pode resultar em responsabilidades a eles.

Em relação ao capital social e ao patrimônio, diferentemente do que ocorre com as sociedades não reguladas, constatou-se que as Instituições de Pagamento possuem capital social e patrimônios mínimos. Conforme verificado, com base na doutrina bancária, a principal razão para o estabelecimento desses limites pelo CMN e pelo Banco Central foi zelar pela proteção maior aos credores e ao interesse público. Afinal, ao intermediar recursos de terceiros, a insolvência ou a falência de uma Instituição de Pagamento poderia levar à insolvência e quebra de outras pessoas, atingindo, portanto, os terceiros de boa-fé.

Quanto aos administradores, as Instituições de Pagamento devem observar os mesmos requisitos de eleição de administradores estabelecidos às Instituições Financeiras, cuja eleição é sujeita à prévia homologação realizada pelo Banco Central. Uma vez eleitos, nomeados e empossados, os administradores das Instituições de Pagamento deverão observar os deveres de diligência, lealdade, informação e não intervenção em caso de conflito de interesses da sociedade, estampados na Lei 6.404/1976. Caso não sejam obedecidos tais deveres ou quaisquer outros decorrentes da lei, do estatuto ou contrato social da sociedade, os administradores estarão sujeitos às penalidades civis, penais e administrativas, incluindo aqueles aplicados pelo Banco Central.

Por fim, ainda em relação aos requisitos societários, verificou-se que os regulamentos do CMN e do Banco Central criaram diversas obrigações às Instituições de Pagamento, com a finalidade de promover o gerenciamento de riscos, a prevenção à lavagem de dinheiro e ocultação de bens, a ouvidoria, a auditoria e o *compliance* das Instituições de Pagamento. Essas obrigações, além de serem condicionantes ao funcionamento regular das Instituições Financeiras, interferem direta e indiretamente na Governança Corporativa dessas sociedades. Isso porque possibilitam a continuidade e a perpetuidade da sociedade, em obediência aos princípios da Governança Corporativa, além de protegerem o Sistema de Pagamentos Brasileiro, Sistema Financeiro Nacional resguardando, portanto, o interesse público.

Por essas razões, do ponto de vista societário, pode-se concluir que as Instituições de Pagamento devem observar tanto os requisitos societários estabelecidos pela Lei 6.404/1976 e pelo Código Civil, quanto às regulamentações específicas emitidas pelo Banco Central e pelo CMN, que em muito convergem com àquelas aplicadas às Instituições Financeiras. Para cada um desses requisitos há diversas obrigações, condições e responsabilidades que devem ser observadas pelas Instituições de Pagamento, sem prejuízo das demais obrigações regulatórias.

Já sob a ótica dos princípios estabelecidos na Lei 12.865/2013, nota-se que os mesmos requisitos societários das Instituições de Pagamento impactam direta ou indiretamente na segurança, transparência e ao atendimento aos Usuários Finais.

Ao estabelecer limites ao objeto social, assegurar um capital social inicial e um patrimônio mínimo, a necessidade de gerenciamento de riscos, a prevenção à lavagem de dinheiro, e determinar a nomeação de certos administradores, submetendo-os à fiscalização do Banco Central, o CMN e o Banco Central tiveram como preocupação mitigar os riscos ao Sistema Financeiro Nacional e, portanto, garantir uma maior segurança e transparência aos credores e terceiros interessados, incluindo os Usuários Finais.

Ademais, ao estabelecer a necessidade de ouvidoria nas Instituições de Pagamento, a regulamentação visou garantir um canal de atendimento aos Usuários Finais para o acesso não discriminatório aos serviços dessas Instituições, bem como um melhor atendimento e qualidade aos serviços prestados para os Usuários.

Por outro lado, embora o CMN e o Banco Central tenham se empenhado em viabilizar a capacidade de inovação e a diversidade de modelos de negócio das Instituições de Pagamento, as regras ainda parecem ser insuficientes. É inegável que, ao estabelecer novos parâmetros para a necessidade de obtenção de autorização perante o Banco Central, a autarquia viabilizou a entrada de novas Instituições de Pagamento no setor. Contudo, as regras permanecem rígidas à essas instituições, ao estabelecerem limites mínimos de patrimônio, nomeação de administradores, controle de riscos, regras de auditoria e *compliance*. Esses mecanismos, a despeito de terem sido criados para garantir uma maior segurança interna e externa, geram maiores custos e um maior investimento, bem como implicam em um enrijecimento maior às Instituições de Pagamento.

Conclui-se, portanto, que sob a perspectiva dos Usuários Finais, a regulamentação atende aos princípios do acesso não discriminatório aos serviços das Instituições de Pagamento; do atendimento às necessidades dos Usuários Finais; e da confiabilidade, qualidade e segurança dos serviços.

Já sob a perspectiva da Instituição de Pagamento, é notório que os requisitos societários permitem uma melhor segurança e transparência às Instituições de Pagamento, na medida em que impõe diversas regras para eleição de administradores, limites mínimos de patrimônio, bem como políticas e obrigações complementares. No entanto, essas condições não necessariamente contribuem à inclusão financeira, a capacidade de inovação e a diversidade dos modelos de negócio dessas Instituições de Pagamento.

É preciso lembrar que as Instituições de Pagamento mudam e se renovam constantemente, acompanhando o desenvolvimento tecnológico global, de forma que a higidez da regulamentação estabelecida pelo Banco Central e pelo CMN pode ser um obstáculo. Esse problema, porém, dependerá da capacidade de o Banco Central entender e se adaptar ao funcionamento e às atividades dessas instituições. Note-se que, a despeito da quantidade de requisitos e exigências societárias às Instituições de Pagamento, as regras são mais flexíveis e passíveis de discussão com o Banco Central do que àquelas que regem as Instituições Financeiras.

Isso pode indicar uma mudança, ainda que tímida, do CMN e do Banco Central, como reguladores do Sistema Brasileiro de Pagamentos. Diferentemente das Instituições Financeiras, que possuem grande volume e capacidade para suportar a quantidade de exigências de capital regulatório, riscos operacionais, de crédito e de mercado, as Instituições de Pagamento seguem um serviço ligado ao desenvolvimento da tecnologia e, portanto, altamente mutável, o que implica em maior necessidade de flexibilidade, inovação e diversidade nos modelos societários e operacionais.

Portanto, é imprescindível que haja um equilíbrio entre os princípios da segurança e da capacidade de inovação, para fins de aplicação da regulamentação. Se assim não o for, há um grande risco de poucos sobreviverem para contar história, caso em que os maiores prejudicados serão os Usuários Finais.

Referências

Obras

ADAMEK, Marcelo Vieira Von. *Responsabilidade civil dos administradores de S/A:* e ações correlatas. São Paulo: Saraiva, 2009.

AMADO, Adriana M.; MARINHO, Alexandre; SANCHES, Elisângela. *Sistema financeiro:* uma análise do setor bancário brasileiro. Rio de Janeiro: Elsevier, 2007.

AZEVEDO, Luís André N. de Moura; CASTRO, Rodrigo R. Monteiro de (Coord.). *Sociedade limitada contemporânea*. São Paulo: Quartier Latin do Brasil, 2013.

BAINBRIDGE, Stephen M. *Corporation law and economics*. New York: Foundation Press, 2002.

BALDUCCINI, Bruno. Arranjos e instituições de pagamento: novo marco legal e regulatório. *Revista de Direito Bancário e do Mercado de Capitais*, vol. 63/2014, p.17, jan 2014.

BLAIR QC, Michael, e George Walker. *Financial Services Law*. Oxford: Oxford University Press, 2006.

BULGARELLI, Waldirio, 1930. *Sociedades comerciais : sociedades civis e sociedades cooperativas : empresas e estabelecimento comercial*. 6. ed. São Paulo: Atlas, 1996.

BORBA, José Edwaldo Tavares. *Direito societário*. 10.ed. Rio de Janeiro: Renovar, 2007.

CÂMARA, Paulo; MAGALHÃES, Manuel (Coord.). *O novo direito bancário*. Coimbra: Almedina, 2012.

CARVALHOSA, Modesto; EIZIRIK, Nelson. *Estudos de direito empresarial*. São Paulo: Saraiva, 2010.

CARVALHOSA, Modesto. *Comentários à lei de sociedades anônimas: 1º volume: arts. 1º a 74*. 7 .ed., rev. e atual. São Paulo, SP: Saraiva, 2013, p.385.

CARVALHOSA, Modesto. *Comentários à Lei de Sociedades Anônimas. V. 3- arts. 138 a 205*. São Paulo: 2014.

CERNI CHIARO, Luiz Vicente, COSTA JR., Paulo José da. *Direito Penal na Constituição* São Paulo: Revista dos Tribunais, 1990

CORRÊA-LIMA, Osmar Brina. *Sociedade anônima*. 3. ed. Belo Horizonte: Del Rey, 2005.

DUARTE Jr., Antônio Marcos, VARGA, George. *Gestão de riscos no Brasil*. Rio de Janeiro: Financial Consultoria, 2003P

SILVA, Edson C. *Governança Corporativa nas empresas*. São Paulo: Atlas, 2010.

EIZIRIK, Nelson. *A lei das S/A comentada: artigos 1º a 120*. São Paulo: Quartier Latin do Brasil, 2011, p.34

EIZIRIK, Nelson. *A lei das S/A comentada: artigos 138 a 205*. São Paulo: Quartier Latin do Brasil, 2011

FAZIO JÚNIOR, Waldo. *Sociedades limitadas. de acordo com o código civil de 2002*. E Ed. São Paulo: Atlas, 2007, p. 100.

FRANÇA, Erasmo Valladão Azevedo e Novaes. *A proteção aos credores e aos acionistas no aumento de capital*. Revista do Advogado, São Paulo, p.32-40, mar. 2008.

FRANÇA , Erasmo Valladão Azevedo e Novaes. *Direito Societário Contemporâneo I*. SP: Quartier Latin, 2009.

HODGE, Billy J.; ANTHONY, William P.; GALES, Lawrence M.,.*Organization theory: a strategic approach.* 6th ed Upper Saddle River, N.J.: Prentice Hall, c2003, p. 108.

HOOD, Parker. *Principles of Lender Liability.* Oxford: Oxford University Press, 2012.

GONÇALVES NETO, Alfredo de Assis. *Direito de empresa*: comentários aos artigos 966 a 1.195 do código civil. 5. ed., rev. atual. eampl. São Paulo: Revista dos Tribunais, 2014.

LAMY FILHO, Alfredo; PEDREIRA, Jose Luiz Bulhões (Coord.). *Direito das companhias.* Rio de Janeiro: Forense, 2009.

LAZZARESCHI NETO, Alfredo Sérgio. *Lei das sociedades por ações anotada.* São Paulo: Saraiva, 2006.

LOBO, Jorge. *Direitos dos acionistas.* Rio de Janeiro: Elsevier, 2011.

MARTINS, Fran. *Curso de direito comercial.* 37. ed., rev. atual. eampl. Rio de Janeiro: Forense, 2014.

MARTINS, Fran; SILVA, David Gonçalves de Andrade; PAPINI, Roberto (Col.) (At.). *Comentários à lei das sociedades anônimas: artigo por artigo.* 4. ed. Rio de Janeiro: Gen, 2010.

MARQUES, Cláudia Lima; BENJAMIN, Antônio Herman V.; MIRAGEM, Bruno. *Comentários ao código de defesa do consumidor: arts. 1º a 74 : aspectos materiais.* São Paulo: Revista dos Tribunais, 2003.

MENDONÇA, José Xavier Carvalho de. *Tratado de direito comercial brasileiro,* vol.2, tomo 3, livro 2. Campinas: Bookseller, 2001.

MORRISON, Alan D.; WILHELM JR, William J. *Investment banking: institutions, politics, and law.* Oxford; New York: Oxford University Press, 2007.

NERY JÚNIOR, Nelson. *Princípios do processo na constituição federal: (Processo civil, penal e administrativo).* 9. ed. São Paulo: Revista dos Tribunais, 2009.

PINHEIRO, Armando Castelar; SADDI, Jairo. *Direito, Economia e Mercados.* Rio de Janeiro: Elsevier, 2005.

MIRANDA, Pontes. *Tratado de Direito Privado: Parte Geral.* Tomo III. Rio de Janeiro: Borsoi, 1970. p. 231

REQUIÃO, Rubens. *Curso de direito comercial,* vol. 2. 23. ed. São Paulo: Saraiva, 2003.

REQUIÃO, Rubens. *Curso de direito comercial.* 30. ed. rev. e atual. São Paulo: Saraiva, 2011.

SALOMÃO NETO, Eduardo. *Direito Bancário.* São Paulo: Atlas, 2007.

SALOMÃO FILHO, Calixto. *O novo direito societário.* 2. ed., reformulada São Paulo: Malheiros Editores, 2002, p. 29.

SILVEIRA, Alexandre Di Miceli da. *Governança corporativa no Brasil e no mundo: teoria e prática.* Rio de Janeiro: Elsevier, 2010, p.3

TURCZYN, Sidnei. *O sistema financeiro nacional e a regulação bancária*. São Paulo: Revista dos Tribunais, 2005. 425 p. ISBN 852032715x

VERÇOSA, Haroldo Malheiros Duclerc *Arranjos e instituições de pagamento (regulamentação e crítica)*. Revista de Direito Empresarial, vol. 1/2014, p.77,-121, jan-fev 2014.

VERÇOSA, Haroldo Malheiros Duclerc; PEREIRA, Alexandre Demetrius. *Direito Comercial:* sociedade por ações. 3. ed. rev., atual. e ampl. São Paulo, SP: Revista dos Tribunais, 2014.

VERÇOSA, Haroldo Malheiros Duclerc; PEREIRA, Alexandre Demetrius. *Curso de direito comercial*. 2. ed., atual. São Paulo, SP: Malheiros, 2012.

VERÇOSA, Haroldo Malheiros Duclerc. *Arranjos e instituições de pagamento (regulamentação e crítica)*. Revista de Direito Empresarial, vol. 1/2014, p.77, jan-fev 2014.

VIVANTE, Cesare; GAMA, Ricardo Rodrigues. *Instituições de direito comercial*. Campinas: LZN Editora, 2003.

WALD, Arnoldo. *A evolução do Conceito de Instituição Financeira*. Parecer in Revista de Direito Bancário e do Mercado de Capitais nº 28, pág. 211 abril-junho/2005.

YAZBEK, Otavio. *Regulação do mercado financeiro e de capitais*. 2. ed. Rio de Janeiro: Elsevier, 2009.

Demais referências bibliográficas

ASSOCIAÇÃO BRASILEIRA DAS EMPRESAS DE CARTÕES DE CRÉDITO E SERVIÇOS. *Abecs: projeção de crescimento para cartões*. Disponível em: < http://www.abecs.org.br/noticia/abecs-projecao-de-crescimento-para-cartoes-neste-ano-e-de-7-5>. Acesso 12 set 2017.

BANCO CENTRAL DO BRASIL. *Diagnóstico do Sistema de Pagamentos de Varejo do Brasil*. 2005. Disponível em: <https://www.bcb.gov.br/htms/novaPaginaSPB/Diagnostico%20do%20Sistema%20de%20Pagamentos%20de%20Varejo%20no%20Brasil pdf. Acesso em 30 ago. 2017.

BANCO CENTRAL DO BRASIL. *Ação do Estado e Papel do Banco Central*. Disponível em<http://www.bcb.gov.br/fis/supervisao/acaoestado.asp>. Acesso em 09 set 2017.

BANCO CENTRAL DO BRASIL. *Agenda BC+: Banco Central reduz custo do cartão de débito e estimula o aumento da eficiência nos pagamentos de varejo*. 26/03/2018. Disponível em: < https://www.bcb.gov.br/pt-br/#!/c/notas/16421>. Acesso em 10.08.2018.

BASEL COMITEE ON BANKING SUPERVISION. *Corporate governance principles for banks*. 2015. Disponível em < http://www.bis.org/publ/bcbs294.pdf>. Acesso 09 set 2017.

COMISSÃO DE VALORES MOBILIÁRIOS . *Nota explicativa à Instrução CVM n. 308, de 14 de maio de 1999*. Disponível em <http://www.cvm.gov.br/export/sites/cvm/legislacao/notas-explicativas/anexos/nota308.pdf>. Acesso em 09 set 2017.

CHIACHIO, Viviane Ferreira de Oliveira; SILVA, Silvio Freitas; REINA, Donizete; Reina, Diane Rossi Maximiano; HEHR, Deyvid Alberto. São Paulo, 2015. *Comitê de Auditoria: O Nível de Aderência das Companhias Listadas na BM&Fbovespa às Melhores Práticas de Governança Corporativa*. Disponível em <http://www.congressousp.fipecafi.org/anais/artigos152015/104.pdf>. Acesso em 13 set 2017.

INSTITUTO BRASILEIRO DE GOVERNANÇA CORPORATIVA. *Código de Melhores Práticas de Governança Corporativa* .5 ed. Disponível em: http://www.ibgc.org.br/userfiles/2014/files/codigoMP_5edicao_web.pdf. Acesso em 09 set 2017.

INSTITUTO BRASILEIRO DE GOVERNANÇA CORPORATIVA. *Comitê de Auditoria para Instituições Financeiras de Capital Fechado* .5 ed. Disponível em: http://www.ibgc.org.br/userfiles/files/CARTA_DE_OPINIAO_-_Comite_de_Auditoria_de_IF_fechadas.pdf. Acesso em 09 set 2017.

Superior Tribunal de Justiça. *Responsabilidade civil. Sociedade Anônima*. REsp 1349233 / SP, 4 Turma, Rel. Luis Felipe Salomão, DF, 06 de novembro de 2014. DJe 05 fev 2015. Disponível em: < https://ww2.stj.jus.br/processo/revista/inteiroteor/?num_registro=201201139565&dt_publicacao=05/02/2015>. Acesso em: 09 set. 2017.

Superior Tribunal de Justiça. *Crime o mercado de capitais*. REsp 1569171/ SP, 5 Turma, Rel. Min Gurgel de Faria, DF, 16 de fevereiro de 2016. Disponível em: <http://www.stj.jus.br/SCON/jurisprudencia/toc.jsp?processo=1569171&&b=ACOR&thesaurus=JURIDICO&p=true>. Acesso em: 09 set. 2017

Hostile Takeovers: Seus Principais Mecanismos de Defesa e Aplicação no Brasil

FELIPE GABRIEL SOARES

Introdução

O presente estudo tem como objetivo analisar os principais mecanismos de proteção ou estratégias de afastamento das chamadas "tomadas hostis de controle", praticadas ao longo das últimas décadas no mercado de capitais americano (sob a proteção das regras de Direito Societário americano), bem como a possibilidade de utilização destes mecanismos no Brasil, tendo em vista, principalmente, o diferente estágio de desenvolvimento no qual o mercado de capitais brasileiro se encontra, as características específicas de nosso ordenamento jurídico (especialmente as regras de Direito Societário brasileiras) e os eventuais entendimentos e manifestações da Comissão de Valores Mobiliários sobre temas relacionados.

Por tomadas hostis de controle podemos conceituar, de forma simples, as ofertas de aquisição de controle das ações de uma empresa-alvo, que não contam com uma negociação amigável com a administração ou mesmo com eventuais controladores da referida empresa-alvo[1].

[1] OIOLI, E. F. **Oferta Pública de Aquisição do Controle de Companhias Abertas.** São Paulo: Quartier Latin, 2010. p. 193.

Desde a década de 80 do século passado, o mercado de capitais americano passou a contar com diversas ofertas de aquisição de controle de empresas dos mais variados setores, sendo que parte destas ofertas também era de ofertas hostis. Segundo estudo elaborado em 1988 por Michael C. Jensen, denominado "*Takeovers: Their Causes and Consequences*", a título de exemplo, só no ano de 1985-1986, o ganho dos acionistas cujas empresas foram alvo de ofertas de aquisição de controle foi de aproximadamente $ 180 milhões de dólares[2].

Esse fenômeno, entretanto, foi durante muito tempo debatido entre os estudiosos e *players* do mercado americano, principalmente no que se referia aos benefícios ou malefícios que as ofertas de aquisição de controle, incluindo as ofertas hostis, traziam para a economia americana. Aqueles que eram contra as tomadas de controle argumentavam que a possibilidade de sua realização impunha um limite psicológico aos administradores das empresas de capital pulverizado no desenvolvimento de seus trabalhos, isto porque tais administradores tenderiam a evitar a realização de projetos de longo prazo para as empresas, já que, a qualquer momento, tais empresas poderiam ter seu controle e administração alterados. Já aqueles que eram a favor das tomadas de controle defendiam que a sua realização, na maioria das vezes, tinha como alvo empresas que não estavam gerando lucros condizentes com o seu potencial, de forma que a troca de controle era tida como uma potencial solução em busca de melhor aproveitamento da empresa-alvo e redução dos denominados custos de transação[3].

2 JENSEN, M. C. **Takeovers**: Their Causes and Consequences. 1988. Disponível em: <http://papers.ssrn.com/sol3/papers.cfm?abstract_id=173455>. Acesso em: 29 de maio de 2016.

3 JENSEN, M. C. **Takeovers**: Their Causes and Consequences. 1988. Disponível em: <http://papers.ssrn.com/sol3/papers.cfm?abstract_id=173455>. Acesso em: 29 de maio de 2016.

Independentemente da concordância dos administradores das empresas com relação aos benefícios ou malefícios das tomadas de controle, passou-se a verificar no mercado americano a criação de mecanismos tendentes a evitar ou desestimular a realização de uma oferta de aquisição hostil de controle. Dentre estes mecanismos, podemos citar: (i) *Poison Pills*; (ii) *Crown Jewel Option*; (iii) *Golden Parachute*; (iv) *Greenmail*; (v) *Standstill Agreement*; (vi) *Staggered Board*; (vii) *Pac-man Defense*; (viii) *White Knights*; (ix) *White Squire*; e (x) *Just Say no Defense*. Tais mecanismos, de forma geral, são previsões estatutárias ou táticas negociais que têm como objetivo não só dificultar uma tomada hostil de controle, mas, em alguns casos, até garantir que os valores a serem recebidos pelos acionistas de uma empresa-alvo sejam mais altos do que os valores que seriam pagos caso tais mecanismos não tivessem sido utilizados[4].

O mercado de capitais brasileiro, na contramão do mercado de capitais americano, apresenta um elevado nível de concentração de controle acionário, e, por tal motivo, ainda não enfrentou muitas discussões sobre tomadas hostis de controle, de forma que a aplicação dos mecanismos de defesa acima mencionados, em nosso País, ainda não apresentou aprofundadas discussões até o momento[5].

[4] SHIGUEMATSU, P. J. L. Mecanismos de Proteção e Estratégias de Defesa em Tomadas Hostis de Controle. In: CASTRO, R. R. M. de; ARAGÃO, L. S. de. **Direito Societário**: Desafios Atuais. Quartier Latin, 2009, p. 389.

[5] Segundo Carlos Klein Zanini: "as flagrantes diferenças existentes entre a realidade do mercado acionário americano e a do brasileiro recomendam toda cautela quanto à mera transposição de instituto lá aplicado. O fenômeno da dispersão da base acionária, apontado já na década de 1930 no clássico de Berle & Means, somente agora – muito timidamente – ensaia no Brasil seus primeiros passos. Do mesmo modo, afigura-se não mais que incipiente a presença entre nós do controle gerencial, sendo absolutamente excepcionais os casos de companhias brasileiras listadas desprovidas de um bloco de controle claramente

Entretanto, é certo que o mercado de capitais brasileiro, ao longo dos últimos anos, vem apresentando um nível positivo de desenvolvimento[6]. E tal desenvolvimento também é seguido por abertura de capital de empresas e por uma ampliação, ainda que lenta, da dispersão do controle acionário.

Embora atualmente o tema "tomadas hostis de controle" e "mecanismos de defesa de tomadas hostis de controle" não seja amplamente discutido e careça inclusive de arcabouço doutrinário pátrio e jurisprudencial, em decorrência do referido desenvolvimento do mercado de capitais brasileiro, possivelmente, em um futuro breve, o referido tema tenderá a ser bastante discutido no Brasil. E, neste momento, com certeza as práticas e institutos do mercado americano influenciarão as nossas práticas.

De todo modo, o objetivo do presente trabalho é estudar os mecanismos de defesa acima descritos, sob o ponto de vista societário e com base no arcabouço jurídico atualmente existente no Brasil.

1. M&A e as "Aquisições Hostis" (*Hostile Takeovers*)

1.1. Conceito e Contextualização: M&A

Merges e *Acquisitions* (M&A) ou fusões e aquisições (na tradução mais literal das palavras) representam verdadeiros processos de integração societária. Tais fenômenos podem ser entendidos como o conjunto de medidas de crescimento externo ou compartilhado de uma empresa, que se concretiza por meio da dominação de negócios e/ou de reorganizações societárias[7].

identificado" (Zanini, C. K. In: Von Adamek, M. V. **Temas de Direito Societário e Empresarial Contemporâneos**. Malheros Editores, 2011, p. 262).

6 Rocca, C. A. **Revolução no Mercado de Capitais do Brasil**: o Crescimento Recente é Sustentável?. Rio de Janeiro: Elsevier, 2008, p. 13.

7 Botrel, S. **Fusões & Aquisições**. 3 ed. Editora Saraiva, 2014, p. 21 e 22.

Os procedimentos jurídicos de integração podem ser implementados de formas diversas, desde uma simples incorporação ou cessão parcial de ativo para a sociedade dominante, até soluções mais complexas, como a fusão ou cessão da integralidade de ativos da sociedade dominada[8].

As *merges* ou fusões, na prática, são negócio jurídico por meio do qual duas ou mais sociedades se unem para a formação de uma terceira, que as sucederá em todos os direitos e obrigações, extinguindo-se as sociedades fundidas[9]. As *Acquisitions* ou aquisições, por sua vez, são negócio jurídico que tem como efeito a transferência da propriedade de um bem, tal como participação societária, ou determinados ativos, sem a extinção de sociedades.

No clássico livro "*The Art of M&A*", o conceito de M&A é tratado da seguinte forma:

> A merger occurs when one corporation is combined with and disappears into another corporation. (...) A corporate acquisition is the process by which the stock or asset of a corporation come to be owned by a buyer. The transaction may take form of a purchase of stock or a purchase of asset[10].

[8] BULGARELLI, W. **Fusões, Incorporações e Cisões de Sociedades**. 6 ed. Editora Atlas, 2000, p. 29).

[9] "O que se visa na fusão, em geral, e na incorporação, não é, como é curial, a venda ou cessão de patrimônio, ou a união integral ou de parte dos patrimônios, mas muito mais: querem as partes compenetração societária, através da transferência dos patrimônios e a participação dos sócios, em a nova ou na subsistente, extinguindo-se, necessariamente, em consequência." (BULGARELLI, W. **Fusões, Incorporações e Cisões de Sociedades**. 6 ed. Editora Atlas, 2000, p. 114)

[10] "Uma fusão ocorre quando uma empresa é combinada e desaparece dentro de outra empresa. (...) A aquisição corporativa é o processo pelo qual as ações ou ativos de uma empresa passam a ser de propriedade de um comprador. Tal operação pode assumir a forma de compra de ações ou de compra de ativos."

Segundo Waldirio Bulgarelli, o tema das integrações societárias sempre permanecerá atual, com um caráter de permanência que parece decorrer do fato de que está entranhado nas estruturas capitalistas desde o advento da primeira Revolução Industrial e das subsequentes que a procederam[11].

As operações de M&A demonstram muita importância para o mundo corporativo por estarem intrinsecamente relacionadas ao capitalismo e desenvolvimento econômico propriamente dito. Segundo Gaughan: "*The Business of M&A is one which will ever be present in the corporate world. As the economy expands M&As go along it*"[12].

Ainda nessa linha, resumindo de forma clara o cenário econômico no qual o tema M&A se encaixa, Stephen M. Bainbridge expõe o seguinte:

> It is difficult to imagine how a modern economy could function without something like our present corporate finance system. The numerous technological changes wrought by the Industrial Revolution, especially the development of modern mass production techniques in the nineteenth century, gave great advantages to firms large enough to achieve economies of scale. In turn, those advantages gave rise to giant industrial corporations. These firms required enormous amounts of capital, far exceeding the resources of any single individual or family. (...) Capital Markets facilitated this process in at least two respects. First, the primary market

(Reed, S. F. **The Art of M&A**: A merger/acquisition/buyout guide. 3 ed. McGraw-Hill, 1998, p. 5).

[11] Bulgarelli, W. **Fusões, Incorporações e Cisões de Sociedades**. 6 ed. Editora Atlas, 2000, prefácio.

[12] "As operações de fusões e aquisições sempre estarão presentes no mundo corporativo. Na medida em que a economia se expande as operações de M&A também vão junto." (Gaughan P. A. **Mergers, Acquisitions and Corporate Restructurings**. 5 ed. Nova Jersey: John Wiley & Sons, 2011, prefácio).

gave issuers access to a large and ever growing pool of potential investors. Second, the secondary markets for corporate stocks and bonds gave investors essential liquidity and, accordingly, encouraged investments. (...) Mergers and acquisition activity tends to be cyclical, usually coinciding with boom periods for the stock market. Economic historians have identified four major "merger waves" in U.S. history: 1897-1904, 1916-1929, 1965-1969 and 1984-1989. Most also agree that a fifth wave began in the mid-1990s. That wave was characterized by the prevalence of negotiated over hostile acquisition, the enormous dollar values involved, and a record-breaking pace both in terms of the number of deals and their aggregate dollar value"[13].

A razão para tamanha importância das operações de M&A pode ser entendida quando analisamos os seus motivadores.

[13] "É difícil imaginar como uma economia moderna poderia funcionar sem algo como o nosso atual sistema de finanças corporativas. As inúmeras mudanças tecnológicas produzidas pela Revolução Industrial, especialmente o desenvolvimento de modernas técnicas de produção em massa no século XIX, deram grandes vantagens às empresas suficientemente grandes para alcançar economias de escala. Por sua vez, essas vantagens deram origem a grandes corporações industriais. Essas empresas exigiam enormes quantidades de capital, superando os recursos de cada indivíduo ou família. (...) O Mercado de Capitais facilitou esse processo em pelo menos dois aspectos. Primeiro, o mercado primário deu aos emissores o acesso a um grande e crescente conjunto de potenciais investidores. Em segundo lugar, os mercados secundários de ações e títulos corporativos proporcionaram aos investidores liquidez essencial e, consequentemente, incentivaram os investimentos. (...) As fusões e aquisições tendem a ser cíclicas, geralmente coincidindo com períodos de expansão para o mercado de ações. Os historiadores econômicos identificaram quatro grandes "ondas de fusão" na história dos EUA: 1897-1904, 1916-1929, 1965-1969 e 1984-1989. A maioria também concorda que uma quinta onda começou em meados da década de 1990. Essa onda caracterizou-se pela prevalência da aquisição negociada sobre as aquisições hostis, dos enormes valores em dólares envolvidos e de um ritmo recorde, tanto em termos de número de negócios quanto de valor agregado em dólares." (BAINBRIDGE, S. M. **Mergers and Acquisition.** 2 ed. Foundation Press, 2009, p. 1 e 2.)

A doutrina é capaz de enumerar muitos deles, mas destacamos aqui aqueles que, em nossa visão, são os principais: (i) rápido acesso a novos mercados e atividades; (ii) facilitação na internacionalização de atividades; (iii) busca de aumento do poder de mercado (redução da concorrência e aumento do poder de negociação); (iv) ganho de escala, por meio da diluição de custos fixos; (v) crescimento externo; (vi) captação de recursos para investimento em projetos de expansão e crescimento, etc. Não obstante, tais motivadores podem ser resumidos em uma palavra: Sinergia. As operações de M&A, em sua essência, buscam sinergia. Nessa linha, conforme expõe Sérgio Botrel[14]:

> A sinergia refere-se à reação que ocorre quando duas ou mais substâncias ou fatores são reunidos para produzir maior efeito juntos do que a soma dos fatores ou substâncias individualmente consideradas. No ambiente das fusões e aquisições isso se traduz na capacidade de a empresa objeto da "dominação" ser mais lucrativa do que as empresas independentemente consideradas.

Importante mencionar, entretanto, que em determinadas situações, o sucesso da fusão ou aquisição realiza-se não por negócios que tenham como objetivo o crescimento ou expansão das atividades, mas por sua segregação ou mesmo eliminação (via cisão e/ou trespasse, com o objetivo de prevenir a contaminação da atividades eficientes por outras de eficiência reduzida ou duvidosa)[15].

Em linhas gerais, o modelo jurídico que será utilizado para a efetivação do processo de M&A pode envolver diversos tipos de pessoas jurídicas, tanto as sociedades limitadas como as sociedades anônimas (tipos jurídicos mais habituais no Brasil).

[14] BOTREL, S. **Fusões & Aquisições.** 3 ed. Editora Saraiva, 2014, p. 27.

[15] BOTREL, S. **Fusões & Aquisições.** 3 ed. Editora Saraiva, 2014, p. 28.

O presente trabalho, entretanto, tem como foco as operações envolvendo sociedades anônimas de capital aberto e pulverizado (*corporations* no direito americano).

Nesse aspecto, as operações de M&A tomam proporções maiores quando concentramos os estudos em sociedades anônimas de capital aberto. Tal processo tende a ser muito laborioso e complexo. Segundo Stanley Reed:

> The Purchase or sale of a business enterprise is one of the most complex transactions a person or firm can undertake. It has proved to be a make-or-break decision for leaders of many major corporations. And for many small business owner, the sale of a business is a once-in-lifetime thing[16].

Tais transações podem ou não ser negociadas voluntariamente pelos compradores e vendedores. Quando amigáveis, são baseadas em um mútuo interesse das duas ou mais partes que acreditam que a união "fará a força". Entretanto, quando se tratarem de tentativas de aquisições hostis, são baseadas em uma oferta não solicitada de aquisição das ações da respectiva companhia-alvo, sem a prévia negociação com administradores ou sem a manifestação favorável de tais administradores, conforme será verificado a seguir.

1.2. Conceito e Contextualização: Aquisições Hostis

As ofertas públicas de aquisição de controle têm como objetivo permitir ao ofertante a reunião de ações dispersas entre

[16] "A compra ou venda de uma empresa é uma das operações mais complexas que uma pessoa ou empresa pode realizar. Provou-se ser uma decisão única de "fazer ou quebrar" para líderes de muitas grandes empresas. E para muitos pequenos empresários, a venda de um negócio pode ser uma coisa a acontecer apenas uma única vez na vida." (Reed, S. F. **The Art of M&A**: A merger/acquisition/buyout guide. 3 ed. McGraw-Hill, 1998, p. 1).

investidores no mercado de capitais, em quantidades suficientes para superar o número de ações detidas pelo acionista/grupo de acionistas no exercício do poder de controle, ou mesmo a originação de um controle efetivo da companhia, no caso de existência de controle gerencial.

Antes de adentrarmos no tema "Aquisições Hostis", faz-se necessário destacar algumas premissas para fins do presente trabalho, quais sejam: (i) a aplicação do referido instituto (aquisições hostis), no presente estudo, se dará exclusivamente com relação às *corporations* do direito americano, que se assemelham às sociedades anônimas de capital aberto existentes no Brasil, com capital pulverizado (sem controle majoritário)[17]; (ii) quando falamos em *corporations*, deve ser levado em consideração que existe uma diferenciação clássica entre "*ownership*" e "*control*", de forma que, embora seus acionistas titularizem ações, estes não possuem poder de decisão direto com relação aos negócios da companhia, tendo apenas o direito de eleger os conselheiros (*directors*) e o de votar em matérias específicas. Já os conselheiros (*directors*) da companhia são investidos de poderes, pelo estatuto societário e pela lei, incluindo o de delegar as atividades da empresa aos diretores (*officers*), que, por sua vez, poderão delegar tarefas aos funcionários em geral da companhia[18]; (iii) considera-se um ofertante ou "*bidder*" qualquer

[17] Conforme bem recorda João Pedro Barroso do Nascimento, estariam sujeitas à oferta pública de aquisição de controle as companhias com controle minoritário ou gerencial, que, na classificação proposta pelos Regulamentos do Novo Mercado, Nível 1 e Nível 2 da BM&Fbovespa (atual B3 – Brasil, Bolsa, Balcão), enquadrar-se-iam no conceito de controle difuso. (NASCIMENTO, J. B. do. **Medidas Defensivas à Tomada de Controle de Companhias**. São Paulo: Quartier Latin, 2011, p. 76).

[18] No clássico livro de Berle e Means, *The Modern Corporation and Private Property*, a questão da "*ownership*" e "*control*" é amplamente discutida. Conforme resume Bainbridge, no clássico trabalho de Berle e Means, foram identificados 3 (três) tipos de "*public corporations*", classificadas de acordo com a natureza da

pessoa que faça uma oferta de aquisição de ações ou aquele em benefício do qual uma oferta de aquisição é feita; (iv) uma oferta de aquisição hostil, ou *tender offer* significa oferta pública feita com a finalidade de adquirir as ações de uma companhia de capital aberto, por um preço substancialmente maior que o valor de negociação de tais ações no mercado, e é sobre este tipo de oferta que nos inclinamos neste trabalho; (v) *target* ou companhia-alvo, representa a empresa cujas ações o *bidder* pretende adquirir; e (vi) *raider*, significa o ofertante interessado em adquirir o controle de determinada companhia de forma hostil e com a intenção de alterar a administração (ou *management*) corrente e de obter lucros imediatos, com a alienação de ativos específicos da companhia[19].

Nos Estados Unidos, as *tender offers* emergiram durante a década de 60, principalmente em decorrência da falta de regulamentação sobre o tema, bem como por sua vantagem quando comparada com os *proxy contest*[20]. Inicialmente, como estratégia

titularidade de suas *"shares"*: "(i) Controle Majoritário: Empresa que possui um acionista dominante ou grupo de acionistas dominantes agindo em conjunto, que possuem mais de 50% das ações em circulação com direito a voto; (ii) Controle Minoritário: Empresa que possui um acionista dominante ou grupo de acionistas dominantes que possuem menos de 50% das ações em circulação com direito a voto; (iii) Controle Gerencial: Empresa na qual nenhum acionista ou grupo de acionistas agindo em conjunto possuem ações suficientes para lhes darem o controle da companhia. Nessas empresas a separação entre *"ownership"* e *"control"* é completa." (Bainbridge, S. M. **Mergers and Acquisition**. 2 ed. Foundation Press, 2009, p. 10).

[19] Nascimento, J. B. do. **Medidas Defensivas à Tomada de Controle de Companhias**. São Paulo: Quartier Latin, 2011, p. 75)

[20] Proxy contest é definida como: "Uma solicitação de procuração em que um acionista dissidente ou grupo de acionistas solicitam votos dos acionistas para eleger novos diretores ou em apoio de uma proposta particular de acionistas ou em oposição a uma proposta de administração" (Brown, M. M.; Ferrara, R. C.; Bird, P. S.; et al. **Takeovers**: A Strategic Guide to Mergers and Acquisitions. 2 ed. Aspen Publishers, 2004, p. 46)

de pressão sobre acionistas e de aproveitamento de certa assimetria de informações, a tomada de controle denominada "*Saturday Night Special*"[21] se mostrou eficiente. Por meio de tal instrumento, o *raider* realizava oferta pública de aquisição de determinado percentual da companhia-alvo, mediante pagamento em dinheiro. Tais ofertas eram feitas pós-fechamento do mercado, nas sextas-feiras, e estabeleciam que os pagamentos pela aquisição das ações seriam feitos nos primeiros dias da semana seguinte, em dinheiro, na ordem em que os acionistas da companhia aceitassem a oferta. Após esse primeiro passo, tal *raider* se aproveitava daqueles acionistas que não chegavam a tempo e ofertava a aquisição de suas ações, agora por um preço muito menor.[22]

Em 1968, entretanto, foi promulgado o Williams Act, Lei federal Americana que disciplinou as *tender offers*. Tal legislação exigiu maior *disclosure* de informações aos investidores e delegou o poder de supervisão e de solicitação de procedimentos específicos à *Securities and Exchange Comission* ("*SEC*").

No geral, as aquisições hostis fazem parte do todo denominado "aquisições", entretanto, com menos chances de prosperar quando em comparação com aquisições oriundas de negociações amigáveis. Em um levantamento feito com relação à realidade americana no aspecto *hostile takeovers*, foi indicado que desde o começo de 1995 até 2004, aproximadamente 1/3 (um terço) das empresas-alvo foram adquiridas por outros *bidders*, aproximadamente 19% (dezenove por cento) das companhias-alvo continuaram independentes, e apenas pouco mais da

[21] NASCIMENTO, J. B. do. **Medidas Defensivas à Tomada de Controle de Companhias**. São Paulo: Quartier Latin, 2011, p. 81 e 82)

[22] No Brasil, a estratégia "Saturday Night Special" não seria passível de aplicação, visto que a legislação local possui mecanismos protetivos tanto do ponto de vista de prazo, tratamento igualitário aos acionistas, como garantia de um preço no mínimo 5% maior em uma segunda oferta de aquisição de controle da mesma companhia.

metade foram adquiridas via *hostile takeovers* (e em uma grande maioria desses casos, por meio do pagamento de um preço maior do que o preço inicialmente ofertado)[23]

Assim, o mercado passou a discutir a seguinte indagação: afinal, *hostile takeovers* são mecanismos interessantes ou não para o mercado? Michael Jensen, em seu estudo denominado "*Takeovers: Their Causes and Consequences*", se encarregou de estudar de forma objetiva qual a sensibilidade do mercado com relação às *hostile takeovers*, concluindo que as transações que envolvem troca de controle corporativo, em geral, promovem, geralmente, impacto significativo na vida daqueles que possuem alguma relação com as companhias, tais como administradores, funcionários, fornecedores, clientes, e comunidade local. Tais reestruturações geralmente envolvem mudanças como alteração de estratégia corporativa, em vista de novas concorrências ou condições de mercado, aumento de financiamento, enxurrada de recontratações de administradores, funcionários, fornecedores, e clientes. Estas atividades, as vezes, resultam em expansão de recursos destinados a determinadas áreas, mas em outras resultam em reduções, tais como fechamento de plantas industriais, demissões em massa, redução de remunerações, etc.[24]

Assim, de um lado, aqueles que eram diretamente afetados pelas referidas mudanças alegavam que tais transações se mostravam danosas, afetando a produção industrial, e pressionando os executivos a atuarem com pensamento no curto prazo e não no futuro da empresa e da economia (tal fato levou o poder legislativo de diversos estados a aumentar as restrições às *hostile takeovers*).

[23] Brown, M. M.; Ferrara, R. C.; Bird, P. S.; et al. **Takeovers**: A Strategic Guide to Mergers and Acquisitions. 2 ed. Aspen Publishers, 2004, p. 27.

[24] Jensen, M. C. **Takeovers**: Their Causes and Consequences. 1988. Disponível em: <http://papers.ssrn.com/sol3/papers.cfm?abstract_id=173455>. Acesso em: 29 de maio de 2016.

Não obstante, na contramão, Michael Jensen também evidenciou que as *hostile takeovers* exerceram sim papel bastante positivo para o mercado, conforme abaixo destacado:

> 1. Takeovers benefit shareholders of target companies. Premiums in hostile offers historically exceed 30 percent on average, and in recent times have averaged about 50 percent. 2. Acquiring-firm shareholders on average earn about 4 percent in hostile takeovers and roughly zero in mergers, although these returns seem to have declined from past levels. 3. Takeovers do not waste credit or resources. Instead, they generate substantial gains: historically, 8 percent of the total value of both companies. Those value gains represent gains to economic efficiency, not redistribution between various parties. 4. Actions by managers that eliminate or prevent offers or mergers are more suspect than harmful to shareholders. (...) The market for corporate control is creating large benefits for shareholders and for the economy as a whole by loosening control over vast amounts of resources and enabling them to move more quickly to their highest-valued use. This is a healthy market in operation, on both the takeover side and the divestiture side, and it is playing an important role in helping the American economy adjust to major changes in competition and regulation of the past decade[25].

[25] "1. As aquisições beneficiam os acionistas das empresas alvo. Os prêmios em ofertas hostis excedem historicamente 30%, em média, e nos últimos tempos cerca de 50%. 2. Os acionistas das empresas ofertantes ganham, em média, cerca de 4% em aquisições hostis e aproximadamente zero em fusões, embora esses retornos pareçam ter diminuído de níveis passados. 3. As aquisições não desperdiçam créditos ou recursos. Em vez disso, elas geram ganhos substanciais: historicamente, 8% do valor total de ambas as empresas. Esses ganhos de valor representam ganhos para a eficiência econômica, e não à redistribuição entre várias partes. 4. As ações de administradores que eliminam ou impedem ofertas ou fusões são mais suspeitas do que prejudiciais aos acionistas. (...) O mercado de controle corporativo está criando grandes benefícios para os acionistas

Em nossa visão, as *hostile takeovers* desempenham papel fundamental para o mercado em si, vez que os administradores das companhias são incentivados a prestar os melhores e mais eficientes serviços em prol do desenvolvimento da companhia e geração de valor aos acionistas, além de tais *hostile takeovers* representarem a essência do mercado de capitais e capitalismo, condizente com a célebre frase do iluminista Vincent de Gournay (1712 – 1759): "*Laissez faire, laissez passer, lê monde va de lui même*", destacada, entretanto, a necessidade de regulamentações com diretrizes gerais para garantir *full disclosure* ao mercado.

Nessa linha, conforme reconhecem Marcos Barbosa Pinto e Otávio Yazbek:

> A oferta hostil não só elimina as perdas *ex post*, através da substituição dos administradores, como também as reduz *ex ante*, pois a simples ameaça de uma troca de controle cria um incentivo para que os administradores sejam mais eficientes e leais para com os acionistas[26].

Marcelo Trindade, ao detalhar um dos mecanismos de proteção às tomadas hostis de controle (na ocasião, as *poison pills* brasileiras), entende que:

e para a economia como um todo, afrouxando o controle sobre uma grande quantidade de recursos e permitindo que eles se movam mais rapidamente para seu uso mais valorizado. Este é um mercado saudável em operação, tanto do lado da aquisição quanto do lado da alienação, e está desempenhando um papel importante para ajudar a economia americana a se adaptar às principais mudanças de concorrência e regulação da última década." (Jensen, M. C. **Takeovers**: Their Causes and Consequences. 1988. Disponível em: <http://papers.ssrn.com/sol3/papers.cfm?abstract_id=173455>. Acesso em: 29 de maio de 2016.)

26 Pinto, M. B.; Yazbek, O. **Memorando**: Poison Pills. 2008. Disponível em: <http://www.cvm.gov.br/export/sites/cvm/decisoes/anexos/0005/6491-0.pdf>. Acesso em: 30 de maio de 2016, p. 3.

Tais mecanismos podem gerar a perpetuação de uma administração ineficiente no comando da companhia, dificultando que o conjunto dos acionistas exerça sua legítima opção de alienar a empresa[27].

Não obstante, a frequência e o tipo de estratégia de *hostile takeovers* foram alterando com o passar dos anos. Em 1987, por exemplo, *tender offers* ocorriam em uma média de 2 (duas) a 3 (três) por dia nos Estados Unidos. Em contraste, em 2003, por exemplo, Thomson Financial reportou apenas 9 (nove) naquele ano. O declínio no número dessas *tender offer*s refletiu, entre outras coisas: (i) queda na disposição dos *bidders* em tomar financiamentos, e dos financiadores em concedê-los, para efetuar aquisições alavancadas (*leveraged hostile cash takeovers*); e (ii) maior eficácia dos mecanismos de defesa[28].

Conforme lembra João Pedro Barroso do Nascimento, na medida em que se dá a dispersão acionária, as companhias tornam-se mais suscetíveis a movimentos que visem à tomada de seu controle acionário, propiciando que terceiros interessados na aquisição de controle o façam mediante operações realizadas em bolsa de valores ou mediante oferta pública aos seus acionistas[29].

Nos mercados desenvolvidos, em especial o americano, em decorrência de frequentes tentativas de ofertas hostis de controle, foram desenvolvidas pela doutrina e prática jurídica/financeira, medidas defensivas às tomadas de controle.

[27] Trindade, M. **Parecer Legal no Âmbito da Oferta Pública de Aquisição de Ações da Diagnósticos da América S.A. por Cromossomo Participações II S.A.** 2014. Disponível em: <http://www.mzweb.com.br/opadasa/arquivos/OPA_DASA_PareceresLegais_PT.pdf>. Acesso em: 30 de maio de 2016, p. 17.

[28] Brown, M. M.; Ferrara, R. C.; Bird, P. S.; et al. **Takeovers**: A Strategic Guide to Mergers and Acquisitions. 2 ed. Aspen Publishers, 2004, p. 27.

[29] Nascimento, J. B. do. **Medidas Defensivas à Tomada de Controle de Companhias**. São Paulo: Quartier Latin, 2011, p. 24.

A principal questão envolvendo este tema foi a indagação se tais mecanismos beneficiavam a companhia-alvo e seus acionistas ou apenas os seus administradores, alvo de uma possível substituição. Tal questionamento levava em consideração principalmente o tema dos conflitos de agência[30] (ou *Agency Problems*[31]).

Não obstante, como o presente estudo não tem como objeto a análise detalhada dos lados positivos e negativos das *hostiles takeovers* e dos seus mecanismos de defesa, passemos à análise da questão das ofertas públicas de aquisição e possibilidade de utilização de mecanismos de defesa do mercado americano no Brasil.

2. OPA no Brasil

Embora o Brasil não possua uma legislação específica sobre *hostile takeover*, possui determinados dispositivos legais, regulamentares ou mesmo de governança corporativa, que disciplinam as ofertas públicas de aquisição de ações ("*OPA*"), aplicáveis a situações específicas.

[30] Para Alexandre Di Miceli da Silveira: "Praticamente todas as análises sobre governança se baseiam na famosa "teoria de agência", desenvolvida no campo da economia. A abordagem parte da premissa de que as pessoas optarão por cursos de ação que maximizam seu resultado pessoal, em detrimento do melhor para a companhia. Logo, essa doutrina prevê que o grande risco decorre da potencial ausência de lealdade dos agentes para com os principais". (Silveira, A. D. M. da. **Obediência Cega**: Os prejuízos que a lealdade excessiva ao Líder podem causar às organizações. 2010. Disponível em: <https://capitalaberto.com.br/temas/obediencia-cega/#.WUgFDWjyvIU>. Acesso em: 30 de maio de 2016)

[31] "Para os leitores que não estão familiarizados com o jargão dos economistas, um "problema de agência" – no sentido mais geral do termo – surge sempre que o bem-estar de uma das partes, denominada "principal", depende das ações tomadas por outra parte, denominada "agente". O problema consiste em motivar o agente a atuar no interesse do principal, em vez de simplesmente no interesse próprio" (Kraakman, R. **The Anatomy of Corporate Law**: A Comparative and Functional Approach. 2 ed. Oxford University Press, 2010, p. 2 a 4)

A Lei nº 6.404, de 15 de dezembro de 1976 ("*Lei das S.A.*") e a Instrução da Comissão de Valores Mobiliários ("*CVM*") nº 361, de 07 de março de 2002 (*"Instrução CVM 361")*, são as principais normas brasileiras sobre o tema. A referida instrução, de forma didática, sintetiza as modalidades de OPA permitidas no Brasil, em seu artigo 2º, conforme segue:

I. *OPA para cancelamento de registro*: é a OPA obrigatória, realizada como condição do cancelamento do registro para negociação de ações nos mercados regulamentados de valores mobiliários, por força do § 4º do art. 4 º da Lei das S.A., e do § 6º do art. 21 da Lei nº 6.385, de 7 de dezembro de 1976;

II. *OPA por aumento de participação*: é a OPA obrigatória, realizada em conseqüência de aumento da participação do acionista controlador no capital social de companhia aberta, por força do § 6 º do art. 4 º da Lei das S.A.;

III. *OPA por alienação de controle*: é a OPA obrigatória, realizada como condição de eficácia de negócio jurídico de alienação de controle de companhia aberta, por força do art. 254-A da Lei das S.A.;

IV. *OPA voluntária*: é a OPA que visa à aquisição de ações de emissão de companhia aberta, que não deva realizar-se segundo os procedimentos específicos estabelecidos na Instrução CVM 361 para qualquer OPA obrigatória (Ex. OPA para aquisição da totalidade das ações da companhia-alvo);

V. *OPA para aquisição de controle de companhia aberta*: é a OPA voluntária de que trata o art. 257 da Lei das S.A.; e

VI. *OPA concorrente*: é a OPA formulada por um terceiro que não o ofertante ou pessoa a ele vinculada, e que tenha por objeto ações abrangidas por OPA já apresentada para registro perante a CVM, ou por OPA não sujeita a registro cujo edital já tenha sido publicado, nos termos do art. 11 da Instrução CVM 361.

Somente as OPA referidas nos incisos "i", "ii" e "iii" acima são consideradas OPA obrigatórias, estando sujeitas a registro na CVM. As OPA referidas nos incisos "iv", "v" e "vi" acima somente dependerão de registro caso envolvam permuta de valores mobiliários.

Como se percebe, na própria definição das modalidades de OPA, a CVM faz referência aos dispositivos da Lei das S.A. que autorizam cada uma delas. Além disso, determinados segmentos especiais de listagem da B3 – Bolsa, Brasil, Balcão[32] ("*B3*"), como é o caso do Bovespa Mais, Bovespa Mais Nível 2, Novo Mercado e Nível 2, exigem para as empresas que venham aderir suas regras que a OPA do artigo 254-A da Lei das S.A. (*tag along*) seja realizada por um preço representando 100% (cem por cento) do valor pago pelo ofertante às ações do controlador, além de disciplinarem, também, as OPA em decorrência de cancelamento de registro ou saída do segmento, por, no mínimo, o valor econômico das ações.

A autorização para que se tenha, no Brasil, uma *hostile takeover,* advém do próprio conceito de OPA Voluntária e do artigo 257 da Lei das S.A. O referido artigo dispõe que a oferta pública

[32] Os segmentos de listagem são rígidas regras de governança corporativa criadas pela B3. Tais regras vão além das obrigações que as companhias têm perante a Lei das S.A. e têm como objetivo melhorar a avaliação daquelas que decidem aderir, voluntariamente, a um desses segmentos de listagem. Atualmente, a B3 conta com os seguintes seguimentos: Bovespa Mais, Bovespa Mais Nível 2, Novo Mercado, Nível 2 e Nível 1, além do Seguimento Básico (segmento de listagem que não conta com regras diferenciadas de governança corporativa), sendo certo que o mais rígido é o Novo Mercado. (BM&FBOVESPA. **Segmentos de Listagem**. Disponível em: <http://www.bmfbovespa.com.br/pt_br/listagem/acoes/segmentos-de-listagem/sobre-segmentos-de-listagem/>. Acesso em: 10 de jun de 2017.)

para aquisição de controle de companhia aberta somente poderá ser feita com a participação de instituição financeira que garanta o cumprimento das obrigações assumidas pelo ofertantes e caso conte com possibilidade de permuta de valores mobiliários, exigirá o registro na CVM.

O que transformará a OPA do artigo 257 da Lei das S.A. em hostil será, como já vimos acima, a comunicação prévia ao conselho ou o seguimento da OPA mesmo no caso do conselho manifestar-se contrário a esta.

Importante notar que o artigo 32-D da Instrução CVM 361 estabelece que, caso o conselho de administração da companhia-alvo opte por se manifestar sobre a OPA para a aquisição de controle, tal pronunciamento deverá abordar informações acerca da quantidade de valores mobiliários de emissão da companhia e da ofertante, detidos pela própria companhia e pelos administradores.

Como se vê, em um primeiro momento, tem-se que o conselho de administração pode ou não manifestar-se sobre a OPA. De toda a forma, entende-se que especialmente na OPA de controle é de muita valia para uma tomada de decisão fundamentada pelos acionistas a manifestação do conselho de administração, opinando de forma favorável ou não à aceitação da proposta, com as devidas justificativas[33].

Consta nos regulamentos do Novo Mercado e do Nível 2 da B3 que o conselho de administração é obrigado, no prazo de 15 (quinze) dias a partir da publicação do edital da OPA, a divulgar manifestação sobre esta, levando em consideração o interesse do conjunto de acionistas[34].

[33] Eizirik, N. **A Lei das S/A Comentada.** vol III. São Paulo: Quartier Latin, 2011, p. 473 e 474.

[34] Eizirik, N. **A Lei das S/A Comentada.** vol III. São Paulo: Quartier Latin, 2011, p. 474.

No que se refere aos trâmites operacionais, a OPA se dará por meio da publicação de um edital (instrumento da OPA), consistente em uma declaração unilateral de vontade, por meio do qual o ofertante formula uma proposta dirigida à totalidade dos acionistas da companhia, de compra de suas ações, produzindo efeitos vinculantes sobre o ofertante, que não pode revogá-la ou alterá-la unilateralmente apenas em decorrência de sua vontade. No referido edital constará todos os requisitos exigidos em lei, em especial aqueles previstos no artigo 258 da Lei das S.A., e nas regulamentações da CVM, devendo conter todos os elementos necessários para uma tomada de decisão pelo acionista alienante das ações[35].

A OPA deve ser intermediada por instituição financeira e, nos termos do artigo 261 da Lei das S.A., a aceitação da oferta pelos acionistas alienantes deve ser feita nas referidas instituições financeiras ou nos mercados de valores mobiliários indicados no edital.

No curso da oferta, o ofertante pode melhorar a proposta inicialmente feita, nos termos do § 1º do artigo 261 da Lei das S.A., em relação ao preço e forma de pagamento, desde que em porcentagem igual ou superior a 5%(cinco por cento) e em até 10 (dez) dias antes do término do prazo da oferta, sendo as novas condições estendidas aqueles que já tenham aceitado a proposta inicial[36].

Ainda, o artigo 262 da Lei das S.A. permite a existência de uma OPA concorrente por outro ofertante, entretanto, a referida OPA concorrente deverá ser lançada em até 10 (dez) dias antes da data prevista para a realização da OPA inicial, além de ser obrigada a estabelecer um preço inicial de aquisição das ações de, no mínimo, 5% (cinco por cento) superior ao preço

[35] Eizirik, N. **A Lei das S/A Comentada**. vol III. São Paulo: Quartier Latin, 2011, p. 471 e 474.

[36] Eizirik, N. **A Lei das S/A Comentada**. vol III. São Paulo: Quartier Latin, 2011, p. 488.

da OPA inicial (conforme prevê o artigo 13, § 3º da Instrução CVM 361). Tal fato faz com que as ordens de venda já realizadas pelos acionistas alienantes sejam consideradas nulas e sem efeito, de forma a possibilitar a tais acionistas a liberação do compromisso assumido e a possibilidade de avaliar e aceitar, eventualmente, a oferta concorrente[37]

Interessante notar que a Lei das S.A. visando a proteção do mercado como um todo, em seu artigo 256, disciplina que caso o ofertante (*bidder* ou *raider*) seja uma companhia aberta, a compra do controle de qualquer sociedade mercantil dependerá de assembleia geral do referido ofertante, especialmente convocada para conhecer da operação, caso: (i) o preço de compra constitua, para a compradora, investimento relevante (artigo 247, parágrafo único da Lei das S.A.); ou; (ii) o preço médio de cada ação ou quota ultrapasse uma vez e meia o maior dos 3 (três) valores a seguir indicados: (a) cotação média das ações em bolsa ou no mercado de balcão organizado, durante os noventa dias anteriores à data da contratação; (b) valor de patrimônio líquido (artigo 248 da Lei das S.A.) da ação ou quota, avaliado o patrimônio a preços de mercado (artigo 183, § 1º da Lei das S.A.); ou (c) valor do lucro líquido da ação ou quota, que não poderá ser superior a 15 (quinze) vezes o lucro líquido anual por ação (artigo 187, "vii" da Lei das S.A.) nos 2 (dois) últimos exercícios sociais, atualizado monetariamente.

3. Medidas Defensivas à Tomada de Controle

No Brasil, a partir de 2004, o mercado de capitais brasileiro apresentou elevadas taxas de crescimento, com a abertura de capital de diversas sociedades. Embora, nos últimos 4 (quatro) ou 5 (cinco) anos, a abertura de capital tenha diminuído, certo é que o mercado de capitais brasileiro, superadas as crises polí-

[37] Eizirik, N. **A Lei das S/A Comentada**. vol III. São Paulo: Quartier Latin, 2011, p. 492 e 493.

tica e econômica que vivemos atualmente, voltará a se desenvolver, de forma que a existência de sociedades anônimas de capital pulverizado poderá se tornar uma realidade constante entre nós, e o tema oferta hostil de controle e medidas defensivas passará a ter especial tratamento em nosso território.

Entretanto, será preciso analisar com cuidado quais mecanismos típicos de ordenamentos jurídicos de outros países poderão ser utilizados como táticas defensivas no Brasil. Afinal, rememorando os ensinamentos do saudoso professor Miguel Reale, o direito é, em uma concepção geral, tridimensional, formado, assim, por um fato, um valor e uma norma. Dessa forma, não podemos nos basear em regras alienígenas que se aplicam a fatos inexistentes em nossa sociedade. Ademais, caso o fato venha ser o mesmo que o existente em outros países, talvez os valores sejam distintos nas duas sociedades, fato este que deveria impactar diretamente na norma. Por isso, como atos geram juízos de valores que demandam normas para regulamentá-los, transpor, pura e simplesmente, em nosso ordenamento jurídico, normas ou práticas de outras sociedades, deve ser uma atividade feita com muito cuidado[38].

As medidas defensivas podem ser classificadas em relação ao momento em que serão aplicáveis, a saber, *preventivas* ou *posteriores*, bem como em relação à natureza jurídica, a saber, *estatutárias*, *contratuais* ou *institucionais*.

As medidas *preventivas* são aquelas formalmente constituídas antes da existência de uma oferta hostil de controle. Por tal fato, tais medidas são menos tendentes a levantar discussões sobre as responsabilidades ou conflitos de interesse dos administradores no que se refere à proteção contra tomadas de controle[39].

[38] REALE, Miguel. **Teoria Tridimensional Do Direito.** 5 ed. São Paulo: Saraiva, 1994.

[39] NASCIMENTO, J. B. do. **Medidas Defensivas à Tomada de Controle de Companhias**. São Paulo: Quartier Latin, 2011, p. 119.

As medidas *posteriores*, por sua vez, são aquelas praticadas após o início de uma oferta hostil. Nessa linha, como serão considerados instrumentos objeto de uma atuação ativa da administração da companhia-alvo, em razão de inexistência ou insuficiência de uma medida preventiva, poderá haver maiores oportunidades de discussão sobre as responsabilidades ou conflitos de interesse dos referidos administradores[40].

As medidas defensivas *estatutárias* são aquelas estabelecidas por disposições no estatuto social da companhia-alvo (Ex. *Poison pills,* limitação ao número de votos conforme possibilita o artigo 110 da Lei das S.A., etc). As medidas defensivas *contratuais* são aquelas criadas por meio de contratos anteriores ou posteriores à existência de uma oferta hostil, celebrados entre a companhia e terceiros (administradores, acionistas e demais *stakeholders*) com o intuito de reduzir a atratividade da companha alvo (Ex. *Crown jewel option*, outorga de opção de aquisição de ativo relevante da companhia, convenção de votos para fortalecimento de esfera de controle, etc). Por fim, as medidas defensivas *institucionais* são aquelas consistentes na criação de organismos dotados ou não de personalidade jurídica em defesa da tentativa de tomada de controle; tal defesa consiste na junção de acionistas integrantes da dispersão acionária para formarem organismos, tais como sociedades, fundos de investimento, condomínios, consórcios[41].

Dessa forma, com base no acima exposto, passaremos a analisar as principais táticas defensivas contra tomadas hostis de controle praticadas ao longo das últimas décadas nos EUA, com o intuito de verificar eventual aplicabilidade no Brasil.

[40] Há quem defenda que a melhor tática defensiva preventiva existente seria um *management* que maximizasse valor aos acionistas, visto que, nessa hipótese, o incentivo para qualquer troca de controle estaria reduzido.

[41] Nascimento, J. B. do. **Medidas Defensivas à Tomada de Controle de Companhias**. São Paulo: Quartier Latin, 2011, p, 122.

3.1. *Poison Pills*

A primeira *poison pill* adotada nos EUA (no ano de 1983) envolvia uma empresa denominada "Lenox" e era considerada verdadeiro "cheque em branco" consistente em autorização estatutária de emissão de ações preferenciais com direitos a serem definidos pelo conselho de administração no momento de emissão de tais ações. A característica de medida protetiva de tal provisão estava na possibilidade dos acionistas detentores, caso a Lenox fosse incorporada por outra companhia, em exercer a conversão de tais ações preferenciais em ações ordinárias por um preço bastante inferior ao presente no mercado. Assim, a possibilidade de tal conversão deixava a Lenox menos atrativa às vistas de um potencial *raider*. Esta foi a primeira variação da *poison pill (flip-over)*[42]. O problema das *poison pills* da primeira geração, entretanto, era que, possuindo um *trigger*, consistente na fusão ou incorporação da companhia, a eventual aquisição de participação majoritária por um *bidder* acabava não sendo disciplinada, dessa forma, assim como aconteceu no caso James Goldsmith e Crown Zellerbach, caso o *bidder* adquirisse participação societária que lhe conferisse poderes suficientes para controlar a companhia, este não precisaria fazer uma fusão ou incorporação, não acionando, dessa forma, o veneno da *poison pill*[43].

Como forma de resolver o problema da primeira geração das *poison pill*, a segunda geração (*flip-in*) consistia em acionar a *poison pill* após a aquisição efetiva, pelo *bidder*, de determinado percentual de participação da companhia-alvo.

Entretanto, ao mesmo passo em que as *poison pills* eram inseridas nos estatutos sociais das companhias, os especialistas,

[42] BAINBRIDGE, S. M. **Mergers and Acquisition.** 2 ed. Foundation Press, 2009, p. 197.

[43] BAINBRIDGE, S. M. **Mergers and Acquisition.** 2 ed. Foundation Press, 2009, p. 197.

prevendo um cenário em que existiria uma proposta de aquisição de controle interessante para a maioria dos acionistas, bem como para a administração, também desenvolveram a tese das "*redemption provisions*", que, na prática, também viraram cláusulas estatutárias que outorgavam poderes para o conselho de administração resgatar os direitos outorgados pelas *poison pills*, por um valor nominal de custo, quando entendessem que a proposta de aquisição de controle era muito interessante. Isso, por sua vez, acabou enfraquecendo novamente as *poison pills*, pois *os bidder* passaram a ter a oportunidade de continuar com uma oferta hostil de controle em conjunto com um *proxy contest*. Nessa estratégia, eles buscavam eleger paralelamente à oferta hostil de controle um novo conselho administração, por meio de solicitação de procurações, com o intuito de que o "novo" conselho de administração resgatasse os direitos dos acionistas tão logo fossem eleitos[44].

Igualmente na tentativa de dar mais poder às *poison pills*, a terceira geração criou a "*dead plan pill*" com o objetivo de travar a estatégia mencionada no parágrafo anterior, privando os novos conselheiros do poder de resgatar os direitos outorgados pelas *poison pills*.

Em resumo, as *poison pills* americanas, na essência, são cláusulas estatutárias que outorgam poderes ao Conselho de Administração da companhia-alvo, quando da presença de uma oferta hostil de controle, em aprovar a emissão de novas ações, conferindo aos acionistas existentes o direito de subscrevê-las por um preço inferior ao preço de mercado.

No Brasil, entretanto, o conceito de *poison pills* foi "tropicalizado". Na nossa realidade, as *poison pills*, conforme bem define Nelson Eizirik em parecer emitido no caso Cromos-

[44] BAINBRIDGE, S. M. **Mergers and Acquisition**. 2 ed. Foundation Press, 2009, p. 201 e 202.

somo e Dasa[45], são verdadeiras "*OPA por atingimento de participação relevante*". Tais cláusulas[46] obrigam o acionista ou grupo de acionistas que atingir participação superior a determinado limite expressamente previsto no estatuto social a realizar oferta pública para adquirir todas as demais ações de emissão

[45] Este parecer foi elaborado no âmbito da discussão existente no ano de 2014 e 2015 sobre a necessidade da sociedade Cromossomo Participações III S.A. efetuar uma OPA em decorrência de *poison pill* inserida no estatuto social da Diagnósticos da América S.A., caso a referida ofertante não adquirisse a totalidade das ações companhia-alvo, visto que a Cromossomo Participações III S.A., havia lançado uma oferta hostil de aquisição da totalidade das ações da Diagnósticos da América S.A. O desfecho deste assunto foi dado com uma sentença arbitral reconhecendo que a *poison pill* não teria efeitos nesse caso concreto, já que a oferta hostil inicial já conferia a todos os acionistas a possibilidade de alienarem suas ações. EIZIRIK, N. **Parecer Legal no Âmbito da Oferta Pública de Aquisição de Ações da Diagnósticos da América S.A. por Cromossomo Participações II S.A.** 2014. Disponível em: <http://www.mzweb.com.br/opadasa/arquivos/OPA_DASA_PareceresLegais_PT.pdf>. Acesso em: 30 de maio de 2016, p. 15.

[46] Um exemplo de cláusula seria: "Qualquer acionista que adquira ou se torne titular de ações de emissão da companhia, em quantidade igual ou superior a [-]% do total de ações de emissão, excluídas para os fins deste cômputo as ações em tesouraria, deverá, no prazo de [-] dias a contar da data de aquisição ou do evento que resultou na titularidade de ações em quantidade igual ou superior a [-]% do total de ações de emissão da companhia, realizar ou solicitar o registro de uma oferta pública de aquisição de ações para aquisição da totalidade das ações de emissão da Companhia. O preço de aquisição de cada ação de emissão da companhia não poderá ser inferior ao maior valor entre (i) [-]% da cotação unitária mais alta atingida pelas ações de emissão da companhia durante o período de [-] meses anterior à realização da oferta em qualquer bolsa de valores em que as ações da Companhia forem negociadas; (ii) [-]% do preço unitário mais alto pago pelo acionista adquirente durante o período de [-] meses anterior à realização da oferta para uma ação ou lote de ações de emissão da companhia; e (iii) o valor econômico apurado em laudo de avaliação." PINTO, M. B.; YAZBEK, O. **Memorando**: Poison Pills. 2008. Disponível em: <http://www.cvm.gov.br/export/sites/cvm/decisoes/anexos/0005/6491-0.pdf>. Acesso em: 30 de maio de 2016.

da companhia-alvo, por um valor pré-estabelecido no estatuto social (muitas vezes acrescido de prêmio)[47].

Como se vê, tanto as *poison pill* americanas como as brasileiras têm como objetivo principal a defesa contra uma aquisição hostil, com a diferença de que, no Brasil, tais cláusulas de veneno não conferem direitos aos acionistas existentes em subscrever novas ações por um preço significativamente inferior ao seu valor de mercado, mas sim impedem que, sem a realização de uma oferta pública destinada a todos os investidores, determinado investidor adquira um percentual significativo de ações em circulação.

Sem o intuito de entrarmos na discussão detalhada do assunto, faz-se necessário destacar observação de que a *poison pill* brasileira pode ser utilizada, na prática, para inviabilizar a formação de minorias relevantes, protegendo os controladores majoritários de companhias que não possuem seu capital muito pulverizado.

Dessa forma, a *poison pill* criada em um primeiro momento para proteger a companhia contra movimentos oportunistas de tomada de controle, viabilizando, assim, processos de dispersão acionária, se tornaria um mecanismo para viabilizar o que é denominado "entrincheiramento do controlador". Tal discussão indaga, dessa forma, se o gatilho da *poison pill* abaixo do percentual detido pelo eventual controlador estaria alinhado com os interesses da companhia, bem como se seria possível contestar a decisão do controlador que institui tais disposições nos estatutos sociais em decorrência de eventual conflito de interesse, nos termos do artigo 115 da Lei das S.A.[48]

[47] PINTO, M. B.; YAZBEK, **O. Memorando: Poison Pills**. 2008. Disponível em: <http://www.cvm.gov.br/export/sites/cvm/decisoes/anexos/0005/6491-0.pdf>. Acesso em: 30 de maio de 2016

[48] FRANCISCO A. M.; BORGES, F. de. F.; MADUREIRA, M. Análise Jurídica das Chamadas Poison Pills Brasileiras. In: PENTEADO, M. R. e MUNHOZ, E.

A CVM, em seu Parecer de Orientação 36, indiretamente validou o conceito das *poison pills* brasileiras, entendendo ilegítima, entretanto, a aplicação dos efeitos das *poison pills* em face dos acionistas que votarem pela supressão desta cláusula do estatuto social da companhia.

Além disso, interessante trazer à baila as opiniões de Marcos Barbosa Pinto e Otávio Yazbek, diretores da CVM à época da emissão do Parecer de Orientação 36, sobre o instituto das *poison pills* brasileiras:

> O primeiro benefício das *poison pills* é assegurar um tratamento razoavelmente igualitário entre acionistas da companhia. Exigindo que a aquisição de controle se dê por meio de uma oferta pública única dirigida a todos os acionistas, as *poison pills* evitam que a compra de ações se dê a preços diversos; além disso, elas repartem eventual prêmio de controle entre os acionistas. O segundo benefício das *poison pills* é que elas protegem os acionistas contra a natureza coercitiva das ofertas públicas de aquisição de controle. Embora a venda de ações numa oferta de aquisição de controle seja voluntária, alguns tipos de oferta podem compelir o acionista a vender suas ações mesmo que o preço ofertado lhe pareça insuficiente. O terceiro benefício das *poison pills* consiste em aumentar o poder de barganha dos acionistas. [...] Não obstante, as *poison pills* não trazem somente benefícios; seus custos são também consideráveis. Dois deles são bastante óbvios e relevantes: (i) elas podem impedir negócios eficientes do ponto de vista econômico; e (ii) elas aumentam custos de agência[49].

S. **Mercado de Capitais Brasileiro**: Doutrina, Cases & Material. São Paulo: Quartier Latin, 2012, p. 72 e 73.

49 PINTO, M. B.; YAZBEK, O. **Memorando**: Poison Pills. 2008. Disponível em: <http://www.cvm.gov.br/export/sites/cvm/decisoes/anexos/0005/6491-0.pdf>. Acesso em: 30 de maio de 2016.

3.2. *Crown Jewel Option*

A *Crown Jewel Option* ou Joia da Coroa é uma medida defensiva posterior e contratual, consistente na venda ou na outorga de opção de compra a terceiros de ativos relevantes da companhia-alvo (joias da coroa). A prática de tal ato pode desestimular o *raider* na aquisição hostil do controle da companhia, uma vez que, em parte destas tentativas, determinados ativos relevantes da companhia são os grandes motivadores da oferta[50], [51].

A companhia pode também alienar os referidos ativos relevantes com uma possibilidade de recompra, por um preço pré-definido, assim que a oferta hostil seja cessada.

Tal estratégia não possui vedação expressa na legislação brasileira, sendo, assim, passível de aplicação. Entretanto, a referida estratégia, do ponto de vista financeiro e jurídico, pode vir a ser questionada a depender da forma com venha a ser colocada em prática.

[50] Esta defesa faz referência às joias que eram levadas para fazer parte das coroas de reis e rainhas, famosas por serem as maiores, melhor trabalhadas e melhores joias do mercado. Essa estratégia pode, dependendo do ativo vendido, tirar o atrativo para que uma empresa seja alvo de oferta hostil de um determinado comprador (Shiguematsu, P. J. L. Mecanismos de Proteção e Estratégias de Defesa em Tomadas Hostis de Controle. In: Castro, R. R. M. de; Aragão, L. S. de. **Direito Societário**: Desafios Atuais. Quartier Latin, 2009, p. 432).

[51] No Brasil, em 2015, o Banco BTG Pactual, em conjunto com o grupo canadense Brookfield tinha a intenção de efetuar uma OPA de controle da empresa do setor imobiliário BR Properties. Em razão de diversos motivos, os ofertantes desistiram de seguir com a OPA. Entretanto, Brookfield e BR Properties, meses depois, entraram em um acordo para alienação, pela BR Properties, de ativos específicos à Brookfield, que motivavam o interesse principal desta quando do início dos procedimentos para a OPA. Dessa forma, no final do ano de 2015, a transferência dos ativos foi realizada com sucesso. Em nossa visão, tal fato relembra, de certa forma, a estratégia Joia da Coroa. (Ayres, M. **BTG Pactual e Brookfield farão oferta por controle da BR Properties**. 2015. Disponível em: <https://economia.uol.com.br/noticias/reuters/2015/02/26/btg-pactual-e-brookfield-farao-oferta-por-controle-da-br-properties.htm>. Acesso em: 11 de jun de 2017.)

Do ponto de vista financeiro, alienar um ativo relevante da companhia nem sempre está em seus planos ordinários. Assim, uma eventual sobra de caixa com a venda deste ativo pode não ser interessante naquele momento específico da empresa, além disso, a companhia deverá incorrer em custos relativamente elevados para concluir a operação (custos com advogados, auditores, assessores financeiros, etc), podendo, inclusive, sofrer prejuízos futuros caso o referido ativo seja essencial para a sua atividade operacional. Do ponto de vista jurídico, tal estratégia pode encontrar barreiras em *covenants* de contratos de financiamento ou de garantia firmados pela companhia com terceiros, necessidade de aprovação por quóruns elevados de acionistas ou mesmo de membros do conselho (artigo 142, inciso viii da Lei das S.A.). Além disso, no que se refere às responsabilidades da administração na condução deste processo, deve-se lembrar que, nos termos do artigo 153 da Lei das S.A., o administrador deve cumprir seu dever de diligência, empregando, no exercício de suas funções, o cuidado e a diligência que costuma empregar na administração de seus próprios negócios (assim, a venda do ativo não poderá ser uma decisão irracional ou apenas visar a manutenção dos cargos do *management*; pelo contrário, deverá ser uma decisão correta e benéfica para os negócios da companhia).

Aproveitando o ensejo, entedemos necessário detalhar um pouco mais os referidos deveres fiduciários envolvendo os administradores, visto que tais deveres ganham destaque no caso de aplicação de certas medidas defensivas (como é o caso da *Crown Jewel Option*). Assim, buscando dar concretude aos aspectos abstratos envolvendo aos deveres fiduciários dos administradores, a CVM, em seu Parecer nº 35, de 01 de setembro de 2008, em discussão sobre operações de fusão, incorporação e incorporação de ações, entendeu que os administradores das companhias abertas controladas ou, no caso de companhias sob controle comum, de ambas as companhias, deveriam adotar os seguintes procedimentos nas operações de que trata o artigo 264 da Lei das S.A., que também poderiam ser aplicados aos atos da administração previstos no presente estudo:

> (i) a relação de troca e demais termos e condições da operação devem ser objeto de negociações efetivas entre as partes na operação; (ii) o início das negociações deve ser divulgado ao mercado imediatamente, como fato relevante, a menos que o interesse social exija que a operação seja mantida em sigilo; (iii) os administradores devem buscar negociar a melhor relação de troca e os melhores termos e condições possíveis para os acionistas da companhia; (iv) os administradores devem obter todas as informações necessárias para desempenhar sua função; (v) os administradores devem ter tempo suficiente para desempenhar sua função; (vi) as deliberações e negociações devem ser devidamente documentadas, para posterior averiguação; (vii) os administradores devem considerar a necessidade ou conveniência de contratar assessores jurídicos e financeiros; (viii) os administradores devem se assegurar de que os assessores contratados sejam independentes em relação ao controlador e remunerados adequadamente, pela companhia;(ix) os trabalhos dos assessores contratados devem ser devidamente supervisionados; (x) eventuais avaliações produzidas pelos assessores devem ser devidamente fundamentadas e os respectivos critérios, especificados; (xi) os administradores devem considerar a possibilidade de adoção de formas alternativas para conclusão da operação, como ofertas de aquisição ou de permuta de ações; (xii) os administradores devem rejeitar a operação caso a relação de troca e os demais termos e condições propostos sejam insatisfatórios; (xiii) a decisão final dos administradores sobre a matéria, depois de analisá-la com lealdade à companhia e com a diligência exigida pela lei, deve ser devidamente fundamentada e documentada; e (xiv) todos os documentos que embasaram a

decisão dos administradores devem ser colocados à disposição dos acionistas.[52]

Como se vê, o administrador deve exercer as atribuições que a lei e o estatuto social da companhia lhe conferem para lograr os fins e o interesse da companhia, satisfazer as exigências do bem público e da função social da empresa. Nos termos do artigo 156 da Lei das S.A., caso o administrador não tenha sua prática alinhada com os ditames do interesse social da companhia, ou descumpra seus deveres e obrigações fiduciários, tal administrador poderá, então, sofrer com o eventual ajuizamento de ação de responsabilidade nos termos do artigo 158 da Lei das S.A.

Não obstante, vale registrar que, quando observado o devido cumprimento dos deveres fiduciários, o princípio denominado "*Business Judgement Rule*", criado pela jurisprudência e doutrina americana, poderá ser invocado para proteger os administradores. Conforme ensinam Charles R.T. O'Kelley e Robert B. Thompson, o *Business Judgement Rule* é:

> A judicial presumption that the directors have acted in accordance with their fiduciary duties of care, loyalty and good Faith. The protection provided by the business judgment rule lies in the much greater pleading and evidentiary burden that it places in plaintiffs seeking to hold directors liable for allegedly breaching their fiduciary duties while engaged in official conduct in behalf of the corporation[53].

[52] BRASIL. **Parecer de Orientação CVM nº 35**, de 01 de setembro de 2008. Disponível em: <http:// http://www.cvm.gov.br/legislacao/pare/pare035.html>. Acesso em: 11 de jun. 2017.

[53] "Uma presunção judicial de que os administradores atuaram de acordo com seus deveres fiduciários de cuidado, lealdade e boa-fé. A proteção fornecida pela *business judgement rule* é invocada nas demandas de com intuito de responsabilizar

O *Business Judgement Rule* está indiretamente disciplinado em nosso ordenamento jurídico no artigo 159, §6º da Lei das S.A., como forma de proteger administradores quando agindo de boa fé e visando a atingir os melhores interesses da sociedade.

3.3. *Golden Parachutes*

As *golden parachutes* são cláusulas incluídas nos contratos de trabalho de executivos-chave de uma empresa, para que estes recebam indenizações caso ocorra alguma troca de controle da empresa, incluindo aquelas oriundas de *hostile takeover*[54]. Assim, verifica-se que tais defesas são preventivas e estatutárias/contratuais.

A palavra "*golden*" está diretamente relacionada à recompensa volumosa que normalmente é negociada nas referidas cláusulas. Michael Jensen defende que, quando implementadas da forma correta, as cláusulas *golden parachutes* criariam um cenário em que o *management* da companhia-alvo teria incentivos suficientes para negociar maiores valores em uma tentativa de *takeover* da companhia[55].

Conforme explica Gaughan, uma cláusula *golden parachute* típica prevê um montante fixo de pagamentos para o executivo-chave da companhia no caso de rescisão voluntária ou involuntária do seu contrato de trabalho em decorrência da troca de controle da empresa-alvo. O montante da compensação é nor-

os diretores por supostamente violarem seus deveres fiduciários enquanto representantes da companhia." (O'Kelley, C. R.T. and Thompson, R. B. **Corporations and Other Business Associations**: Cases and Materials. 7 ed. Wolters Kluwer – Law & Business, 2014, p. 264)

[54] Martins Neto, C. Dispersão acionária, tomada hostil de controle e Poison Pills: breves reflexões. **Revista Semestral de Direito Empresarial**, Rio de Janeito, n. 5, 2009. p. 46

[55] Jensen, M. C. **Takeovers:** Their Causes and Consequences. 1988. Disponível em: <http://papers.ssrn.com/sol3/papers.cfm?abstract_id=173455>. Acesso em: 29 de maio de 2016.

malmente baseado na remuneração anual total do executivo e/ou no tempo de empresa que este possui[56]

Tais cláusulas foram muito discutidas pela doutrina americana, especificamente em decorrência da potencial violação aos deveres fiduciários do *management* que tais cláusulas representam, uma vez que a inserção destas cláusulas independe da aprovação dos acionistas. Entretanto, conforme afirma Gaughan, muitos tribunais americanos reconheceram que a inserção de tais cláusulas estaria sob a alçada do *management*, em vista do *Business Judgement Rule*, fato este que não ocorre quando os administradores atual em benefício próprio.[57]

De todo o modo, na nossa visão, a *golden parachute* celebrada entre a companhia e os membros da alta administração, que estabeleça o pagamento de uma indenização aos executivos no caso de troca de controle sem qualquer parâmetro para a atuação do referido executivo no que se refere à obtenção de benefícios maiores para a companhia estaria fadada à gerar discussões sobre a atuação dos executivos.

Importante mencionar igualmente a existência de cláusulas denominadas "*Silver Parachute*", similares às *Golden Parachute*. A diferença principal, entretanto, é o fato de que o conceito de *Silver Parachute* se aplicará a um número maior de empregados (não necessariamente executivos-chave) e envolverá indenizações que, individualmente, não são tão elevadas como aquelas oriundas das *Golden Parachutes*[58].

[56] Um caso conhecido de exercício de uma *Golden Parachute* ocorreu com a alienação da Gillete para a Procter & Gamble Co em 2005, com o recebimento, pelo CEO da Gillete, James Kilts, do montante de $ 165 Milhões de dólares (GAUGHAN P. A. **Mergers, Acquisitions and Corporate Restructurings**. 5 ed. Nova Jersey: John Wiley & Sons, 2011, p. 448)

[57] GAUGHAN P. A. **Mergers, Acquisitions and Corporate Restructurings**. 5 ed. Nova Jersey: John Wiley & Sons, 2011, p. 489.

[58] Shiguematsu, P. J. L. Mecanismos de Proteção e Estratégias de Defesa em Tomadas Hostis de Controle. In: CASTRO, R. R. M. de; ARAGÃO, L. S. de. **Direito Societário**: Desafios Atuais. Quartier Latin, 2009, p. 424.

No Brasil, a contratação de algum executivo-chave com a inserção de uma cláusula *golden parachute* em seu contrato de prestação de serviços seria possível, porém enfrentaria determinados limites de aprovação previstos em lei, conforme a seguir exposto.

O artigo 152 da Lei das S.A. prevê que é de competência da assembleia geral dos acionistas a fixação do montante global ou individual da remuneração dos administradores (membros do conselho de administração e diretores). Conforme ensina Nelson Eizirik:

> O pagamento de uma remuneração fixa decorre da relação orgânica mantida entre o administrador e a companhia, de caráter institucional e estatutário; como ele não é empregado da companhia, a remuneração que percebe pelo exercício de suas funções não apresenta natureza de salário. O administrador não goza, assim, da proteção que a lei dispensa ao assalariado, podendo a sua remuneração estabelecida pelo estatuto ou pela assembleia geral ser reduzida ou pelos acionistas, assim como revogada a qualquer tempo, pela sua destituição do cargo, sem que ele faça jus a qualquer reparação. Com efeito, não há relação de trabalho entre administrador e companhia[59]

Entretanto, a Lei das S.A. não estabelece parâmetros exaustivos para fins de fixação da remuneração dos administradores. Na prática, conforme destaca Nelson Eizirik, a remuneração de um diretor, por exemplo, está estritamente ligada à sua formação e experiência profissional, segmento em que atua, suas responsabilidades, reputação, etc.[60]

[59] Eizirik, N. **A Lei das S/A Comentada**. vol II. São Paulo: Quartier Latin, 2011, p. 340 a 348.

[60] Eizirik, N. **A Lei das S/A Comentada**. vol II. São Paulo: Quartier Latin, 2011, p. 340 a 348.

Além da remuneração fixa, o §1º do artigo 152 da Lei das S.A. autoriza a percepção de renda variável pelos administradores, consistente em participação nos lucros da companhia pelos resultados atingidos em determinado exercício, observados os limites lá dispostos. Entretanto, nada impede que a assembleia de acionistas delibere por uma gratificação acima do referido limite[61].

Assim, com base no disposto na Lei das S.A., percebe-se que não existiria uma vedação direta para a utilização das *Golden Parachutes* no Brasil, entretanto, diferentemente do que ocorre nos EUA, tais cláusulas deveriam ser aprovadas pelos acionistas reunidos em assembleia, visto que entrariam no conceito de "remuneração" dos administradores, conforme disciplina o artigo 152 da Lei das S.A.

Além disso, a Instrução da CVM 480, de 07 de dezembro de 2009, estabelece, em linhas gerais, a necessidade de *full disclosure* das remunerações dos administradores no formulário de referência da companhia, com a descrição dos critérios utilizados na definição da remuneração, os elementos que a compõem, justificativas de como a prática da remuneração se alinha com interesses da companhia, além da existência de qualquer remuneração ou benefício vinculado à ocorrência de determinado evento societário (o que nos parece envolver *golden parachutes*).

Como se vê, não seria tão trivial a aprovação de uma *golden parachute* na prática brasileira. Entretanto, uma vez aprovada pelos acionistas, passaríamos a ter de analisar as atividades dos administradores beneficiários de tais cláusulas em eventual transação societária com o cunho de potencialmente disparar os efeitos das *golden parachutes*, e verificar se tal administrador manteve-se em observância das obrigações oriundas de sua

[61] Eizirik, N. **A Lei das S/A Comentada**. vol II. São Paulo: Quartier Latin, 2011, p. 340 a 348.

posição, em especial as obrigações previstas no estatuto social da companhia e aquelas relacionadas aos deveres fiduciários identificados nos artigos 153 a 160 da Lei das S.A.

3.4. *Greenmail* ou Recompra de Ações da Própria Companhia

O *greenmail* é, na prática, uma defesa posterior, consistente na recompra de ações, pela companhia-alvo, por um preço acima do valor de mercado (prêmio), de um único acionista ou grupo de acionistas, que pretende lançar ou já tenha lançado uma oferta hostil de aquisição de ações da companhia-alvo. Ao aceitar o "*greenmail payment*" o *raider* geralmente concorda em não seguir com a *hostile takeover.*

O termo *greenmail* é uma junção entre as palavras "*blackmail*" (ameaça/extorsão baseada em alguma informação comprometedora) e "*greenback*" (dinheiro ou dólar, que, historicamente, era a moeda existente nos EUA durante a guerra civil americana, não lastreada, mas com a garantia do governo americano).

Tal defesa foi muito questionada nos EUA, tanto pela SEC como pelo judiciário, uma vez que gerava tratamento desigual entre os acionistas. Por tal razão, diversos estados dos EUA atualmente proíbem o pagamento de *greenmail*, além de ter sido historicamente imposta uma tributação de 50% (cinquenta por cento) sobre o ganho recebido pelo *raider* a título de *greenmail*[62].

Além disso, um outro problema desta defesa é que seus efeitos são transitórios, pois nada impede que outro *raider* tente implementar uma nova *hostile takeover.*

No Brasil, Comparato e Salomão Filho entendem que o *greenmail* não seria aplicável. Partilhamos da mesma ideia, isto porque possuímos, no ordenamento jurídico pátrio, alguns dispositivos

[62] BRUNER, E. F. **Applied Mergers and Acquisitions**. Nova Jersey: Wiley, 2004, p. 846

legais e regulamentares que impõe limites rígidos à recompra de ações pela própria companhia[63].

A Lei das S.A., em seu artigo 30, proíbe, em linhas gerais, a sociedade anônima de negociar com as próprias ações. Tal proibição tem como objetivo a proteção de credores em face de iminente redução de recursos da companhia, bem como a proteção de investidores contra eventual manipulação de preços e/ou prática de *insider trading*[64].

Não obstante, o §1º do referido artigo estabelece uma relação taxativa de exceções à regra geral. Uma dessas exceções seria a aquisição de ações, para permanência em tesouraria ou cancelamento, até o valor do saldo de lucros ou reservas (observada, ainda, a proibição de manutenção, em tesouraria, de quantidade superior a 10% – dez por cento – de cada classe de ações em circulação no mercado). Neste caso, a depender do montante de saldo de lucros e reservas, bem como a quantidade de ações a serem eventualmente recompradas, poderia nos parecer, em primeira análise, que a prática do *greenmail* seria viável no Brasil.

Ocorre que o *greenmail*, em si, é caracterizado por um prêmio (geralmente um valor acima do valor de mercado das ações) a ser pago pela recompra das ações quando da iminência ou mesmo da ocorrência de uma oferta hostil. Neste aspecto, verificaríamos a inaplicabilidade desta prática no Brasil, isto porque a Instrução da CVM nº 10, de 14 de fevereiro de 1980 ("*Instrução CVM 10*") dispõe em seu artigo 12 que o preço de aquisição das ações não poderá ser superior ao seu valor de mercado e em seu artigo 2º, alínea "e", que a recompra não poderá ocorrer enquanto uma oferta pública de aquisição de ações da companhia estiver em curso.

[63] Comparato, F. K.; Salomão Filho, C. O Poder de Controle na Sociedade Anônima. 4ª ed. Rio de Janeiro: Forense, 2005, p. 248 e 249.

[64] Eizirik, N. **A Lei das S/A Comentada**. vol II. São Paulo: Quartier Latin, 2011, p. 202 2 203.

Por fim, o artigo 9º da referida instrução estabelece que a aquisição de ações, para cancelamento ou permanência em tesouraria, e a respectiva alienação, somente poderão ser viabilizadas em mercado de bolsa, salvo se a companhia somente tiver registro para negociar em mercado de balcão, sendo vedadas as operações privadas. Este ponto, então, pacifica o entendimento da inaplicabilidade do *greenmail* no Brasil, visto que, do ponto de vista operacional, a aquisição de ações em bolsa de valores não possui contraparte definida (fato este que não se coaduna com o *greenmail*, que envolve a aquisição das ações de titularidade do *raider* pela companhia-alvo).

3.5. *Standstill Agreement*

A defesa *Standstill Agreement* (Contrato de Paralisação) é posterior e contratual, representando um acordo entre a companhia-alvo e um *raider* ou potencial *raider* que tem por objetivo "congelar/parar" a atuação do referido *raider*, tanto no que se refere à uma oferta pública hostil como com relação à elevação de sua participação na companhia-alvo, mediante o pagamento de um prêmio para este.

O objetivo desta estratégia é preservar a estrutura de poder de controle vigente na companhia-alvo[65].

A utilização dessa estratégia de defesa no Brasil não nos parece adequada, tendo em vista os deveres fiduciários dos administradores (conforme detalhados na estratégia Joia da Coroa) e o tratamento desigual de investidores. Além disso, tal estratégias pode vir a atrair oportunistas, se tornando assim uma medida paliativa e sem eficiência no longo prazo.

[65] NASCIMENTO, J. B. do. **Medidas Defensivas à Tomada de Controle de Companhias**. São Paulo: Quartier Latin, 2011, p. 183.

3.6. *Staggered Board*

O *Staggered Board* ou Conselho de Administração Escalonado, representa uma divisão estatutária dos membros do conselho de administração em 3 (três) classes e mandatos distintos, de forma que apenas 1/3 (um terço) dos administradores estariam sujeitos à substituição na assembleia geral ordinária da companhia[66].

A existência de um conselho de administração escalonado previne a aquisição de controle imediata na gestão da companhia por um *bidder*. Assim, o adquirente do controle deverá passar por, pelo menos, duas assembleias gerais ordinárias, para que consiga eleger os membros do conselho que sejam de sua vontade.[67]

O escalonamento do conselho é considerado uma medida de defesa, pois caso tal adquirente necessite ter acesso rápido aos ativos da empresa (exemplo, para efetuar o pagamento de uma aquisição alavancada), poderá não ter o apoio dos administradores, fato este que desestimula uma oferta hostil da companhia.

No Brasil, tal prática não seria aplicável. O artigo 122, inciso "ii", 140 e 143, inciso "ii" da Lei das S.A. são claros ao disporem que os membros da administração da companhia são destituíveis a qualquer momento. Conforme bem resume Nelson Eizirik:

> A estrutura da companhia é hierarquizada e a assembleia geral constitui seu órgão supremo; delibera sobre as questões mais

[66] Brown, M. M.; Ferrara, R. C.; Bird, P. S.; et al. **Takeovers**: A Strategic Guide to Mergers and Acquisitions. 2 ed. Aspen Publishers, 2004, p. 16-6.

[67] Conforme bem recorda João Pedro Barroso do Nascimento: "De acordo com a legislação do Estado de Delaware, adotada pela maioria das principais companhias abertas norte-americanas, os membros do conselho de administração integrantes de um *staggered board* somente podem ser destituídos com justa causa, salvo se os documentos constitutivos da sociedade contenham disposição em sentido contrário, autorizando sua destituição imotivada". (Nascimento, J. B. do. **Medidas Defensivas à Tomada de Controle de Companhias**. São Paulo: Quartier Latin, 2011, p. 157)

> importantes, tem poderes de decidir todos os negócios relativos ao objeto da companhia e tomar as resoluções que julgar convenientes à sua defesa e desenvolvimento. [...] Os administradores, apesar de serem eleitos por tempo determinado, podem ser destituídos a qualquer tempo pela assembleia geral[68].

3.7. *Pac-man Defense*

A defesa *Pac-Man* (denominação oriunda do *game* mundialmente conhecido por este nome) ou *Countertender Offer*, representa uma defesa posterior e dura por parte da companhia-alvo, consistente na aquisição ou oferta pública de aquisição de ações do *bidder* ao mesmo tempo em que este ofertou a aquisição hostil de ações da companhia-alvo. Tal defesa representa verdadeiro contra-ataque simultâneo, demonstrando resistência agressiva por parte da companhia-alvo, além de abrir espaço para aumentar o poder de barganha junto ao *bidder*.

Esta defesa não possui vedações expressas na legislação brasileira, entretanto, poderá enfrentar percalços financeiros e jurídicos próximos àqueles descritos na estratégia da Joia da Coroa, visto que, do ponto de vista financeiro, talvez não seja interessante para as atividades da companhia um investimento de alta monta em uma outra companhia. Do ponto de vista jurídico, a questão dos deveres e obrigações dos administradores no ordenamento jurídico brasileiro também deverá ser rigidamente observada, visto que esta tática apenas seria aceita caso comprovados de forma racional e objetiva os benefícios que seriam trazidos para a companhia-alvo caso as ações do *bidder* fosse adquiridas.

Conforme exemplifica Robert Bruner, um dos pontos negativos dessa tática seria o caso da companhia-alvo e do *bidder*

[68] Eizirik, N. **A Lei das S/A Comentada**. vol II. São Paulo: Quartier Latin, 2011, p. 30 a 32.

adquirirem o controle, simultaneamente, um do outro, gerando um problema prático de votos, exemplificado com o caso *Bendix/Martin Marietta*[69].

Entretanto, este problema não ocorreria no Brasil, visto que o artigo 244 das Lei das S.A. veda a participação recíproca da companhia com suas coligadas ou controladas, de forma que esta tática seria verdadeira corrida contra o tempo entre as duas companhias para verificar quem adquiriria primeiro a participação da outra.

3.8. *White Knights*

White Knight ou Cavaleiro Branco é o nome dado à tática defensiva posterior e contratual, por meio do qual a companhia-alvo procura um comprador "amigo" para que este terceiro inicie negociação amigável para aquisição do controle da companhia.

Geralmente, o referido Cavaleiro Branco atua no mesmo setor (concorrente) ou em setores dependentes do setor da companhia-alvo, de forma que o seu interesse em adquirir o controle da companhia, em muitas dessas vezes, pode basear-se na sinergia de negócios. Entretanto, nada impede que o referido terceiro possua interesse meramente financeiro.

Esta tática defensiva, quando vista sob o lado da companhia-alvo e de sua administração, pode ser benéfica para afastar o *raider* inicial (ou *dark knights*), aumentar a disputa de preço entre o *white* e *dark knights*, garantir permanência de determinados funcionários da empresa, etc.[70]

[69] BRUNER, E. F. **Applied Mergers and Acquisitions**. Nova Jersey: Wiley, 2004. p. 846.

[70] Conforme ilustra João Pedro Barroso do Nascimento: "A tentativa frustrada de aquisição do controle da Gucci pela Luis Vuitton Moet Henessy ("LVMH") é um exemplo recente de utilização de *white knight*. A LVMH tentava tomar o controle da Gucci mediante escalada acionária, quando a Gucci pôs em prática uma medida defensiva de *white squire* (no caso, outorga de um plano de opção de

Como se vê, a tática *white knight* será, na prática, um verdadeiro leilão entre o *white* e *dark knights*, para evidenciar quem ofertará o melhor valor para aquisição de controle da companhia.

O *White Knight*, entretanto, possuirá uma vantagem competitiva, visto que terá ao seu lado a administração da companhia-alvo.

Sua aplicação, no Brasil, não teria vedação legal ou regulamentar, uma vez realizada a título de oferta pública da aquisição de controle concorrente, nos termos do artigo 262 da Lei das S.A. e artigo 13, § 3º da Instrução CVM 361. Entretanto, deve-se observar que neste caso, o preço a ser ofertado pelas ações deveria ser, no mínimo, 5% (cinco por cento) maior que o preço ofertado pelo *dark knight*. Além disso, a depender do montante da operação, bem como dos setores e parcela de mercado detida pela companhia-alvo e pelo *dark knight*, a operação deveria ser aprovada pelo Conselho Administrativo de Defesa Econômica, nos termos da Lei nº 12.529, de 30 de novembro de 2011.

3.9. *White Squire*

O *White Squire* ou Escudeiro Branco é uma tática de defesa similar ao *White Knight*. Entretanto, seu objetivo não é encontrar um terceiro interessado em adquirir as ações da companhia-alvo em lugar do ofertante indesejado, mas sim de procurar um interessado estratégico que possa adquirir determinada participação societária de seu capital social (ou seja, não é uma aquisição

compra de ações para seus empregados), com o intuito de diluir a participação do adquirente. Entretanto, tal medida defensiva foi contestada perante o Poder Judiciário da Holanda, onde estão listadas as ações da Gucci. Sendo assim, esta última contatou o grupo francês Pinault-Printemps-Rédoute, que, agindo como *white knight* e formulando oferta concorrente, impediu a tomada de controle pela LVMH e, mediante um acordo, terminou por adquirir o controle da Gucci." (Nascimento, J. B. do. **Medidas Defensivas à Tomada de Controle de Companhias**. São Paulo: Quartier Latin, 2011, p. 167).

de controle, mas apenas aquisição de determinada participação societária) com o intuito de desestimular uma oferta hostil pela dificuldade em conseguir um novo bloco de controle (visto que o *white squire* adquiriu ações e não estará disposto a oferecê-las ao *bidder*) e pelo preço mais alto que eventual ofertante teria que pagar pela obtenção do controle[71]. Tal prática é considerada posterior e institucional.

Conforme ensina Robert Bruner:

> A White Squire merely purchases a large block of stock in the target, but does not take control. The white squire typically agrees to vote in alignment with target management and not purchase more stock for a specified period of time. The white knight/squire defense succeeds by preempting the hostile bidder of control. In the hostile fight for control of Polaroid, the target solicited an investment from corporate partners that, in combination with Polaroid's Employee Stock Ownership Plan, locked up a block of 33 percent of Polaroid's voting shares and stopped the hostile bid.[72]

[71] SHIGUEMATSU, P. J. L. Mecanismos de Proteção e Estratégias de Defesa em Tomadas Hostis de Controle. In: CASTRO, R. R. M. de; ARAGÃO, L. S. de. **Direito Societário**: Desafios Atuais. Quartier Latin, 2009, p. 428.

[72] "O *White Squire* apenas compra um grande bloco de ações da empresa-alvo, mas não toma seu controle. O escudeiro branco geralmente concorda em votar em alinhamento com o gerenciamento de metas e não comprar mais ações por um período de tempo especificado. A defesa branca é bem sucedida quando desestimula o *bidder* da oferta hostil de controle. Na luta pelo controle da Polaroid, a companhia-alvo buscou um investimento de parceiros corporativos que, em combinação com o plano de opção de ações dos funcionários da Polaroid encerraram um bloco de 33 por cento das ações com voto da Polaroid e pararam a oferta hostil" (BRUNER, E. F. **Applied Mergers and Acquisitions**. Nova Jersey: Wiley, 2004, p. 848)

Assim como o *White Knight*, o *White Squire* poderia igualmente funcionar no Brasil, desde que observadas as regras que dispõem sobre desvios de funções ou mesmo conflitos de interesses entre a administração e companhia-alvo, conforme detalhado anteriormente na estratégia Joia da Coroa.

3.10. *Just Say no Defense*

A defesa "*Just Say no Defense*" funciona, na prática, como uma rejeição formal do *board of directors* de uma oferta pública de aquisição de ações realizada pelo Ofertante.

Esta medida defensiva nos EUA pressupõe que o poder-dever em relação à oferta pública é atribuído ao *board of directors*, cujos membros atuariam como verdadeiros juízes para decisão do mérito da *hostile takeover*.

No Brasil, conforme já abordado no presente estudo, a manifestação do *board of directors* não é vinculante, de forma que esta estratégia poderia apenas ser utilizada como suporte para a tomada de decisão dos acionistas, mas não como forma de evitar completamente a *hostile takeover*, visto que a decisão em alienar suas ações, no fim, será sempre dos acionistas.

Conclusão

Como pudemos analisar, as táticas ou medidas defensivas detalhadas neste trabalho encontram-se inseridas em um contexto de tomadas hostis de controle, que, por sua vez, fazem parte do cenário maior de operações de fusões e aquisições.

Embora o mercado de capitais brasileiro ainda não se encontre em um estágio tão desenvolvido como americano, é certo que estamos progredindo nesse sentido, de forma que, em um futuro próximo, determinadas práticas americanas passarão a ser mais discutidas no Brasil, e nesse momento, acreditamos que o tema analisado no presente estudo, também será objeto de discussões.

Conforme foi possível verificar, nem todos os mecanismos de defesa contra as tomadas hostis de controle apresentados neste estudo são passíveis de aplicação no Brasil, sendo alguns deles rechaçados de pronto por nosso ordenamento jurídico por meio de uma interpretação pura e literal de regras determinadas, como é o caso do *greenmail, standstill agreement* e *staggered board* e *just say no defense.*

Ocorre, entretanto que, outras práticas, tais como as *poison pills, crown jewel option, golden parachute, pac-man defense, white knight, white squire,* observadas algumas adaptações e limitações legais, poderiam ser eventualmente ser aplicadas no Brasil. Entretanto, quando da aplicação destas táticas, assim como ocorre nos EUA, deverá haver uma análise detalhada dos atos da administração da companhia no caso concreto, especialmente em razão de questões envolvendo conflitos de interesse dos administradores e eventual descumprimento de seus deveres fiduciário.

A questão do conflito de interesse pode ser levantada quando os administradores, na aplicação de uma tática defensiva à tentativa de *hostile takeover,* levarem em consideração seus interesses próprios em detrimento dos interesses da sociedade e de seus acionistas.

Já a questão do descumprimento dos deveres fiduciários podem ocorrer caso não sejam observados os limites legais de atuação dos administradores previstos na legislação e regulamentação brasileiras, em especial aquele dos artigos 153 a 157 da Lei das S.A., os quais estabelecem os deveres de: (i) diligência e atuação conforme o interesse social (artigos 153 e 154); (ii) lealdade e vedação ao *insider trading* (artigo 155); (iii) informação e prestação de contas de seus atos (artigo 122, 157 e 256); e (iii) não intervenção em operações sociais nas quais tenham interesse conflitante com o da companhia (artigo 156).

Assim, tanto o parecer dos administradores relacionado à conveniência de uma oferta hostil como a decisão em aplicar na prática alguma tática defensiva deverão ser analisadas com cautela, caso a caso. Nessa linha, conforme bem coloca Luiz Antônio Sampaio, ao proferir seu voto no Inquérito Administrativo CVM nº RJ 2002/1173:

> Abra-se aqui um parêntese para esclarecer que os conceitos abertos, os assim chamados standard de conduta como o dever de diligência, o dever de conhecer o seu cliente dentre outros tantos deveres previstos na lei, por não se traduzirem em normas de condutas objetivas, terão que ser examinados no processo administrativo considerando não necessariamente e apenas a melhor conduta, mas sim a razoabilidade da conduta adotada ainda que se possa admitir que outra fosse, na opinião do julgador, mais apropriada ou adequada. É este o ponto de equilíbrio que se impõe aos padrões de conduta, dado a sua falta de objetividade. Além disso, a conduta deve ser examinada considerando o momento em que deveria ser praticada e em quais circunstâncias, no calor dos acontecimentos e não distante dos fatos, comodamente e com a calma atípica ao mundo dos negócios[73]

Por fim, cumpre destacar que o cumprimento dos deveres fiduciários pelos administradores representa proteção aos mesmos, isto porque deve-se reconhecer que a responsabilização dos administradores não decorre de eventuais erros cometidos na condução dos negócios da companhia, mas pressupõe a demonstração de que agiram com infração de seus deveres legais, em especial, os deveres de diligência e de atuação com conformidade com o interesse social, conforme preceitos do *business judgement rule*. Desta forma, sem sombra de dúvidas, a eventual aplicação, pelos administradores, de táticas de defesas

[73] INQUÉRITO Administrativo CVM nº RJ 2002/1173. Disponível em: <http://www.cvm.gov.br/export/sites/cvm/sancionadores/sancionador/anexos/2003/20031002_PAS_RJ20021173.pdf >. Acesso em: 15 de jun de 2017

à tentativas de tomadas hostis de controle deverá ser realizada em estrita observância aos seus deveres fiduciários disciplinados pela legislação brasileira.

Referências

AYRES, M. *BTG Pactual e Brookfield farão oferta por controle da BR Properties.* 2015. Disponível em: <https://economia.uol.com.br/noticias/reuters/2015/02/26/btg-pactual-e-brookfield-farao-oferta-por-controle-da-br-properties.htm>. Acesso em: 11 de jun de 2017.

BAINBRIDGE, S. M. *Mergers and Acquisition.* 2 ed. Foundation Press, 2009.

BM&FBOVESPA. *Segmentos de Listagem.* Disponível em: <http://www.bmfbovespa.com.br/pt_br/listagem/acoes/segmentos-de-listagem/sobre-segmentos-de-listagem/>. Acesso em: 10 de jun de 2017.

BOTREL, S. *Fusões & Aquisições.* 3 ed. Editora Saraiva, 2014.

BROWN, M. M.; FERRARA, R. C.; BIRD, P. S.; *et al. Takeovers*: A Strategic Guide to Mergers and Acquisitions. 2 ed. Aspen Publishers, 2004.

BRUNER, E. F. *Applied Mergers and Acquisitions.* Nova Jersey: Wiley, 2004.

BULGARELLI, W. *Fusões, Incorporações e Cisões de Sociedades.* 6 ed. Editora Atlas, 2000.

COMPARATO, F. K.; SALOMÃO FILHO, C. *O Poder de Controle na Sociedade Anônima.* 4ª ed. Rio de Janeiro: Forense, 2005.

EIZIRIK, N. *A Lei das S/A Comentada.* vol III. São Paulo: Quartier Latin, 2011.

EIZIRIK, N. *Parecer Legal no Âmbito da Oferta Pública de Aquisição de Ações da Diagnósticos da América S.A. por Cromossomo Participações II S.A.* 2014. Disponível em: <http://www.mzweb.com.br/opadasa/arquivos/OPA_DASA_PareceresLegais_PT.pdf>. Acesso em: 10 de jun de 2017.

EIZIRIK, N. *A Lei das S/A Comentada.* vol II. São Paulo: Quartier Latin, 2011.

FRANCISCO A. M.; BORGES, F. de. F.; MADUREIRA, M. Análise Jurídica das Chamadas Poison Pills Brasileiras. In: PENTEADO, M. R. e MUNHOZ, E. S. *Mercado de Capitais Brasileiro*: Doutrina, Cases & Material. São Paulo: Quartier Latin, 2012.

GAUGHAN P. A. *Mergers, Acquisitions and Corporate Restructurings.* 5 ed. Nova Jersey: John Wiley & Sons, 2011.

JENSEN, M. C. *Takeovers:* Their Causes and Consequences. 1988. Disponível em: <http://papers.ssrn.com/sol3/papers.cfm?abstract_id=173455>. Acesso em: 29 de maio de 2016.

KRAAKMAN, R. *The Anatomy of Corporate Law*: A Comparative and Functional Approach. 2 ed. Oxford University Press, 2010.

MARTINS NETO, C. Dispersão acionária, tomada hostil de controle e Poison Pills: breves reflexões. *Revista Semestral de Direito Empresarial*, Rio de Janeito, n. 5, p. 46, jul/dez. 2009.

NASCIMENTO, J. B. do. *Medidas Defensivas à Tomada de Controle de Companhias*. São Paulo: Quartier Latin, 2011.

O'KELLEY, C. R.T. and THOMPSON, R. B. *Corporations and Other Business Associations*: Cases and Materials. 7 ed. Wolters Kluwer – Law & Business, 2014.

OIOLI, E. F. *Oferta Pública de Aquisição do Controle de Companhias Abertas*. São Paulo: Quartier Latin, 2010.

PINTO, M. B.; YAZBEK, O. *Memorando*: Poison Pills. 2008. Disponível em: <http://www.cvm.gov.br/export/sites/cvm/decisoes/anexos/0005/6491-0.pdf>. Acesso em: 30 de maio de 2016.

REALE, Miguel. *Teoria tridimensional do direito*. 5 ed. São Paulo: Saraiva, 1994.

REED, S. F. *The Art of M&A*: A merger/acquisition/buyout guide. 3 ed. McGraw-Hill, 1998.

ROCCA, C. A. *Revolução no Mercado de Capitais do Brasil*: o Crescimento Recente é Sustentável?. Rio de Janeiro: Elsevier, 2008.

SHIGUEMATSU, P. J. L*Mecanismos de Proteção e Estratégias de Defesa em Tomadas Hostis de Controle*. In: CASTRO, R. R. M. de; ARAGÃO, L. S. de. Direito Societário: Desafios Atuais. Quartier Latin, 2009.

SILVEIRA, A. D. M. da. *Obediência Cega*: Os Prejuízos que a lealdade excessiva ao Líder podem causar às organizações. 2010. Disponível em: <https://capitalaberto.com.br/temas/obediencia-cega/#.WUgFDWjyvIU>. Acesso em: 30 de maio de 2016.

TRINDADE, M. *Parecer Legal no Âmbito da Oferta Pública de Aquisição de Ações da Diagnósticos da América S.A. por Cromossomo Participações II S.A.* 2014. Disponível em: <http://www.mzweb.com.br/opadasa/arquivos/OPA_DASA_PareceresLegais_PT.pdf>. Acesso em: 30 de maio de 2016.

ZANINI, C. K. In: VON ADAMEK, M. V. *Temas de Direito Societário e Empresarial Contemporâneos*. Malheros Editores, 2011.

Jurisprudências

BRASIL. Inquérito Administrativo CVM nº RJ 2002/1173. Disponível em: <http://www.cvm.gov.br/export/sites/cvm/sancionadores/sancionador/anexos/2003/20031002_PAS_RJ20021173.pdf >. Acesso em: 15 de jun de 2017

BRASIL. Parecer de Orientação CVM nº 35, de 01 de setembro de 2008. Disponível em: <http:// http://www.cvm.gov.br/legislacao/pare/pare035.html>. Acesso em: 11 de jun. 2017.

A Oferta Pública na Transferência de Ações Envolvendo o Controle Compartilhado – Teoria e Precedentes

Rodrigo Laranjeira Braga Borges

Introdução[1]

Muito embora o mercado brasileiro experimente o início da dispersão acionária, o controle acionário das companhias brasileiras, em sua maioria, ainda é exercido por controlador definido. A governança corporativa incentiva a dispersão acionária, mas como veremos a seguir, em razão do contexto legal e do próprio ritmo de evolução do mercado de capitais, o Brasil ainda está longe de contar com um mercado disperso.

As companhias de capital concentrado são aquelas em que há o controle totalitário ou majoritário exercido pelos acionistas que detêm a maioria ou a totalidade das ações com direito a voto e o Brasil se insere em um mercado caracteristicamente concentrado[2].

[1] Este artigo é uma adaptação da Monografia apresentada ao Programa de LL.M. em Direito Societário do INSPER, em 2017.

[2] Salomão Filho, Calixto. **O novo direito societário.** 4 ed. São Paulo: Malheiros Editores, 2011, p. 77: "No Brasil é extrema a concentração acionária. De acordo com dados constantes no *White paper on Corporate Governance in Latin America*, emitido pela Organização para a Cooperação e o Desenvolvimento Econômico (OCDE) em 2003, mais da metade (51%) das ações das 459

A concentração acionária no mercado brasileiro é procedente da Lei Societária que, em sua essência, privilegia a figura do acionista detentor do controle acionário ou de um conjunto de acionistas que detenha, permanentemente, o controle da Companhia.

É possível se extrair, com certa facilidade, da LSA, disposições propícias à criação de grupos de sociedades e a clara intenção do legislador em organizar a estrutura societária sob a forte influência do poder de controle.

Observa-se, percorrendo os artigos da LSA, a preocupação em disciplinar e privilegiar o controle. Dessa forma, a LSA define: (a) o controlador; (b) o quórum de deliberação, com o objetivo de garantir o princípio majoritário nas deliberações; (c) deveres e responsabilidades do controlador; (d) o direito de eleger a maioria dos administradores da Companhia; (e) o acordo de acionistas.

Além do disposto acima, a LSA confere ao controlador um prêmio em caso de alienação do controle, conforme dispõe o artigo 254-A da Lei 6404/76. O prêmio de controle é o reconhecimento do maior valor das ações do controlador ou dos integrantes do bloco de controle.

Em consonância com a legislação vigente, o poder de controle pode ser exercido por uma ou diversas pessoas em um grupo organizado, através de um acordo de acionistas, todavia a existência de um contrato parassocial não é condição essencial para se configurar a existência do bloco de controle.

sociedades abertas pesquisadas estão em mãos de um único acionista, sendo que 65% das ações estão detidas pelos três maiores acionistas. Como indicado no estudo, esses números provavelmente subestimam a real concentração acionária existente no Brasil. Pesquisa semelhante feita em outubro de 2001 por Mckinsey & Company e Korn/Ferry International entre 174 empresas brasileiras (públicas ou privadas, receita mínima de US$ 250 milhões e conselho de administração) indicou que 61% das ações ordinárias pertence, em média, a um único acionista. Se forem considerados os três maiores acionistas, esse número alcança o percentual de 85% das ações ordinárias."

Ainda nessa mesma linha de raciocínio, Luiz Gastão Paes de Barros Leães ensina que o poder compartilhado é comumente exercido por pessoas organizadas em acordo de acionistas, que regra o voto em bloco sobre as matérias que configuram o controle. Entretanto, o citado autor afirma que o controle compartilhado pode ser exercido tacitamente quando os acionistas, de forma permanente, dirigem os seus votos em um só sentido. O autor lembra, ainda, que o controle é um poder de fato e não de direito.[3]

O controle conforme definido no artigo 116 da Lei das S.A. não deve ser analisado unicamente sob o prisma da predominância do capital votante, tendo em vista que não há um número mínimo de ações para definir o acionista controlador[4], pois nos termos do dispositivo legal citado a determinação do controle acionário deve considerar a permanência da predominância e, essencialmente, o efetivo uso do poder de influência.

Como se verá ao longo do trabalho, a doutrina defende que para o controle ser alienado a operação deve ser onerosa e resultar na transferência de ações em número suficiente para conferir a pessoa diversa do antigo controlador o poder de dominação da companhia.

Contudo, a posição adotada pela pesquisa é da análise pormenorizada da estrutura da companhia após a operação que envolveu a transferência de ações, pois o controle é um poder de fato e não de direito, isto é, o número de ações pode não ser o único indicativo para se configurar a alienação de controle. A orientação geral dos negócios deve ser analisada caso a caso para se identificar a possível alienação do controle.

[3] LEÃES, Luiz Gastão Paes de Barros. **Notas sobre o poder de controle compartilhado.** In: Revista de Direito Empresarial. nº 0, novembro – dezembro. São Paulo: Revista dos Tribunais, 2013, p. 110.

[4] PENNA, Paulo Eduardo. **Alienação de controle de companhia aberta.** São Paulo, SP: Quartier Latin do Brasil, 2012, p. 100.

Em situações em que apenas um acionista, isoladamente, é detentor do controle, a análise se torna mais fácil. Em contraste, quando o objeto da alienação é parte das ações integrantes do bloco de controle, o tema ganha complexidade quanto à incidência ou não do artigo 254-A da LSA. E, é sobre essa complexidade que a pesquisa se debruçará.

A partir do exame de casos concretos e da doutrina sobre o tema, a trabalho trará importantes reflexões sobre a fundamental análise casuística de cada operação que envolva controle compartilhado, tendo em vista que o critério numérico de transferência de ações não corrobora o espírito da OPA por alienação de controle, que visa a proteção do minoritário.

Por essa razão, sumariamente, o presente trabalho pretende percorrer as grandes linhas do poder de controle, os requisitos para a sua alienação e, finalmente, examinar os julgados para ponderar sobre a eficácia dos critérios atualmente adotados, por grande parte da doutrina e da CVM, bem como propor um critério objetivo para que se alcance a segurança jurídica que o mercado almeja.

1. O Poder de Controle

O breve estudo sobre o poder de controle é importante para a compreensão da aplicação ou não do artigo 254-A da Lei 6.404/76 nos casos de: *a)* ingresso de acionista no grupo de controle; *b)* transferência de ações entre membros do grupo de controle; e *c)* reforço de controle.

A LSA não conceituou o controle. Porém, definiu a figura do acionista controlador, em seu artigo 116, e, assim, admitiu a existência do poder controle nas sociedades anônimas, caracterizando-o em razão do exercício concreto da direção das atividades sociais e não em virtude da titularidade da maioria do capital votante[5].

[5] EIZIRIK, Nelson. **A lei das S/A comentada: artigos 80 ao 137** Vol. II – 2ª ed. rev. e ampl. São Paulo: Quartier Latin, 2015, p. 223.

Os critérios cumulativos para a definição do acionista controlador foram descritos nas alíneas do artigo 116, da LSA, e podem ser assim resumidos: *a)* maioria dos votos nas deliberações da assembleia geral para eleger a maioria dos administradores da companhia; *b)* permanência dessa predominância; *c)* o efetivo uso do poder de dominação para dirigir as atividades sociais e orientar o funcionamento dos órgãos da companhia.

Os autores da LSA José Luiz Bulhões Pedreira e Alfredo Lamy Filho definem o poder de controle como "*o poder supremo da estrutura hierárquica da companhia exercido pelo acionista controlador – titular da maioria pré-constituída dos votos da Assembleia Geral.*"[6].

Nota-se, que a Lei não exige um percentual mínimo de ações com direito a voto para definir o acionista controlador, mas o define como sendo aquele que, de fato, comanda os negócios sociais, fazendo com que a sua vontade prevaleça de modo permanente. Trata-se, portanto, de um poder de fato e não de direito.

Infere-se, a partir da definição legal, que não será controlador o acionista que, embora detenha percentual de ações que o permita controlar a companhia, não exerça o seu poder na prática. Essa é, inclusive, a direção constante na mensagem 204 da Exposição de motivos da LSA ao asseverar que "*a caracterização do 'acionista controlador' é definida no artigo 116 e pressupõe, além da maioria dos votos, o efetivo exercício do poder de controle*"[7].

Assim, a pessoa natural, jurídica ou o grupo de pessoas vinculados por acordo de voto que reunir, cumulativamente, os requisitos acima descritos, será considerado o controlador da companhia.

[6] LAMY, Alfredo Filho e PEDREIRA, José Luiz Bulhões (Coord.). **Direito das Companhias.** Vol. 1-2, Rio de Janeiro: Ed. Forense, 2009, p. 812.

[7] Exposição e Justificativa das Principais Inovações do Projeto constante da Mensagem n. 204, de 1976, do Poder Executivo.

Identifica-se o poder de controle na assembleia geral, o mais importante órgão da sociedade, em que somente o acionista com direito a voto exerce a sua vontade. Dessa forma, em uma análise preliminar, o controle interno, exercido no seio da companhia, se baseia na propriedade e quantidade de ações, ou seja, o controle seria exercido pelo titular da maioria das ações.

Entretanto, Berle e Means demonstraram que há um divórcio entre o controle e a propriedade de ações, por essa razão, apresentaram a classificação de controle interno em cinco tipos: *i)* controle através da propriedade quase total; *ii)* controle majoritário; *iii)* controle através de um dispositivo legal sem propriedade majoritária; *iv)* controle minoritário; e *v)* controle administrativo[8].

O artigo se concentrará nos casos de alienação envolvendo o controle majoritário, que é aquele em que a maioria das ações com direito a voto é detida por um único acionista ou um grupo de acionistas. Trata-se do princípio majoritário adotado pela legislação brasileira, conforme brevemente explicado na introdução do presente trabalho.

1.1. O Controle Compartilhado

O controle compartilhado não é uma espécie autônoma de controle, conforme a classificação apresentada pelos economistas norte-americanos, citada acima, uma vez que pode ser observada nas categorias de controle minoritário e majoritário, por exemplo. Contudo, para o presente artigo é indispensável a análise do compartilhamento de controle, tendo em vista o objeto que se propôs a ser examinado.

Sabe-se que o compartilhamento de controle pode ocorrer quando acionistas, que isoladamente não possuam o número

[8] BERLE, Adolph A.; MEANS, Gardiner C. **A Moderna Sociedade Anônima e a Propriedade Privada**. Tradução de Dinah de Abreu Azevedo. São Paulo, SP: Abril Cultural, 1984, p. 85.

necessário de ações para fazer prevalecer as suas vontades nas assembleias e eleger a maioria da administração da sociedade, se aglutinam em um bloco, em que a convergência de interesses é expressada de forma conjunta e uniforme nas assembleias da controlada.

Bulhões Pedreira e Lamy Filho conceituam o grupo controlador como aquele que congrega, nas assembleias gerais, a maioria pré-constituída de acionistas com direito a voto e que exerce o poder dominação na sociedade[9].

De acordo com os autores do anteprojeto da LSA, o controle é exercido por um grupo de acionistas no momento em que: *a)* a maioria dos votos é detida por signatários do acordo; *b)* os votos exercidos em assembleia sejam a tradução da vontade única do grupo e não individualmente de seus membros; *c)* a previsão de reuniões prévias com o intuito de organizar o voto uniforme dos membros do grupo; *d)* o modo de representação do grupo no conclave da controlada ou a obrigação comparecimento de cada membro nas assembleia[10].

Dessa forma, os acionistas que individualmente não têm votos suficientes para exercerem o poder de controle se reúnem para, conjuntamente, adquirirem o poder de dominação da companhia.

O compartilhamento de controle é expressamente reconhecido pela legislação brasileira, notadamente no artigo 116 da LSA, que reconhece como controlador o grupo de pessoas vinculadas por acordo de voto, ou sob controle comum, titular de direitos de sócio que lhe assegurem, de modo permanente, a maioria dos votos nas deliberações da assembleia, o poder de eleger a maioria dos administradores da companhia e que usa

[9] LAMY, Alfredo Filho e PEDREIRA, José Luiz Bulhões (Coord.). **Direito das Companhias**. Vol. I, Rio de Janeiro: Ed. Forense, 2009, p. 862.

[10] LAMY, Alfredo Filho e PEDREIRA, José Luiz Bulhões (Coord.). **Op. Cit.** p. 864.

efetivamente seu poder para dirigir as atividades sociais e orientar o funcionamento dos órgãos da companhia.

O referido conceito é praticamente repetido no § 2º do artigo 243 da LSA, que define a controlada como a sociedade na qual a controladora, diretamente ou através de outras controladas, é titular de direitos de sócio que lhe assegurem, de modo permanente, preponderância nas deliberações sociais e o poder de eleger a maioria dos administradores.

Na mesma linha, segue o Código Civil que no inciso I, do artigo 1098, estabelece que controlada é a sociedade de cujo capital outra sociedade possua a maioria dos votos nas deliberações dos quotistas ou da assembleia geral e o poder de eleger a maioria dos administradores.

No grupo de controle o poder é exercido conjuntamente e não individualmente por seus membros, a repetição e, principalmente, a correta compreensão de quem é sujeito ativo do controle, nos casos de compartilhamento, é de suma importância para o entendimento dos casos práticos envolvendo transferências de ações de integrantes do bloco de controle.

Assim, coletivamente o grupo que detém o controle está sujeito aos ditames que regem o acionista controlador. Logo, as responsabilidades do acionista controlador estabelecidas no artigo 117 da LSA são aplicáveis e atribuídas a todos os membros do grupo de controle como se fossem apenas uma pessoa[11].

O bloco de controle exerce de forma conjunta o controle da sociedade, portanto, a titularidade do controle não está nas

[11] MOTTA, Nelson Cândido. **Alienação do poder de controle compartilhado**, Revista de Direito Mercantil, no 89, jan./mar. 1993, p. 43: "O poder de controle é atributo e prerrogativa do grupo considerado coletivamente, e não de qualquer dos seus participantes considerado isoladamente. O só fato de o acionista precisar do grupo para integrar o controle é suficiente para demonstrar que sozinho ele não pode exercer esse poder."

mãos dos integrantes do bloco individualmente, mas sim da coletividade dos acionistas que integram o grupo controlador[12].

Na mesma linha, a CVM, no caso Copesul que será estudado a seguir, reconheceu que o poder de controle, nos casos de compartilhamento, *é exercido pelo grupo, como grupo e em grupo*, conforme voto do Diretor da autarquia Marcelo Fernandez Trindade[13].

Registre-se, por outro lado, a posição contrária de José Edwaldo Tavares Borba ao defender que todos os membros do bloco são sujeitos ativos do controle, ou seja cada um dos integrantes do bloco são considerados controladores e, por essa razão, têm os mesmos direitos e responsabilidades[14].

Ordinariamente, os acionistas podem se reunir por meio de um acordo de acionistas ou por meio de uma sociedade *holding* interposta entre a sociedade, objeto do controle, e os acionistas que a controlam. Assim, o poder de dirigir os negócios sociais pode ficar concentrado em *holdings*, na forma de controle indireto, ou em um grupo de pessoas vinculados por acordo de voto.

O controle conjunto pode ser direto ou indireto. Será direto quando os signatários do acordo de acionistas são as pessoas naturais detentoras diretamente das ações da sociedade contro-

[12] LEÃES, Luiz Gastão Paes de Barros. **Notas sobre o poder de controle compartilhado.** In: Revista de Direito Empresarial. nº 0, novembro – dezembro. São Paulo: Revista dos Tribunais, 2013, p. 105: "Controle comum ou compartilhado, os integrantes do grupo dominante exercem, em conjunto, de forma coletiva, as prerrogativas e as responsabilidades que incumbem ao acionista controlador (*joint control*). Ou seja, a pessoas, que constituem a coletividade, agem e respondem como se fossem uma única pessoa, sem que cada uma, isoladamente, pudesse ser caracterizada, por si só, como acionista controlador."

[13] BRASIL. Comissão de Valores Mobiliários Processo RJ 2007/7230. Relator Eli Loria, Rio de Janeiro/RJ, 11 de julho de 2007. Disponível em < https://goo.gl/tTi7Kk> Acesso em 20 de abril de 2017.

[14] BORBA, José Edwaldo Tavares. **Direito Societário.** 8. ed. Rio de Janeiro: Renovar, 2003. p. 351.

lada. Por outro lado, será indireto quando quem firma o acordo são os acionistas da *holding*.

Inicialmente, o trabalho analisará, de forma sumarizada, as principais características da *holding* e do acordo de acionistas, que são de relevante importância para as operações fáticas que serão examinadas adiante.

1.2. *Holding*

A LSA previu expressamente a admissibilidade da *holding* no ordenamento jurídico nacional, no seu § 3º, do artigo 2º, ao permitir que a companhia tenha por atividade a participação em outras sociedades.

A *holding* é um meio para a organização do controle conjunto e segundo Comparato é uma evolução do acordo de acionistas e do *voting trust*, do direito anglo-saxão e inexistente no direito pátrio, em que o direito de voto é transferido ao *trustee*, por tempo determinado, consequentemente o controle empresarial é separado da propriedade acionária[15].

Difere-se do acordo de acionista, pois na *holding* o patrimônio do grupo de controle é a participação societária da *holding* e não da controlada, que é de propriedade da *holding*. Nota-se, então, a separação patrimonial entre controlada e os sujeitos ativos do controle, os acionistas da *holding*.

Modesto Carvalhosa conceitua a *holding*, que pode ser constituída na forma de limitada ou sociedade por ações, como sociedades não operacionais que têm seu patrimônio composto de ações de outras companhias, que são constituídas para o exercício do poder de controle.[16]

[15] COMPARATO, Fábio Konder; SALOMÃO FILHO, Calixto. **O Poder De Controle Na Sociedade Anônima.** 6. ed. Rio de Janeiro, RJ: Forense, 2014, p. 142.

[16] CARVALHOSA, Modesto. **Comentários à lei de sociedades anônimas**. 4.ed. São Paulo: Saraiva, 2011. v.4. Tomo II, p. 145.

Infere-se, assim, que a *holding* pode ser um meio para a reunião de acionistas com o objetivo de exercer o controle de uma sociedade operacional. Segundo a teoria de Ascarelli[17], a *holding* é um negócio indireto, pois o objetivo da *holding* não é o controle *per se*, mas sim atividade empresarial exercida pela controlada. Os membros do grupo que, de fato, detêm o controle e se beneficiam da atividade empresarial da sociedade operacional, transferem as ações da controlada para a *holding*, sociedade que estabilizará o exercício do poder de controle da sociedade controlada.

É de se destacar a estrutura piramidal que, por diversas vezes, é observada nas organizações empresariais de grande porte, em que se oberva a holding-mãe, que controla outras holdings que, por sua vez, controlam as sociedades operacionais.

Nioc Prado elenca alguns benefícios para a constituição da holding, como forma de estabilização do controle, dentre eles: centralização do controle da companhia controlada; maior força jurídica do que o acordo de acionistas; unificação da gestão financeira.[18]

[17] Ascarelli, Tullio. **Problemas das sociedades anônimas e direito comparado**. Campinas: Bookseller, 2001. p. 140: " O característico do negócio, quando usado com fins indiretos, está no fato de que as partes visam alcançar um fim que não é típico do negócio adotado. Mas a disciplina jurídica a que se sujeitam as partes continua a ser sempre, fundamentalmente, aquela do negócio adotado. Em substância, todo negócio é caracterizado por um escopo típico que se destina a realizar e no qual se identifica precisamente a sua causa econômica e jurídica. O característico do negócio indireto é constituído, pois, pela distinção entre o objetivo típico do negócio, em abstrato, e os eventuais objetos ulterirores visados consensualmente, por todas as partes, no caso concreto, e, portanto, pela constatação da maneira por que um negócio pode, indiretamente, desempenhar funções que não correspondem à função típica decorrente de sua estrutura e pela qual se caracteriza."

[18] Prado, Roberta Nioac. **Oferta Pública de Ações Obrigatória nas S.A. – Tag Along**. São Paulo: Quartier Latin, 2005, p. 145.

As relações dos acionistas da *holding* são regidas por seu estatuto ou contrato social, conforme aplicável, e por acordos parassociais. A pessoa que participa e dirige formalmente a sociedade controlada é a *holding*, que por meio de seus administradores, comparece ao conclave da controlada ou as reuniões prévias, caso existam, e cumpre a vontade dos seus acionistas.

Dessa forma, pode-se afirmar que o controle, muito embora em comum, é exercido por apenas um acionista, a *holding*. Trata-se do controle indireto, no qual os reais detentores do comando são os acionistas da *holding*.

No caso da *holding*, ao contrário dos acionistas organizados por meio do acordo de voto, quem está sujeito ao artigo 117 da LSA é a própria sociedade interposta, como controladora direta da companhia, e não os seus acionistas.

Estas breves notas sobre a *holding* serão relevantes para o entendimento correto dos casos em que envolvem alienação de poder de controle indireto e conjunto.

1.3. O Acordo de Acionistas

O acordo de acionistas é o instrumento que conjuga os interesses políticos de seus signatários[19]. O pacto firmado entre os acionistas é tipificado no artigo 118 da LSA e para a sua eficácia e validade deve reunir os requisitos presentes no artigo 104 do Código Civil: (i) agente capaz; (ii) objeto lícito, possível, determinado ou determinável; (iii) forma prescrita ou não defesa em lei.

É importante destacar que a LSA, no § 8 do artigo 118, reconhece a eficácia do acordo de acionistas ao estabelecer que o

[19] CARVALHOSA, Modesto. **Acordo de acionistas:** homenagem a Celso Barbi Filho. 2. ed. São Paulo, SP: Saraiva, 2015, p. 21 "Trata-se, o acordo de acionistas, de um contrato submetido às normas comuns de validade e eficácia de todo o negócio jurídico privado, concluído entre acionistas de uma mesma companhia, tendo por objeto a regulação do exercício dos direitos referentes às suas ações [...]."

presidente da assembleia não deve computar o voto proferido em desacordo com o acordo de acionistas devidamente arquivado na sede da sociedade.

Comumente, o acordo de acionista versa sobre direito de preferência para aquisição de ações de signatários do acordo, eleger determinado número de administradores, aprovação de ingresso de novo acionista, tomadas de empréstimos, distribuição de dividendos, operações societárias de cisão, incorporação, alienação ou oneração de ativos, dentre outras matérias estratégicas. Enfim, o acordo regula os rumos que a companhia seguirá.

A classificação do acordo de acionista se dá por seu objeto que pode ser: (i) de controle; (ii) voto dos minoritários; (iii) de bloqueio. Em razão do objeto presente trabalho, será examinado apenas o acordo de acionistas que regula o controle da sociedade, bem como as linhas gerais que regem o instrumento parassocial.

Cada integrante do acordo de acionista que tem como objeto o controle, por exemplo, tem o direito de indicar e destituir membros da administração, mas é através do grupo, que vota em bloco, que os integrantes elegem a chapa escolhida pelo grupo controlador. Os membros eleitos, sejam eles diretores ou conselheiros, devem votar de acordo com as determinações prévias do bloco de controle e podem ser destituídos caso não sigam as deliberações do grupo de controle da sociedade.

Quanto à forma, os acordos de controle, podem ser tanto tácitos ou verbais, quanto formais e escritos[20]. Muito embora não haja menção expressa no artigo 116 aos acordos tácitos, a

[20] STJ – REsp: 784 RJ 1989/0010107-2, Relator: Ministro Barros Monteiro, Data de Julgamento: 24/10/1989, T4 – QUARTA TURMA, Data de Publicação: DJ 20.11.1989 p. 17296 RSTJ vol. 6 p.

sua existência decorre da situação fática que norteia o poder de controle e o reconhecimento de quem o exerce[21].

Cumpre ressaltar que, embora a lei não exija a forma escrita, para que o instrumento seja arquivado na sede da sociedade e averbado no livro de ações da companhia e emane efeitos perante terceiros ou, até, para a execução específica de uma obrigação, o acordo por escrito é a via adequada.

A CVM, por meio de sua Superintendência Jurídica, reconheceu a existência de acordos de acionistas informais, sendo certo que os requisitos estabelecidos no artigo 118 servem para fins de publicidade e eficácia perante terceiros[22]. Em razão da relação entre as partes que exercem o controle, o acordo de acionistas revestido das formalidades do artigo 118 pode ser dispensado.[23]

Em razão do reconhecimento doutrinário e jurisprudencial, o artigo 254-A da LSA é aplicável aos casos de alienação controle, envolvendo ações vinculadas à acordo de acionistas tácito e informal, sendo certo que tal aplicação demandará uma aná-

[21] LEÃES, Luiz Gastão Paes de Barros. **Notas sobre o poder de controle compartilhado.** In: Revista de Direito Empresarial. nº 0, novembro – dezembro. São Paulo: Revista dos Tribunais, 2013, p. 105: "Lembre-se que o controle da sociedade anônima constitui um poder de fato, não um poder jurídico, que o acionista controlador só o detém enquanto for titular de direitos de votos em número suficiente para obter a maioria nas deliberações assembleares. "

[22] BRASIL. CVM Parecer CVM/SJU n. 079, 01 de agosto de 1983, disponível em <https://goo.gl/bLjIQX> Acesso em 11 de junho de 2017: "A menção ao acordo de acionistas não faz pressupor que o pacto há de ter a forma escrita e preencher todos os ditamos do artigo 118 da Lei n. 6.404/76. A lei trata dos requisitos de publicidade, previstos no interesse das partes, como condição de eficácia de suas avenças perante terceiros."

[23] BRASIL. CVM Parecer CVM/SJU n. 14, 09 de fevereiro de 1984, disponível em <https://goo.gl/RkCY3E> Acesso em 11 de junho de 2017: " É de se salientar a possibilidade, aliás frequente, da constituição de grupos unidos por laços de parentesco ou amizade, que mesmo prescindindo da formalização e da observância dos requisitos legais de publicidade apresentam-se eficazes na concentração do poder de comando."

lise pormenorizada das últimas assembleias para a comprovação da existência do bloco de controle alienante.

Com relação ao exercício do poder de controle e a presença nas assembleias da controlada, os acionistas organizados por meio de acordos não são representados, necessariamente, por uma única pessoa no conclave e sim por seus próprios representantes, que em nome dos signatários do acordo votam de forma uniforme na assembleia.

Finalmente, destaca-se que o poder de controle exercido por meio do acordo de acionistas pode ser tanto direto, quanto indireto[24] e os acordos podem ser firmados entre grupo majoritário e minoritários, para conferir aos últimos alguns direitos, entretanto, a simples existência do acordo não significa que o controle é exercido de forma compartilhada com os minoritários.

Portanto, o controle compartilhado será observado sempre que um acionista compartilhar com outro(s) acionista(s) o poder controle seja por meio de um acordo, seja pela constituição de uma *holding*.

2. A Oferta Pública de Ações

Carvalhosa define a oferta pública de ações, usualmente chamada de OPA, como uma declaração unilateral de vontade, por meio da qual o proponente manifesta, por prazo determinado, seu compromisso de adquirir um bloco de ações a preço determinado, e segundo cláusulas e condições previamente estabelecidas.

As ofertas públicas de valores mobiliários são reguladas pela Instrução CVM nº 361/2002, LSA, Lei nº 6.385/76 e são classificadas quanto à necessidade de registro e a forma de pagamento.

As chamadas OPAs obrigatórias, em que o ofertante por obrigação legal deve formular a oferta pública são: (i) cancelamento de registro, conforme § 4º do artigo 4º da LSA; (ii)

[24] BRASIL. CVM Parecer CVM/SJU n. 14, 09 de fevereiro de 1984, disponível em <https://goo.gl/RkCY3E> Acesso em 11 de junho de 2017.

aumento de participação, de acordo com o § 6º do artigo 4º da LSA; e (iii) alienação de controle, regida pelo artigo 254-A da LSA. Em qualquer das hipóteses das OPAs obrigatórias, haverá a necessidade de registro na CVM.

Por seu turno, existem também as OPAs não obrigatórias, lançadas à critério do proponente, que são: (i) aquisição de controle, nos termos do artigo 257 da LSA; e (ii) OPA concorrente, disciplinada pelo artigo 262 da LSA.

Em razão da temática do presente artigo, somente serão analisadas as principais características da OPA por alienação de controle, o fundamento de sua existência e seus requisitos.

2.1. O Prêmio de Controle

Usualmente, o bloco de controle e o potencial adquirente do poder de controle celebram um contrato em que o preço das ações é estabelecido, bem como a condição, suspensiva ou resolutiva, de realizar a OPA *a posteriori* para que a transferência das ações seja concluída.

Será suspensiva quando o adquirente e o alienante aguardam o lançamento da OPA para executar o contrato. Por outro lado, será resolutiva quando os efeitos do contrato surtem tão logo o instrumento seja executado, porém, será nulo o negócio jurídico avençado caso o adquirente não realize a OPA para adquirir as ações dos minoritários.

O controlador, via de regra, recebe um valor superior por ação em comparação aos acionistas que não fazem parte do bloco de controle. É inegável que as ações que compõe o controle da companhia outorgam ao adquirente o poder de dominação da sociedade e, por essa razão, é atribuído um valor adicional por ação[25].

[25] COMPARATO, Fábio Konder; SALOMÃO FILHO, Calixto. **O Poder De Controle Na Sociedade Anônima.** 6. ed. Rio de Janeiro, p. 231: "A cessão de 51% das ações votantes de uma companhia difere da cessão de 49% dessas ações, não apenas por razões de ordem quantitativa, mas sobretudo pela diversidade

Na mesma linha de raciocínio seguem Bulhões Pedreira e Lamy Filho ao afirmarem que o prêmio de controle não está ligado ao valor econômico das ações, mas sim ao poder comandar a companhia. Por essa razão, o bloco de controle tem maior avaliação do que a soma individualizada do valor das ações, pois como um bem coletivo, ele assegura o controle da sociedade.[26]

Paulo Eduardo Penna assevera que ao adquirir o bloco de controle, o novo acionista não só tem os direitos estabelecidos no artigo 109 da LSA, mas, também, conquista o direito, de fato, de comandar a companhia. O prêmio de controle é a diferença entre o valor econômico das ações e o valor que o mercado está disposto a desembolsar por elas[27].

Por conseguinte, o prêmio de controle indica que as ações pertencentes ao bloco de controle têm valor superior e que o prêmio, por força do artigo 254-A da LSA, é estendido aos demais acionistas com direito a voto, na razão de 80%.

Passadas essas considerações introdutórias, serão analisados os fundamentos da OPA *a posteriori* e, também, os requisitos para a realização da oferta obrigatória.

2.2. A Finalidade e os Fundamentos da OPA por Alienação de Controle

A finalidade da OPA *a posteriori* é dar proteção aos minoritários. Trata-se de um dever fiduciário do adquirente perante os acionistas minoritários com o objetivo de resguardar o patrimônio.

qualitativa do objeto. Essa diferença de 2% não é apenas numérica, pois importa a alienação de outro bem econômico, diverso dos títulos acionários. No primeiro caso, aliena-se, com a maioria das ações votantes, o poder de decidir e comandar a sociedade, em última instância. Por isso o preço unitário das ações cedidas, em tal caso, é muito diferente do que seria estipulado na segunda"

[26] LAMY, Alfredo Filho e PEDREIRA, José Luiz Bulhões (Coord.). **Direito das Companhias.** Vol. 1-2, Rio de Janeiro: Ed. Forense, 2009, p. 833.

[27] PENNA, Paulo Eduardo. **Alienação de controle de companhia aberta.** São Paulo, SP: Quartier Latin do Brasil, 2012, p. 26/27.

A intenção do legislador foi conceder tratamento igualitário, na redação original do artigo 254 da LSA, aos acionistas a fim de que todos participassem da divisão do prêmio de controle. Com a redação atual, o intuito é semelhante, mas a ressalva é que o adquirente pode oferecer aos minoritários 80% do valor que foi ofertado ao bloco de controle, que pode se apropriar dos 20% restantes.

Ressalte-se que a B3 (atual denominação da BM&F Bovespa) estabeleceu o princípio da igualdade de tratamento aos acionistas em hipóteses de alienação do controle para as companhias integrantes do Novo Mercado.

É importante pontuar que a doutrina se divide em três correntes no tocante a divisão do prêmio de controle: (i) o prêmio de controle deve ser dividido entre o acionista controlador e os demais acionistas detentores de ações da mesma classe e espécie; (ii) o prêmio de controle pertence à companhia; (iii) o prêmio de controle pertence ao controlador.

O presente estudo se filia a primeira corrente, ou seja, o prêmio de controle deve ser dividido entre o controlador e os acionistas detentores de ações da mesma classe e espécie.

Nesta esteira, o direito imediato tutelado pelo artigo 254-A da LSA é o interesse do acionista minoritário e, por conseguinte, o fortalecimento do mercado de capitais na medida em que com direitos mais claros e sólidos os investidores fiquem estimulados a investir no mercado de capitais nacional.

Observa-se, também, que os minoritários, no momento do investimento, levam em consideração quem é o controlador da companhia, isto é, quem dirige os negócios sociais e, por isso, os minoritários têm o direito de sair da companhia quando um novo controlador se apresenta para comandar os negócios.

Esta é a razão pela qual, conforme se verá adiante, que o trabalho defende a tese da estabilidade do controle para fins de aplicação da OPA em casos de transferência de ações do bloco de controle. Neste raciocínio, casuisticamente será avaliado se houve ou não mudança na condução da orientação geral dos negócios da companhia para que se conceda, em caso de mudança, o direto ao *tag along* para os minoritários.

Nota-se que em outros ordenamentos, como o Francês e o Inglês, o fundamento da OPA é, também, permitir ao acionista minoritário participar das mesmas oportunidades dos acionistas controladores, o que significa, dividir o prêmio de controle entre os acionistas da mesma classe e espécie[28].

Isto posto, conclui-se, que a OPA *a posteriori* é baseada no tratamento igualitário dos acionistas com direito a voto e na socialização, parcial, do prêmio de controle. A clareza do fundamento da OPA é de essencial importância para intepretação das características da OPA por alienação de controle e a sua aplicação.

2.3. Destinatários da Oferta

Com o advento da lei 10.303/2001, que reintroduziu a OPA por alienação de controle, não há mais dúvidas que a oferta é destinada somente aos acionistas ordinaristas não integrantes do bloco de controle.

Por essa razão, os acionistas preferencialistas não são beneficiados pela OPA por alienação de controle, a não ser que o estatuto social, nos termos do artigo 17, § 1º, inciso III, da LSA conceda o direito de voto aos detentores de ações preferenciais.[29]

[28] EIZIRIK, Nelson. Et. Al. **Mercado de Capitais Regime Jurídico**. 3. Ed. Rio de Janeiro: Renovar, 2011, p. 604/605.

[29] EIZIRIK, Nelson. **A lei das S/A comentada: artigos 206 ao 300**. São Paulo: Quartier Latin do Brasil, 2015, p. 320: "As ações preferenciais, ainda que sem direito a voto ou com restrição ao exercício desse direito, poderão ser objeto da oferta pública por alienação de controle quando essa vantagem lhes for atribuída pelo estatuto social."

Existe ainda a polêmica envolvendo as ações preferenciais que adquiriram o direito de voto temporário em razão da falta de pagamento de dividendos, de acordo com o artigo 111, § 1º da LSA.

Nelson Eizirk[30] e Modesto Carvalhosa[31] entendem que é possível contemplar, na OPA, as ações preferenciais com direito a voto temporário, pois a lei faz menção apenas ao direito de voto e não sobre a sua temporariedade. Enquanto Lamy Filho defende que as ações preferenciais com direito transitório de voto não devem ser abarcadas pela OPA *a posteriori*, tendo em vista o caráter provisório do seu direito ao voto[32].

Ressalte-se, que a ICVM 361 estabelece que somente serão contempladas as ações com direito a voto pleno e permanente, ou seja, as preferenciais, com direito a voto por força do artigo 111, § 1º da LSA, estariam fora do conceito.

A CVM teve a oportunidade de enfrentar a questão no processo envolvendo a alienação do controle das Indústrias Micheletto S.A., que tinha ações preferenciais com direito transitório à voto em razão da ausência de pagamento de dividendos e entendeu que em observância a segurança jurídica as ações preferenciais com direito transitório ao voto não estariam sujeitas aos efeitos da OPA por alienação de controle[33].

[30] EIZIRIK, Nelson. **Op., cit.** São Paulo: Quartier Latin do Brasil, 2015, p. 319

[31] CARVALHOSA, Modesto. **Comentários à lei de sociedades anônimas**. 4 ed. São Paulo: Saraiva, 2011. v.4. Tomo II, p. 150.

[32] LAMY, apud PENNA, Paulo Eduardo. **Alienação de controle de companhia aberta.** São Paulo, SP: Quartier Latin do Brasil, 2012, p 221: "A oferta pública para aquisição de ações, por força de alienação de controle (art. 254 da Lei 6.404) não se destina aos titulares de ações preferenciais, sem direito de voto, mesmo que tais ações estejam no exercício desse direito por haver a companhia deixado de pagar dividendos."

[33] BRASIL. Comissão de Valores Mobiliários Processo RJ 2004/6623. Relator Sergio Eduardo Weguelin Vieira, Rio de Janeiro/RJ, 25 de janeiro de 2005, disponível em <https://goo.gl/gMzbjG>Acesso em 15 de abril de 2017.

A pesquisa concorda com os argumentos de Lamy Filho e com o que foi decidido pela CVM e entende que não é possível igualar os detentores de ações com direito ao voto permanente aos preferencialistas com direito ao voto temporário. A transitoriedade do direito ao voto não tem o condão de equiparar os acionistas ordinários e preferencialistas para fins de alcance da norma contida no artigo 254-A da LSA.

3. Condições Para a OPA Por Alienação de Controle

A alienação do controle de companhia aberta somente poderá ser contratada sob a condição, suspensiva ou resolutiva, de que o adquirente se obrigue a fazer oferta pública de aquisição das ações com direito a voto de propriedade dos demais acionistas da companhia, de modo a lhes assegurar o preço no mínimo igual a 80% (oitenta por cento) do valor pago por ação com direito a voto, integrante do bloco de controle, conforme disciplinado nos artigos 254-A da LSA e 29 da ICVM 361[34].

Para fins do disposto no artigo 254-A da LSA, as condições, de acordo com a doutrina, que definem a alienação do controle acionário são: *i)* que o controle seja de uma companhia aberta; *ii)* que a operação, em seu conjunto, resulte na presença de um novo acionista controlador ou bloco de controle em substituição ao antigo controlador *iii)* que a operação tenha o caráter oneroso; *iv)* que tenha ocorrido a transferência da totalidade ou parte de ações ou de direitos sobre tais ações pertencentes ao antigo controlador[35].

[34] Artigo 29 da ICVM 361/02, *caput:* A OPA por alienação de controle de companhia aberta será obrigatória, na forma do art. 254-A da Lei 6.404/76, sempre que houver alienação, de forma direta ou indireta, do controle de companhia aberta, e terá por objeto todas as ações de emissão da companhia às quais seja atribuído o pleno e permanente direito de voto, por disposição legal ou estatutária.

[35] EIZIRIK, Nelson. **A lei das S/A comentada: artigos 206 ao 300**. São Paulo: Quartier Latin do Brasil, 2015, p. 331.

O presente artigo entende que nos casos de alienação de parte de ações envolvendo o bloco de controle, deve-se incluir como requisito indispensável o exame causuístico da estabilidade do controle, que será explorado adiante..

Neste tópico serão examinadas as condições indispensáveis para a obrigatoriedade da realização da OPA *a posteriori*, conforme critérios adotados pela doutrina e utilizados pela CVM nos julgamentos de casos em que se examinou a transferência de ações envolvendo o bloco de controle.

3.1. Companhia Aberta

O artigo 254-A incide somente em companhias abertas. Nas companhias fechadas, salvo se previsto em acordo de acionistas ou estatuto social, o *tag along* não é obrigatório, o que prejudica a situação do minoritário, que tem dificuldades para vender as ações que detém a preços equitativos[36].

Em conformidade com o artigo 4º da LSA e do artigo 22 da Lei 6.385/76, companhia aberta é aquela cujos valores mobiliários estejam admitidos à negociação na bolsa ou no mercado de balcão. Nos termos da ICVM 480, a admissão à negociação na bolsa ou no mercado de balcão é obtida mediante o registro da companhia na CVM.

É importante ressaltar que a OPA *a posteriori* não incide em companhias que estão registradas na CVM para negociar valores mobiliários diferentes de ações, como as debêntures não conversíveis. Assim, se a OPA por alienação de controle não atinge as

[36] PENTEADO, Mauro Rodrigues. **Apontamentos sobre a Alienação de Controle de Companhias Abertas.** In: RDM, no 83, p. 17: "[...] coexistem entre nós dois tratamentos distintos no tocante à alienação do controle acionário: para as companhias fechadas, a operação circunscreve-se a um negócio privado entre cedente e cessionário, sem beneficiar os acionistas minoritários, ao passo que nas companhias abertas é exigida a realização de oferta pública de aquisição de ações [...]"

companhias fechadas, ela também não atingirá as companhias abertas, sem ações negociadas no mercado[37].

3.2. O Novo Acionista Controlador

Compreender esse requisito é determinante para a análise da obrigatoriedade ou não da formulação da OPA por alienação de controle. nos casos que serão estudados a seguir. Contudo, o presente estudo reitera o registro que se a estabilidade do bloco de controle for afetada, conforme se verá a seguir, independentemente do surgimento de um novo acionista, o critério do novo acionista controlador deve ser relativizado.

A operação de alienação de controle deve, necessariamente, resultar na transferência de todas ou parte das ações integrantes do bloco de controle para um terceiro, que assumirá a posição de novo controlador da companhia[38].

Caso a operação não resulte na figura de um novo controlador, seja direto ou indireto, não há que se falar em alienação de controle e sim de reestruturação societária, que não exige OPA. O controle precisa ser necessariamente transferido do controlador para um terceiro, que não detenha o controle.

Nesse sentido, é importante pontuar que o terceiro não precisa ser uma parte que não tenha relação com a companhia, podendo ser, inclusive, um acionista minoritário, que após a aquisição das ações passe a deter o poder de influência na sociedade[39].

[37] PENNA, Paulo Eduardo. **Alienação de controle de companhia aberta.** São Paulo, SP: Quartier Latin do Brasil, 2012, p. 90.

[38] BRASIL. CVM Processo Administrativo n. RJ 2007/7830, 11 de julho de 2007, Diretor-Relator: Eli Loria: "Destarte, para que ocorra a alienação do controle, necessário que haja mudança na titularidade do poder de controle, sendo fundamental, portanto, a presença de novo controlador."

[39] EIZIRIK, Nelson. A lei das S/A comentada: artigos 206 ao 300. São Paulo: Quartier Latin do Brasil, 2015, p. 323 e 325

E não é só o minoritário que pode ser considerado terceiro, também se enquadrará no conceito de terceiro para fins de aplicação do artigo 254-A da LSA o signatário do acordo de acionistas que adquire ações com direito a voto que lhe concedam o controle de fato[40]. Ressalte-se aqui, que a transferência das ações ao adquirente deverá ser em número suficiente para que o bloco se desfaça e um novo controlador apareça, conforme entendimento doutrinário, parâmetro que não é o defendido pelo autor da pesquisa.

Registra-se, com críticas, a posição da CVM que entende não haver a necessidade de realização de oferta pública quando ocorrer transferência de ações dentro do bloco de controle. Eli Loria[41] e Wladimir Castelo Branco[42] afirmam que nesses casos, ao menos em tese, não é exigível a OPA, pois o integrante do controle não é considerado terceiro.

Assim, haverá alienação de controle na situação em que o atual controlador transfere para um terceiro quantidade de ações com direito a voto suficientes para que o atual controlador deixe o controle e, por outro lado, que o terceiro assuma a posição de controlador da companhia.

[40] RETTO, Marcel Gomes Bragança. **Aspectos controvertidos dos acordos de acionistas**. In: Revista de Direito Bancário 48, p. 126.

[41] BRASIL. Comissão de Valores Mobiliários Processo Administrativo n. RJ 2007/7230. Relator Eli Loria, Rio de Janeiro/RJ, 11 de julho de 2007. Disponível em <https://goo.gl/tTi7Kk> Acesso em 09 de junho de 2017: " [...] a venda da participação a uma pessoa já integrante do bloco de controle não implica, em princípio, na obrigatoriedade de realização de oferta pública."

[42] BRASIL. Comissão de Valores Mobiliários Processo Administrativo n. RJ 2002/7888. Relator: Wladimir Castelo Branco Castro, Rio de Janeiro/RJ, 17 de junho de 2003. Disponível em <https://goo.gl/9SUlO8> Acesso em 09 de junho de 2017: "Ressalvo que no meu entender, numa operação em que um controlador vende sua participação – total ou parcial – a outro controlador, não haveria em princípio, compra do controle, pois o comprador já ocupava antes da operação a posição jurídica de controlador, adquirindo apenas o reforço de controle."

A hipótese mais fácil para observar a presença desse requisito acontece quando o acionista controlador, detentor da maioria das ações com direito a voto da companhia, transfere todas as suas ações ao terceiro. Ao transferir o controle majoritário para um terceiro, aplica-se o artigo 254-A da LSA.

No entanto, a transferência de parte das ações do bloco de controle ao terceiro também pode ocasionar na alienação de controle, bastando que as ações transferidas sejam suficientes para provocar o fim do bloco de controle e o aparecimento de um novo bloco controlador formado pelo terceiro adquirente[43].

Na hipótese de não desfazimento do bloco de controle, em um primeiro olhar, não há incidência do artigo 254-A. A mera alteração de posição dentro do bloco ou a reestruturação do controle em uma *holding*, por exemplo, não ensejam na alienação de controle, considerando que o objetivo da Lei é atingir o real detentor do poder, ou seja, o controlador final e não os instrumentos utilizados para o exercício da dominação na companhia.[44]

Adiantando o que se analisará em breve, o autor do presente estudo entende que a situação não é tão fácil de ser enfrentada e não deve ser examinada apenas com base em critérios aritméticos. O controle, como um poder de fato, deve ser examinado detidamente e a sua alienação deve ser verificada casuisticamente.

[43] PENNA, Paulo Eduardo. **Alienação de controle de companhia aberta.** São Paulo, SP: Quartier Latin do Brasil, 2012, p. 99: "O seguinte exemplo é ilustrativo: em uma companhia cujo controle é exercido por um acionista, proprietário de 51% (cinquenta e um por cento) das ações votantes, haverá alienação de controle se um minoritário, titular de 31% (trinta e um por cento) das ações votantes, adquirir do controlador 20% (vinte por cento) das ações votantes. Embora não seja transferido para o minoritário todas as suas ações, o alienante abriu mão do controle, ensejando, pois, a incidência do artigo 254-A."

[44] EIZIRIK, Nelson. A lei das S/A comentada: artigos 206 ao 300. São Paulo: Quartier Latin do Brasil, 2015, p. 324.

De qualquer forma, o estudo entende a importância da correta compreensão desse requisito, principalmente para a análise da linha de raciocínio empregada pela CVM no exame dos casos reais que serão apresentados a seguir.

3.3. A Onerosidade

A transferência de controle, para fins do artigo 254-A da LSA, deve ter caráter oneroso. Cabe aqui, fazer uma breve diferenciação entre operações realizadas a título oneroso e gratuito.

A operação será onerosa quando as partes do negócio obtêm benefícios e vantagens, direitos e obrigações, é o chamado contrato sinalagmático. O exemplo típico é o contrato de compra e venda, que o comprador tem a obrigação de pagar pelo objeto e o direito de receber o objeto da compra e venda, ao passo que vendedor tem a obrigação de entregar a coisa e o direito de receber pela coisa, são obrigações correspectivas presentes nos contratos bilaterais como a compra e venda, permuta e a dação em pagamento.

Por outro lado, a operação será gratuita quando não há contraprestação, ou seja, uma parte assume as obrigações em relação à outra parte. Os casos clássicos são da doação pura e simples, portanto, sem encargos, testamentos e a promessa de recompensa.

Em consonância com o dispositivo do *tag long* da LSA, a alienação de controle pressupõe o pagamento do preço, ou seja, trata-se de uma operação onerosa. A partir do instante em que a Lei se refere ao *preço mínimo igual ou superior a 80% (oitenta por cento) do valor pago por ação com direito a voto* não há que se falar em incidência do artigo 254-A da LSA em operações não onerosas de transferência de controle como, por exemplo, doações ou sucessão *causa mortis*.

Muito embora as operações de alienação de controle normalmente envolvam o pagamento do preço das ações em dinheiro, a onerosidade também é observada em diferentes formas de pagamento, tais como as operações que envolvam permuta, assunção de dívida, dentre outras que se caracterizam como um benefício recebido pelo alienante passível de avaliação pecuniária.

A verificação da onerosidade na operação de transferência de controle é ponto crucial para a incidência do artigo 254-A da LSA e a consequente extensão dos efeitos da norma aos acionistas minoritários.

A doutrina nacional é uniforme na questão da onerosidade da operação para fins do disposto no artigo 254-A da LSA. Entretanto, é divergente quando o tema versa sobre o pagamento ou não do prêmio de controle.

Luiz Leonardo Cantidiano[45] e Roberta Nioc Prado, por exemplo, defendem que só haverá OPA *a posteriori* se houver pagamento do prêmio, pois o objeto da regra é justamente a partilha do prêmio de controle[46].

Em sentido oposto, caminha Nelson Eizirik[47] ao afirmar que o sentido da norma é determinar que a OPA por alienação de controle seja realizada nas situações em que haja onerosidade na transferência do controle, mas não determina que toda e qualquer operação tenha prêmio de controle.

[45] CANTIDIANO, Luiz Leonardo. **Características das ações, cancelamento de registro e "tag along".In:** LOBO, Jorge (Coord.). **Reforma da lei das sociedades anônimas**. Rio de Janeiro: Forense, 2002, p. 93**:** "se a apresentação da oferta pública dirigida aos acionistas não controladores, tem por objetivo exclusivo fazer com que seja estendida aos destinatários da oferta parcela de 80% do preço que tiver sido contratado com o respectivo alienante do controle, não se justifica a incidência da regra quando o alienante do controle transfere as ações que integram o bloco de controle sem receber sobrepreço correspondente à mais valia decorrente da cessão do citado bloco de ações"

[46] PRADO, Roberta Nioac. **Oferta Pública de Ações Obrigatória nas S.A. – Tag Along**. São Paulo: Quartier Latin, 2005, p. 193:

[47] EIZIRIK, Nelson. A lei das S/A comentada: artigos 206 ao 300. São Paulo: Quartier Latin do Brasil, 2015, p. 327.

Modesto Carvalhosa vai além, ao asseverar que o pagamento do prêmio é mera faculdade, que pode ou não ser adotada no momento da realização da OPA por alienação de controle[48].

Logo, para essa corrente doutrinária, a OPA *a posteriori* é obrigatória desde que haja onerosidade na transferência das ações e os demais requisitos estejam cumpridos, independentemente do pagamento do prêmio. Nessa situação, o valor da oferta pode ser até inferior ao cotado no mercado e, para o minoritário, daria a chance de sair de uma companhia deficitária, por exemplo, em conjunto com o controlador[49].

Ao analisar o caso de alienação indireta de controle de caráter oneroso, no entanto, sem o pagamento de prêmio, envolvendo a Elektro Eletricidade e Serviço S.A. ("Elektro"), o colegiado da CVM, no processo CVM RJ 2006/7658, decidiu pela obrigatoriedade da realização da oferta pública[50].

Resumidamente, a Prisma Energy International, Inc. ("Prisma"), controladora da Elektro, teve o seu controle alienado à Ashmore Energy International Limited ("AEI") que, consequentemente, passou a ser a controladora indireta da Elektro.

O valor da operação foi de US$ 2,9 bilhões e não houve atribuição individualizada de preço para cada um dos ativos da Prisma, incluindo as ações da Elektro. Posteriormente, a AEI informou que o valor atribuído ao controle da Elektro foi de

[48] CARVALHOSA, Modesto. **Comentários à lei de sociedades anônimas**. 4ª ed. São Paulo: Saraiva, 2011. v.4. Tomo II, p. 176.

[49] BRASIL. CVM Parecer CVM/SJU n. 079, 01 de agosto de 1983, disponível em <https://goo.gl/bLjIQX> Acesso em 11 de junho de 2017: "Nas companhias deficitárias, afigura-se mais importante a tutela legal, em face da dificuldade de desinvestimento, frequentemente ocasionada pela perda de liquidez dos títulos no mercado."

[50] BRASIL. Comissão de Valores Mobiliários Processo Administrativo n. RJ 2006/7658, Manifestação da Área Técnica, 11 de abril de 2007. Disponível em <https://goo.gl/gK267Y> Acesso em15/05/2017.

aproximadamente US$ 800 milhões e a oferta aos minoritários de R$ 6,00, também aproximadamente, por lote de mil ações.

Os mesmos lotes de mil ações estavam sendo negociados no mercado por cerca de R$ 14,00. Verifica-se, no caso em comento, que houve um deságio na operação. Por essa razão, a AEI alegou que não havia sentindo em realizar a OPA por alienação de controle, pois o objetivo do artigo 254-A da LSA é a partilha do prêmio de controle entre os acionistas minoritários com direito a voto.

Porém, a SRE adotou entendimento diverso e afirmou que o deságio na operação não exime o adquirente de lançar a OPA por alienação de controle, tendo em vista que as condições impostas pelo artigo 254-A foram verificadas, a saber: a efetiva transferência indireta do controle acionário da Elektro, a existência de público-alvo e a onerosidade da transação. Logo, a AEI foi obrigada a realizar a OPA.

O presente trabalho concorda com os critérios adotados pela CVM e entende que a OPA por alienação de controle é obrigatória independentemente do pagamento do prêmio de controle, como os casos em que se verifica deságio do valor de mercado das ações. A OPA é a garantia de que o minoritário receberá o mesmo tratamento atribuído ao controlador alienante[51], mesmo que o referido tratamento não se traduza em benefício econômico ao acionista minoritário.

3.4. A Transferência das Ações ou Direitos

O último critério versa sobre a transferência das ações ou direitos relacionados às ações que pertenciam ao alienante controlador. O artigo 254-A da LSA é claro ao determinar que só haverá OPA *a posteriori* se houver a transferência das ações ou

[51] PENNA, Paulo Eduardo. **Alienação de controle de companhia aberta.** São Paulo, SP: Quartier Latin do Brasil, 2012, p. 122

direitos sobre as ações ou, ainda, títulos conversíveis em ações do antigo controlador.

É fundamental a compreensão de que nem toda aquisição de controle implica em alienação, ou seja, é admitido que um terceiro adquira o controle, sem que haja a transferência das ações do antigo para o novo controlador. Para a adequada assimilação do requisito, o presente trabalho analisará, sumariamente, os conceitos de aquisição originária e derivada de controle.

Tem-se a aquisição originária de controle quando um ou mais acionistas adquirem ações, suficientes para o exercício do controle, de diversos acionistas minoritários e não do antigo controlador.

Outra hipótese de aquisição originária de controle ocorre por meio da celebração de um acordo de acionistas, em que não há aquisição de ações e sim a reunião de acionistas que, individualmente, não detinham o controle, mas ao se reunirem em um acordo de voto passam a ter o controle da companhia, em conjunto.

Existem outras situações de aquisição originária de controle como, por exemplo, a compra gradual de ações, também conhecida como escalada em bolsa, subscrição no aumento de capital e a oferta pública de aquisição de controle, regulada no artigo 257 da LSA, que não é objeto do presente trabalho.

Portanto, na aquisição originária não há a figura do alienante do controle e, assim, não há transferência de controle, por essa razão, não incide o disposto no artigo 254-A da LSA.

Situação diversa é encontrada na aquisição derivada de controle em que as ações que conferem o controle são adquiridas do antigo controlador, que necessariamente transfere suas ações ao novo controlador. Logo, incide o artigo 254-A da LSA.[52]

[52] LAMY, Alfredo Filho e PEDREIRA, José Luiz Bulhões (Coord.). **Direito das Companhias**. Vol. 1-2, Rio de Janeiro: Ed. Forense, 2009, p. 2014: "A aquisição de

A alienação de controle é obrigatória nos casos de aquisição derivada, pois existem as figuras do alienante do controle e do adquirente do controle[53].

Modesto Carvalhosa traz, ainda, um terceiro tipo de aquisição denominada semiderivada, que ocorre quando parte das ações do bloco de controle são alienadas, mas somadas ao número de ações já detidas pelo terceiro adquirente transforma este último em controlador[54].

Os casos mais frequentes de aquisição derivada de controle estão descritos no §1 do artigo 254-A da LSA e podem ser resumidos em cessão onerosa de controle societário ou de direito de preferência na subscrição de aumento de capital ou alienação do poder de controle por meio de um conjunto de operações. Em todas essas situações, incidirá o artigo 254-A da LSA.

Por fim, na parte destinada ao exame da transferência de ações envolvendo o bloco de controle, o trabalho apresentará o critério da estabilidade do controle para fins de incidência da norma prevista no artigo 254-A da LSA.

4. Hipóteses de Incidência da OPA Por Alienação de Controle

As hipóteses de incidência da OPA por alienação de controle estão previstas no §1 do artigo 254-A da LSA e, uma vez verificada todas as condições já estudadas, podem ser resumidas em: *i)* alienação direta de controle; *ii)* alienação indireta de con-

controle, na hipótese prevista no artigo 254-A , é sempre derivada, como salienta o artigo 29 da Resolução CVM n. 361, e tem como partes: como alienante, o acionista controlador ou membro do grupo controlador e, como adquirente, um terceiro (alheio ao grupo de controle) ou terceiros ligados pela intenção de passarem a exercer o controle comum".

[53] Carvalhosa, Modesto. **Comentários à lei de sociedades anônimas**. 4.ed. São Paulo: Saraiva, 2011. v.4. Tomo II, p. 173.

[54] Carvalhosa, Modesto. **Comentários à lei de sociedades anônimas**. 4.ed. São Paulo: Saraiva, 2011. v.4. Tomo II, p. 174.

trole; *iii)* alienação por etapas. Ressalte-se que o trabalho será sucinto na análise, tendo em vista o seu escopo.

O controle direto se verifica quando o controlador é um único acionista ou um grupo controlador, detentor das ações emitidas, diretamente, pela companhia controlada. Dessa forma, ocorrerá a alienação direta de controle quando o acionista controlador transfere o controle, ou seja, o número de ações necessárias para que o poder de domínio seja exercido, ao terceiro que passa a condição de novo controlador.

Assim sendo, na alienação direta de controle, o objeto do negócio jurídico são as ações do bloco de controle emitidas pela companhia alvo da aquisição

Por sua vez, a alienação indireta de controle é identificada quando o beneficiário final do controle transfere as ações que detém em uma sociedade interposta, *holding*, que é a controladora direta da companhia controlada.

O controle indireto é visto no grupo de sociedades, por meio de estruturas hierarquizadas, em que a fonte do poder decorre das relações societárias entre as sociedades do grupo[55].

Assim, na alienação indireta de controle o objeto do negócio jurídico são as ações do grupo de controle da controladora que conferem o controle indireto da companhia controlada. Aplicando-se, dessa forma, o artigo 254-A da LSA.

Sabe-se que a alienação de controle pode ser realizada por meio de uma única operação, mas também pode ser realizada por meio de diversas operações, que se analisadas isoladamente não caracterizariam a alienação de controle, mas quando examinadas conjuntamente evidenciam a transferência onerosa de controle.[56]

[55] PENNA, Paulo Eduardo. **Alienação de controle de companhia aberta.** São Paulo: Quartier Latin do Brasil, 2012, p. 125.

[56] PRADO, Roberta Nioac. **Oferta Pública de Ações Obrigatória nas S.A. – Tag Along**. São Paulo: Quartier Latin, 2005, p. 208: "A alienação de controle

É obrigatória a OPA por alienação de controle nas hipóteses em que a operação ocorre em duas ou mais etapas. Porém, não há regramento para definir o momento em que a oferta deverá ser estendida aos minoritários.

Paulo Eduardo Penna[57] e Fábio Ulhoa Coelho[58] defendem que obrigação de realizar a OPA deve ocorrer depois de realizados todos os atos que conjuntamente transferiram o poder controle ao terceiro.

Por outro giro, Roberta Nioac Prado adota o entendimento que o momento correto para o lançamento da OPA aos minoritários seria na ocasião do pagamento do ágio, para que se reduza eventual fraude à Lei.

Verifica-se o pagamento antecipado do prêmio em muitas das operações, mas o presente estudo entende que a OPA só deverá ser lançada após a implementação de todas as etapas da operação.

5. A Transferência de Ações Integrantes do Bloco de Controle

Em consonância com o estudado anteriormente, a LSA define o compartilhamento de controle, como aquele que é exercido por mais de um acionista, muitas vezes signatários de um acordo ou reunidos em uma *holding*, que se comprometem a votar em bloco nas matérias concernentes ao controle da companhia.

Para a análise dos casos a seguir, é essencial relembrar rapidamente os requisitos que caracterizam a alienação de con-

em etapas ocorre fundamentalmente pela alienação sucessiva de participações que, individualmente consideradas, não asseguram o controle da companhia, mas, em conjunto, formam bloco controlador.

57 PENNA, Paulo Eduardo. **Alienação de controle de companhia aberta.** São Paulo: Quartier Latin do Brasil, 2012, p. 144.

58 COELHO, Fábio Ulhoa **Curso de Direito Comercial**. 12 ed. São Paulo: Saraiva, 2008. v.2, p. 297/298: "Quando a alienação do controle resulta de uma sucesso de atos, deve-se assegurar, no último deles, o direito à saída conjunta."

trole de companhia aberta. O primeiro requisito versa sobre o resultado da operação, que necessariamente deve acarretar no aparecimento de um terceiro como novo acionista controlador da companhia aberta.

Por sua vez, o segundo requisito trata da onerosidade da operação. Por fim, o terceiro requisito trata da alienação do controle, ou seja, que o antigo controlador transfira ao terceiro adquirente o controle da companhia.

Nos casos de controle compartilhado, o autor do presente trabalho adiciona como requisito para a incidência da OPA *a posteriori* a quebra da estabilidade do controle, de acordo com o que se verá a seguir.

5.1. A Estabilidade do Controle

O controle é um poder de fato e não de direito, essa é a sua fundamental característica. Partindo-se dessa conhecida premissa, infere-se que não há número mínimo de ações necessárias para que se reconheça um controlador.

Não se repetirá aqui os conceitos já estudados anteriormente, mas é fundamental relembrar que o controlador é aquele que, de fato, exerce o poder de dominação sobre os demais acionistas e, com sua influência, impõe as suas vontades na condução dos negócios da companhia.

Dentro de uma estrutura compartilhada de comando, a relação de influência sobre os demais componentes do grupo é intrínseca a titularidade do poder[59] e fundamental para a tutela dos direitos dos minoritários.

Nesta esteira, reconhece-se que o poder de controle é identificado por meio de critérios abertos. O jurista francês Claude

[59] PENNA, Paulo Eduardo. **Alienação de controle de companhia aberta.** São Paulo: Quartier Latin do Brasil, 2012, p. 23 :"A noção de poder sempre se dá em vista da relação de um agente com outro."

Champaud pondera que a identificação do poder de controle só é possível através de indícios e presunções e não de regras fixas[60].

A falta de critérios objetivos para a correta incidência do artigo 254-A, em operações envolvendo a transferência de ações integrantes do grupo de controle, contribuem para a dificuldade da análise.

A complexidade em constatar a alienação de controle envolvendo o controle compartilhado é tanta, que Paulo Eduardo Penna sugere a não formulação da OPA em caso de dúvidas na identificação da predominância do novo integrante do bloco de controle[61].

Concorda-se com a dificuldade da necessidade de formulação da OPA em casos de alienação envolvendo o grupo de controle. Entretanto, muito embora se respeite a tese da dúvida apresentada por Paulo Eduardo Penna, a presente pesquisa entende que esse critério traz uma insegurança jurídica ao mercado e, principalmente, aos minoritários. Não se pode justificar a não incidência do artigo 254-A sob o fundamento da complexidade de sua aplicação, é dever do operador do direito enfrentar a matéria.

Alterações envolvendo a composição do grupo de controle, em uma análise superficial, não disparam a OPA por alienação de controle, principalmente quando se consideram apenas as condições para OPA *a posteriori* apresentadas neste artigo.

[60] CHAMPAUD, apud COMPARATO, Fábio Konder; SALOMÃO FILHO, Calixto. **Op., cit.** ed. Rio de Janeiro, RJ: Forense, 2014, p. 30

[61] PENNA, Paulo Eduardo. **Alienação de controle de companhia aberta.** São Paulo: Quartier Latin do Brasil, 2012, p. 114: "Não sendo possível identificar a predominância do novo integrante do bloco de controle, não se deve impor a ele a obrigação de formular a OPA a posteriori. Lembre-se, a esse propósito, que, não obstante a ampla abrangência conferida ao artigo 254-A da LSA à forma de se atingir a alienação de controle, trata-se de norma excepcional, posto que estabelece limitações ao direito de propriedade do alienante, e, portanto, de interpretação estrita. Em nosso entender, havendo dúvida, não há como exigir a obrigatoriedade no lançamento da oferta pública de ações."

Para o presente trabalho, o requisito mais relevante para a aplicação ou não da OPA é o exame fático da estabilidade do controle, que se dará pelo detido estudo do novo acordo de acionistas, se existir, e, fundamentalmente, pela observância da condução geral dos negócios da companhia.

Em havendo instabilidade do controle, isto é, um novo arranjo contratual que confira ao novo integrante ou ao membro remanescente do bloco de controle, em caso de aumento na participação societária, poderes suficientes para exercer influência sobre os demais acionistas, a formulação da OPA por alienação de controle será obrigatória.

Igualmente será obrigatória a incidência do artigo 254-A da LSA, nos casos em que se verificar a alteração das políticas e caminhos seguidos pela companhia, após a conclusão da operação. Nesse sentido, a posição da pesquisa é que deverá haver um período de observância da companhia, com a fiscalização dos minoritários, em que se verificará se a orientação geral dos negócios foi ou não alterada.

Note que a referida sugestão só é possível pela falta de critérios objetivos na legislação e, principalmente, para a defesa dos interesses dos minoritários, por muitas vezes negligenciados, que é o fundamento do *tag along*.

Neste sentido, ao explicar a finalidade do artigo 254-A, Otavio Yazbek asseverou que o regime da alienação de controle visa conferir ao acionista minoritário o direito de retirada, tendo em vista que as condições que o motivaram ingressar na companhia foram alteradas e podem prejudicá-lo[62].

[62] BRASIL. Comissão de Valores Mobiliários Processo RJ 2009/1956. Diretor Otavio Yazbek, Rio de Janeiro/RJ, 15 de julho de 2009. Disponível em < https://goo.gl/1vTWUl> Acesso em 13 de junho de 2017: "Assim, o que se procurou, aqui, foi proteger o acionariado disperso a partir da criação de um instrumento próprio, que outorga, a este, a possibilidade de retirada em caso de mudança das condições sob as quais ingressou no quadro social (e que poderiam ficar prejudicadas em caso de alienação de controle. "

Em semelhante linha de raciocínio, Pedro Marcílio, ao analisar o caso da Companhia Brasileira de Distribuição, entendeu que se houver distúrbio na estabilidade do controle, o acionista minoritário deverá ser compensado[63].

Logo, a OPA incidirá quando for verificada por parte da CVM a instabilidade do controle, ou seja, a mudança na direção dos negócios da companhia. É a efetiva mudança de controle que disparará o direito de *tag along* dos acionistas minoritários[64].

Finalmente, o objetivo do presente trabalho é transportar os conceitos estudados nos tópicos anteriores para as operações analisadas pela CVM envolvendo o controle compartilhado, bem como criticá-las sob a ótica do critério da estabilidade do controle.

6. Análises de Precedentes da CVM

Passemos, agora, ao exame dos casos concretos da Votorontim/Aracruz, CBD, Copesul e Usiminas que envolveram a transferência de ações vinculadas ao bloco de controle e da desafiadora

[63] BRASIL. Comissão de Valores Mobiliários Processo RJ 2005/4069. Diretor Relator Pedro Oliva Marcilio De Sousa, Rio de Janeiro/RJ, 11 de abril de 2006. Disponível em < https://goo.gl/YCThHJ> Acesso em 13 de junho de 2017: "Já o artigo 254-A tem finalidade muito diferente. Ele pretende conferir a possibilidade de uma 'compensação' à quebra de estabilidade do quadro acionário, permitindo que os acionistas minoritários alienem suas ações por um preço determinado em lei (que pode ser aumentado pelo estatuto social), quando essa estabilidade for perturbada. "

[64] SIQUEIRA. Carlos Augusto Junqueira de. **Transferência do Controle Acionário Interpretação e Valor**. Niterói: FMF Editora, 2004, p.54 e 65: "A transferência de controle é a operação que resulta na efetiva substituição do poder de dominação na sociedade. É quando esse poder muda, efetivamente, de mãos, por qualquer forma ou meio oneroso, fazendo incidir a obrigatoriedade de efetuar oferta pública de compra das ações pertencentes aos acionistas minoritários. [...] Em face de tais entendimentos, repita-se que o preceito legal não cogita da forma como sucede a transferência do controle e, sim, da efetiva mudança no comando da sociedade."

análise da incidência ou não da OPA por alienação de controle em situações de controle compartilhado.

6.1. Votorantim/Aracruz[65]

A Votorantim divulgou fato relevante, em 13 de outubro de 2001, informando ao mercado que, através de uma subsidiária estabelecida no exterior, celebrou com o Grupo Mondi um contrato de compra e venda de ações para a aquisição de 28% do capital votante da Aracruz.

Por sua vez, a Aracruz divulgou fato relevante informando que a Votorantim integraria o bloco de controle em conjunto com os demais signatários do acordo em substituição ao Grupo Mondi. A estrutura societária da companhia no momento transação se traduz no seguinte organograma:

Figura 1[66]

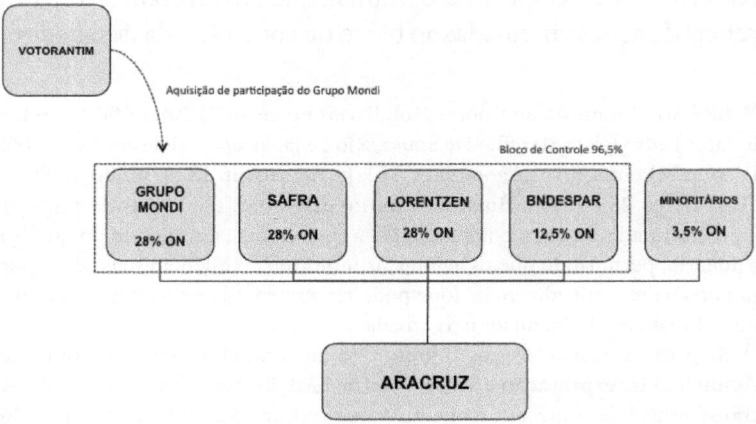

[65] BRASIL. Comissão de Valores Mobiliários Processo RJ 2001/10329. Relator Marcelo Fernandez Trindade, Rio de Janeiro/RJ, 19 de fevereiro de 2002. Disponível em <https://goo.gl/9ryBSt> Acesso em 21 de abril de 2017.

[66] Elaboração própria.

6.1.1. Da Decisão da CVM

A operação foi submetida à CVM que, inicialmente, entendeu que houve alienação de controle conforme decisão da SEP. A Votorantim recorreu da decisão defendendo que isoladamente não detinha o controle da Aracruz, pois adquiriu apenas parte das ações do bloco e não participação suficiente para lhe conferir o controle individualmente.

A SEP confirmou a decisão a decisão alegando, resumidamente, que: *i)* o artigo 116 da LSA caracteriza como controlador somente aquele que é titular de direitos de sócio que lhe assegurem individualmente a maioria dos votos; *ii)* em razão do controle compartilhado, por meio de celebração de acordo de acionistas, e em linha com o disposto no §2º do artigo 118 da LSA, todos os integrantes do grupo assumem as responsabilidade de controlador; *iii)* o artigo 254-A, §1º da LSA, na época em *vacatio legis*, não requer a alienação de todas as ações do bloco de controle para que a OPA por alienação de controle seja exigida.

Finalmente, a questão chegou ao colegiado da CVM[67] que entendeu não ter havido a transferência de controle à Votorantim e, portanto, a OPA não deveria ser exigida. O relator Marcelo Trindade justificou a decisão sob os seguintes argumentos: *i)* o controle da Aracruz é exercido por um grupo de pessoas vinculadas por acordo de acionistas; *ii)* não houve alienação majoritária das ações integrantes do bloco; *iii)* houve apenas a simples cessão onerosa de ações integrantes do bloco.

6.1.2. Comentários do Autor

A LSA determina que a oferta pública de ações será obrigatória nos casos de transferência de ações, integrantes do bloco de controle, que alienem o controle acionário da companhia ao terceiro.

[67] Marcelo Fernandez Trindade, presidente, Pedro Oliva Marcilio De Sousa, relator e Sergio Eduardo Weguelin Vieira e Wladimir Castelo Branco Castro participaram da deliberação.

O requisito para a aplicação do artigo 254-A é a transferência, do bloco de controle, de parte ou todas as suas ações ao terceiro, que assumirá a posição de controlador da companhia.[68]

Conforme entendimento de Carvalhosa[69] e Eizirik[70], não é necessária a transferência de todas as ações do bloco para que a OPA seja obrigatória, bastando apenas que o número de ações transferidas e o arranjo contratual, no acordo de acionista, confira ao terceiro a posição de novo controlador.

Norma Parente, por sua vez, defende que o controle somente será alienado se as ações vinculadas ao acordo de acionistas representarem a maioria do capital votante da companhia[71].

Para Fábio Ulhoa Coelho, o elemento que disparará a OPA por alienação de controle é a mudança na orientação geral da companhia, o referido autor defende que a OPA será obrigatória se o novo integrante for capaz de alterar os rumos da companhia.[72].

[68] EIZIRIK, Nelson. **Direito Societário Estudos e Pareceres.** 1 Ed. São Paulo: Quartier Latin, 2015, p. 510.

[69] CARVALHOSA, Modesto. **Comentários à lei de sociedades anônimas.** 4.ed. São Paulo: Saraiva, 2011. v.4. Tomo II, p. 167: "Caso alguns dos integrantes do acordo ou do bloco de controle cedam, a título oneroso, suas posições para terceiro e este assuma posição dominante – de acionista majoritário dentro do acordo ou do bloco -, caracterizar-se-à alienação de controle para os efeitos do presente art. 254-A, já que presente um novo acionista controlador"

[70] EIZIRIK, Nelson. **A lei das S/A comentada: artigos 206 ao 300.** São Paulo: Quartier Latin do Brasil, 2015, p. 328: [...] para que se torne obrigatória a oferta pública, não é necessário que os integrantes do grupo de controle transfiram para o novo controlador a totalidade de suas posições acionárias, bastando que da operação, em seu conjunto, resulte a alteração da titularidade do poder de orientar o funcionamento da companhia."

[71] PARENTE, Norma. Principais inovações trazidas pela Lei n. 10.303, de 31 de outubro de 2001, à Lei das Sociedades por Ações, in LOBO, Jorge (coord.), Reforma da Lei das Sociedades Anônimas, Rido de Janeiro, Forense, 2002, p. 41.

[72] COELHO, Fábio Ulhoa. **O Direito de Saída Conjunta ("Tag Along")**, in LOBO, Jorge (coord.), Reforma da Lei das Sociedades Anônimas, Rido de Janeiro, Forense, 2002, p. 480.

Finalmente, é necessário registrar a posição mais restritiva de Cândido Motta[73] e Nioac Prado[74], que defendem só haver alienação de controle se todas as ações do bloco forem transferidas ao terceiro e não apenas a posição dominante do bloco.

Entendemos que a posição mais acertada é a defendida por Fábio Ulhoa Coelho. O percentual de participação de acionária alienada ao novo integrante do bloco de controle é relevante, mas não pode ser analisado isoladamente, o exame casuístico é fundamental em casos de ingresso de novo acionista no grupo de controle.

O detido estudo dos rumos da companhia, após ingresso de acionista no bloco de controle, é o critério adequado para se aplicar ou não o artigo 254-A da LSA. Deve-se verificar, casuisticamente, se o novo ingressante tem poderes que impliquem na alteração dos negócios da controlada, com o consequente distúrbio no controle, ou seja, a quebra da estabilidade. Percebe-se a dificuldade do exame, pois a orientação dos negócios da companhia pode não ser alterada imediatamente.

Arthur Bardawil Penteado defende, em detalhado exame sobre o caso em comento, acertadamente aos olhos da pesquisa, que o critério para o disparo da OPA por alienação de controle é a mudança da orientação dos negócios que deve ser apurada mediante o estudo dos poderes conferidos ao novo integrante no acordo de acionistas[75].

[73] MOTTA, Nelson Cândido. **Alienação do poder de controle compartilhado.** Revista de Direito Mercantil, Industrial, Econômico e Financeiro. São Paulo: Revista dos Tribunais, n. 89, 1993, p. 44: "Nas companhias abertas, em que a titularidade do poder de controle é exercida por grupo de acionistas, a transferência do controle só se opera quando todas as ações integrantes do grupo são transferidas para terceiros."

[74] PRADO, Roberta Nioac. **Oferta Pública de Ações Obrigatória nas S.A. – Tag Along.** São Paulo: Quartier Latin, 2005, p. 165

[75] PENTEADO, Arthur Bardawil. CVM – **Decisão administrativa sobre alienação de controle – ações vinculadas a acordo de acionistas – O caso Votorantim.** In RDM, no 83, p. 190.

Por conseguinte, se o novo integrante tem voto de qualidade para deliberar em matérias essenciais para a consecução do objeto social, se verificará a alienação de controle.

Portanto, não se estará diante de uma alienação de controle quando um terceiro, não integrante do bloco de controle, adquire parte das ações do bloco, mas não assume uma posição de relevante influência dentro do bloco que o permita alterar os rumos do negócio da companhia.

Como foi visto, a transferência de ações envolvendo o bloco de controle depende da análise do acordo de acionistas, por essa razão é difícil a sua análise objetiva, mas entendemos que se o novo integrante do bloco predominar na formação da vontade do grupo e preponderar nas reuniões prévias, se estará diante da alienação de controle para fins do artigo 254-A da LSA.

No caso em comento, não houve a cessão de participação relevante do bloco de controle ao terceiro. Por essa razão, analisando objetivamente os critérios doutrinários, verifica-se uma simples cessão onerosa de ações, pois não houve a alienação dos direitos inerentes ao controlador, já que o ingressante não terá poderes, isoladamente, para eleger a maioria dos administradores ou impor as suas vontades nas assembleias, por exemplo.

Ora, a simples alienação de ações entre um integrante e um terceiro não se molda aos requisitos da alienação de controle. Relembrando o que já foi visto anteriormente, o titular do controle é o bloco e não os seus integrantes isoladamente, além disso a participação cedida não foi majoritária.

No caso em análise, não houve a aquisição majoritária do bloco de controle por parte da Votorantim e, por essa razão, não houve a ruptura da condução dos negócios da companhia e, consequentemente, não há que se falar em OPA.

Saliente-se que a presente pesquisa não analisou os arranjos contratuais da operação, tampouco o acordo de acionistas, entretanto, assume que todos os direitos e deveres dispostos no acordo parassocial continuaram paritários, sem a prevalência de uma parte sobre a outra, sendo certo que a Votorantim não tem condições de impor as suas vontades nas reuniões prévias, sem a anuência dos demais. Portanto, não houve a quebra da estabilidade do controle.

Nota-se, a dificuldade de enfrentar a questão sem a necessária análise do acordo de acionistas, mas a pesquisa defende que o critério a ser adotado é o exame da influência que o novo acionista deterá na companhia, por meio dos poderes conferidos ao novo integrante do bloco que o permitem orientar os negócios sociais.

Em conclusão, no caso Votorantim/Aracruz ocorreu a cessão onerosa pura e simples de ações e não a cessão do controle.

6.2. CBD[76]

Trata-se de complexo caso analisado pelo colegiado da CVM[77], que o presente artigo resumirá e apontará os principais fundamentos da decisão adotada pelo colegiado.

Em 1999, a CBD, então controlada direta e indiretamente pela Família Diniz, celebrou um acordo de acionistas com o Casino que havia adquirido 30,53% do capital votante da CBD.

Ao Casino foi conferido, por meio do acordo de acionistas, o direito de eleger dois membros do conselho de administração da CBD, composto por 15 membros, direito de preferência e, também, o poder de veto sobre determinadas matérias.

Em 2005, a Família Diniz realizou uma reestruturação societária, por meio da qual agrupou 61,19% das ações ordinárias da

[76] BRASIL. Comissão de Valores Mobiliários Processo RJ 2005/4069. Relator Pedro Oliva Marcilio De Sousa, Rio de Janeiro/RJ, 11 de abril de 2006. Disponível em < https://goo.gl/pYf7ax> Acesso em 22 de abril de 2017.

[77] José Luiz Osório de Almeida Filho, presidente, Marcelo Fernandez Trindade, relator e Luiz Antônio de Sampaio Campos e Wladimir Castelo Branco Castro participaram da deliberação.

CBD debaixo de uma *holding* denominada Vieri, que se transformou na controladora direta da CBD.

No mesmo ano de 2005, Família Diniz e Casino firmaram um acordo de associação em que o capital social da *holding* passaria a ser igualmente dividido entre os dois acionistas. O Casino pagou à Família Diniz o valor de um bilhão de reais, duzentos milhões de dólares e, também, entregou ações preferenciais da CBD, como contraprestação do recebimento de 50% das ações do controlador direto da CBD, no caso a Vieri.

Além disso, como uma segunda etapa da operação, foi outorgada uma opção de compra de 1 ação da Vieri ao Grupo Casino pelo preço estabelecido de R$1,00.

Assim, ao final da operação a família Diniz teria 50% das ações votantes da holding controladora ou 31,15% da CBD, enquanto o Grupo Casino teria os mesmos 50% das ações votantes da holding, o que significava 68,85% das ações da CBD, tendo em vista que o grupo francês já detinha participação direta na companhia que foi reduzida a 26,12% após a implementação do acordo de associação.

Conforme o acordo celebrado, ambos os grupos teriam o mesmo poder na tomada de decisão da holding, sendo certo que o Sr. Abílio Diniz, como líder da Família Diniz, teria o voto de minerva.

Para melhor ilustração as operações, tem-se os seguintes organogramas.

Figura 2[78]

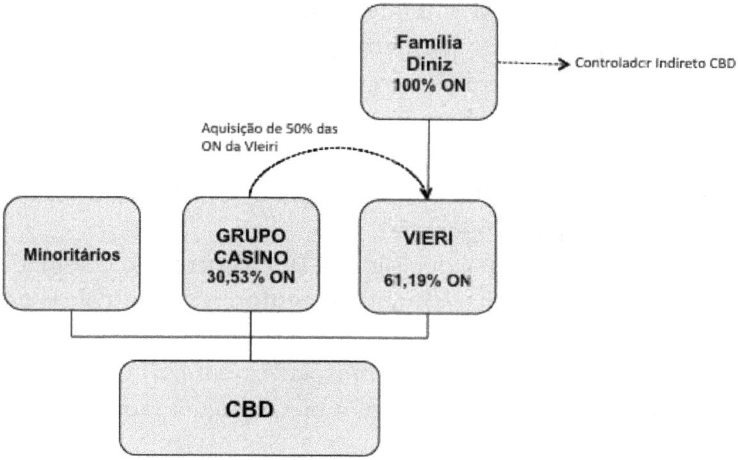

Observação: Por meio de uma Holding Familiar (não refletida na figura acima), Abilio Diniz e sua irmã ainda detinham 5,38% de ON da CBD.

Figura 3[79]

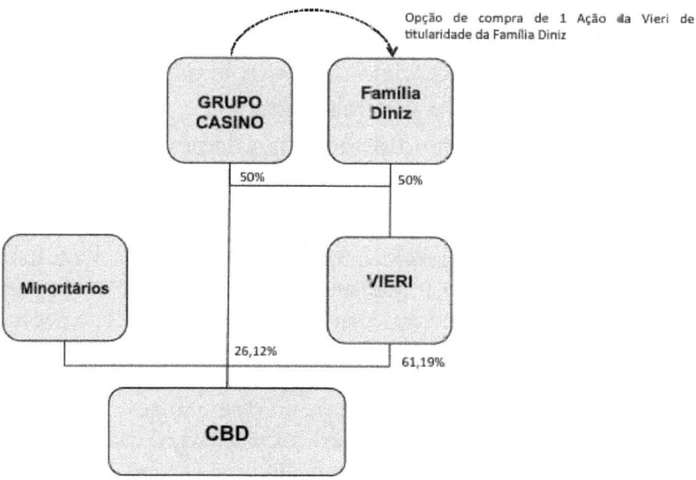

[78] Elaboração própria.
[79] Elaboração própria.

6.2.1. Da Decisão da CVM

A área técnica da CVM entendeu que houve alienação do controle no momento da implementação do acordo de associação, que foi celebrado entre Grupo Casino e Família Diniz. Além desse argumento, a SRE pontuou que o valor da opção do prêmio de controle, de R$ 1,00, era insignificante para fins de aquisição de controle e entendeu que o prêmio já havia sido pago na primeira etapa da operação.

Inconformada com a decisão, a CBD recorreu ao colegiado da CVM alegando sumariamente o seguinte: *i)* o controle já era compartilhado com o Casino, por isso a Família Diniz não poderia ser considerada controladora isoladamente; *ii)* Casino não era um terceiro; *iii)* Casino, após a operação, não tem poderes isolados de controlador.

O Colegiado da CVM não deu provimento ao recurso interposto por CBD e o relator Pedro Marcilio trouxe importantes apontamentos sobre a alienação de controle.

Inicialmente, o relator analisou o conceito de acionista controlador e a sua relação com o artigo 254-A da LSA alcançando a conclusão de que o exercício do controle não é um requisito para que a oferta pública seja realizada[80].

De acordo com o defendido ao longo da pesquisa, o autor se filia a corrente de que é indissociável a verificação do exercício

[80] BRASIL. Comissão de Valores Mobiliários Processo RJ 2005/4069. Relator Pedro Oliva Marcilio De Sousa, Rio de Janeiro/RJ, 11 de abril de 2006. Disponível em < https://goo.gl/pYf7ax> Acesso em 22 de abril de 2017: "Isso nos leva a perguntar se faria sentido excluir o exercício do controle como requisito para a necessidade de oferta pública. Parece-me que sim, por um argumento simples: se, na alienação de controle, alienante deve entregar algo (controle) e o adquirente deve receber esse mesmo algo, e, dado que não há obrigação de o titular de mais de 50% das ações com direito a voto exercer o controle, a verificação da aquisição do controle – que obrigaria o adquirente a realizar oferta pública – só poderia ser verificada posteriormente à transferência , se e quando o adquirente passasse a exercer o controle."

do controle por parte do adquirente para se chegar a conclusão de que houve a alienação de controle. Ao se verificar a mudança do norte da companhia, em razão da quebra da estabilidade do controle e do efetivo exercício do poder pelo acionista adquirente, estará configurada a alienação do poder de dominação.

Obviamente, a pesquisa reconhece o quanto é desafiadora esta linha de raciocínio e as dificuldades que o seu exame traz, mas é a forma mais adequada, com base nos dispositivos legais existentes de se examinar a alienação de controle.

Continuando a análise do caso, Pedro Marcilio afirmou que a locução alienação indireta de controle, contida no artigo 254-A da LSA, abrange arranjos contratuais que conferem a transferência dos direitos inerentes aos acionistas ordinários, como os políticos e econômicos do valor mobiliário, mesmo que a ação não tenha sido transferida ao adquirente.

Ao entrar na análise do mérito, a CVM entendeu que o caso não poderia ser analisado apenas sob a visão da operação envolvendo a Vieri, mas também levar em consideração que o Casino já era acionista da CBD e que após operação passou a deter direta e indiretamente mais de 50% das ações ordinárias da companhia.

Por fim, restou claro que a alienação de controle pode ser realizada em etapas, mas não foi o caso da CBD em razão da ausência de relevância econômica da segunda etapa e, ainda, a conclusão da segunda etapa ser uma faculdade do comprador, que poderia exercê-la a qualquer momento.

6.2.2. Comentários do Autor

A Vieri foi constituída como uma holding pura para organizar o controle da CBD e ambos os acionistas detinham 50% das ações ordinárias da controladora direta da companhia.

Nota-se que a CVM não seguiu o mesmo entendimento do caso Copesul, que se estudará a seguir, e não defendeu que houve reforço de controle. A situação era similar, pois Família Diniz e Casino compartilhavam o poder de controle por meio de acordo de acionistas, assim como Copesul e IPQ.

A Família Diniz não detinha o controle isoladamente e, por essa razão, não poderia aliená-lo. Partindo-se da premissa de que o controle era compartilhado, o trabalho entende que ao final das operações surgiu um novo acionista controlador, entretanto defende que não houve alienação do controle e sim aquisição originária deste poder.

Todavia, se o primeiro acordo de acionista fosse de bloqueio, ou seja, a Família Diniz era a controladora, mas celebrou com o Casino um acordo para regular poderes de veto, por exemplo, se estaria diante da alienação de controle no momento da celebração do acordo de acionistas da *holding* Vieri, pois o acionista francês teria uma faculdade de exercer a sua opção e se tornar o acionista controlador de direito, tendo em vista que, de fato, ele já ocupava essa posição.

Ao analisar todas as operações conjuntamente, portanto, verifica-se que houve alienação de controle da CBD no momento da implementação da primeira etapa do acordo de associação. Entendemos que a CVM acertou ao antecipar os efeitos da opção, tendo em vista que ela só existiu para retardar e, eventualmente, impedir a realização da OPA *a posteriori* e, principalmente, por se tratar de uma um direito concedido ao comprador.

Percebe-se a dificuldade na análise da operação e as diversas hipóteses que um caso desta complexidade traz para o debate importante da questão envolvendo a transferência de ações envolvendo o controle compartilhado.

6.3. Copesul[81]

Em 18 de março de 2007, Ultrapar e os acionistas controladores do Grupo Ipiranga, formado por RPI e DPPPI celebraram um contrato de compra e venda de ações, com a interveniência da Petrobras e da Braskem, em que foi avençado a aquisição das ações dos acionistas do Grupo Ipiranga pela Ultrapar.

Logo após a celebração do referido contrato, em 18 de março de 2007, foi divulgado fato relevante informando que a Braskem e a Petrobras passariam a deter os ativos petroquímicos, representados pela ICQ e IPQ e pela participação desta na Copesul, na proporção de 60% para a Braskem e 40% para a Petrobras.

Logo após a celebração do referido contrato, em 18 de março de 2007, foi divulgado fato relevante informando que a Braskem e a Petrobras passariam a deter os ativos petroquímicos, representados pela ICQ e IPQ e pela participação desta na Copesul, na proporção de 60% para a Braskem e 40%. Os organogramas abaixo, descrevem o antes e depois da operação.

O controle da Copesul, antes das transações descritas acima, era exercido de forma paritária entre Braskem e IPQ, por meio de um acordo de acionistas, que obrigava a tomada conjunta de decisões. Assim, a Copesul tinha a seguinte estrutura societária:

[81] BRASIL. Comissão de Valores Mobiliários Processo RJ 2007/7230. Relator Eli Loria, Rio de Janeiro/RJ, 11 de julho de 2007. Disponível em < https://goo.gl/tTi7Kk> Acesso em 20 de abril de 2017.

Figura 4[82]

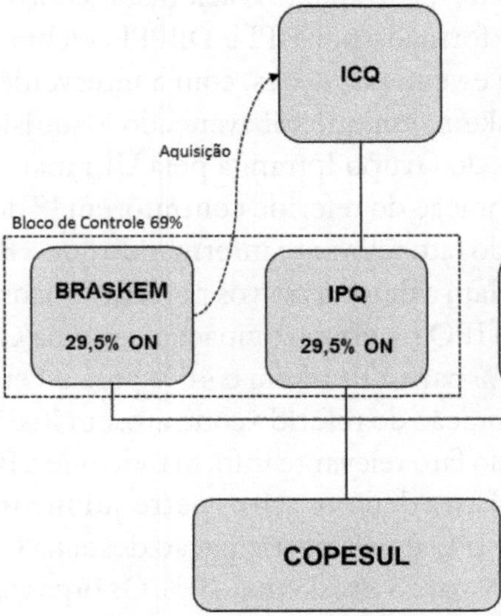

[82] Elaboração própria.

Após a operação, a Braskem passou a controlar a Copesul isolada e indiretamente, conforme posição acionária ilustrada abaixo:

Figura 5[83]

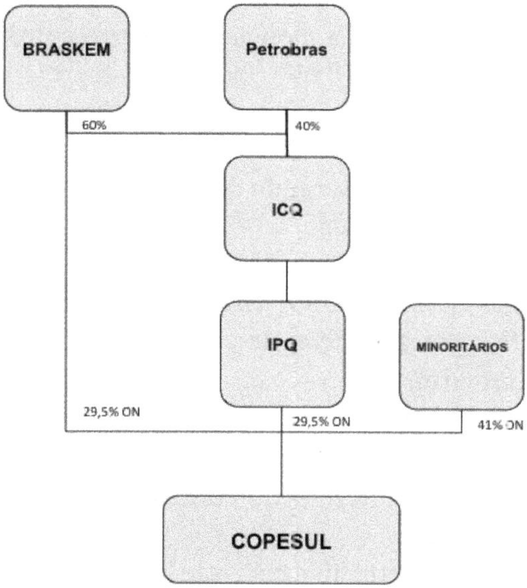

6.3.1. Da Decisão da CVM

A SRE entendeu que a operação não cumpria os requisitos necessários para que a OPA por alienação de controle fosse obrigatória. O órgão concluiu que a consolidação ou reforço de controle nas mãos do acionista que já o exercia, mesmo que em conjunto com outro acionista, não justifica a realização da OPA *a posteriori*.

Por não se conformarem com a decisão da SRE, os acionistas minoritários apresentaram recurso ao colegiado da CVM

[83] Elaboração própria.

alegando, em síntese, que a Braskem reúne todos os requisitos de acionistas controlador, pois com a operação ela passou a deter uma participação societária, ainda que indiretamente, suficiente para prevalecer em todas as deliberações societárias da Copesul e, finalmente, que houve a transferência do controle do grupo de controle para um acionista apenas.

Alegaram, ainda, que a menção a terceiro contida no § 4° do artigo 29 da ICVM 361[84] não pode ser interpretada de forma restrita, isto é, a Braskem mesmo como membro do bloco de controle deveria ser considerada terceiro para fins da obrigatoriedade da OPA, considerando que a operação lhe concedeu o controle de forma isolada.

Por outro lado, a Braskem ressaltou que a Copesul já era controlada por ela e IPQ e, por essa razão, não existira a necessidade da OPA por alienação de controle, ou seja, a Braskem não era um terceiro.

O colegiado[85] da CVM manteve a decisão da SRE. O relator Eli Loria assentou que o poder deve ser transferido a pessoa diferente do antigo detentor do controle, o que não ocorreu no caso em comento.

Braskem e IPQ exerciam o controle de forma conjunta e não de forma isolada. Ao alienar valores mobiliários à Braskem os controladores do Grupo Ipiranga não alienaram o controle da

[84] Artigo 29 da ICVM 361/02, § 4°: Para os efeitos desta instrução, entende-se por alienação de controle a operação, ou o conjunto de operações, de alienação de valores mobiliários com direito a voto, ou neles conversíveis, ou de cessão conjunto de operações, de alienação de valores mobiliários com direito a voto, ou neles conversíveis, ou de cessão onerosa de direitos de subscrição desses valores mobiliários, realizada pelo acionista controlador ou por pessoas integrantes do grupo de controle, pelas quais um terceiro, ou um conjunto de terceiros representando o mesmo interesse, adquira o poder de controle da companhia, como definido no art. 116 da Lei 6.404/76.

[85] Marcelo Fernandez Trindade, presidente, Eli Loria, relator e Maria Helena dos Santos Fernandes de Santana participaram da deliberação.

Copesul, pois não o detinham. Nesse caso, houve o chamado reforço de controle.

Em seu voto, Marcelo Fernandez Trindade, consignou a dificuldade de se analisar o caso, mas concordou que o poder de controle só pode ser transferido por quem o detenha, que na Copesul era detido conjuntamente por Braskem e IPQ[86].

6.3.2. Comentários do Autor

A transferência de ações entre integrantes do bloco de controle é controversa e, também, prescinde de uma análise casuística para se chegar a conclusão da aplicação ou não do artigo 254-A da LSA.

Neste caso, ocorreu a alteração da participação societária dos integrantes do grupo de controle, sem o ingresso de um terceiro.

Cândido Motta[87], na vigência do artigo 254 da LSA, Carvalhosa[88] e Eizirik[89], na atual redação do referido dispositivo legal,

[86] BRASIL. Comissão de Valores Mobiliários Processo RJ 2007/7230. Relator Eli Loria, Rio de Janeiro/RJ, 11 de julho de 2007. Disponível em < https://goo.gl/tTi7Kk> Acesso em 20 de abril de 2017: " [...] estou de acordo com a conclusão do voto do Diretor Relator, pela inexistência de alienação de controle, que só pode ser alienado por quem o detenha, o que, em casos de acordo de acionistas, significa o grupo de pessoas vinculadas por acordo de voto, como diz o artigo 116 da Lei das S.A., e não um membro desse grupo que detenha menos que a maioria das ações com voto, ressalvada a análise de acordo de acionistas que revele a preponderância do subscritor alienante."

[87] Motta, Nelson Cândido. **Alienação do poder de controle compartilhado.** In Revista de Direito Mercantil, Industrial, Econômico e Financeiro. São Paulo: Revista dos Tribunais, n.89, 1993, p. 45: " Temos para nós, como certo e indubitável, que as transferências realizadas entre sócios, no âmbito do grupo controlador, não alteram a titularidade do poder de controle frente à sociedade e não afetam as relações entre a maioria e a minoria na assembleia geral. O sócio que já sendo possuidor de 30% das ações do grupo, eleva para 43% a sua participação através de transferências feitas internamente, não acarreta qualquer mudança na identidade do acionista controlador da companhia.

defendem que não há alienação de controle, pois não existe a figura do terceiro.

Assim, a simples transferência de ações entre membros do grupo de controle não ensejaria a OPA por alienação de controle, tendo em vista a ausência de requisitos fundamentais para a caracterização da OPA, quais sejam, a transferência de controle por parte do antigo controlador e o, consequente, surgimento de um novo controlador.

Por outro lado, Nioc Prado entende que incidirá a OPA caso ao final da operação o controle majoritário, dentro do bloco, fique nas mãos de um único acionista e se houver o pagamento do prêmio[90].

O caso Copesul trouxe um importante debate sobre a transferência de ações entre membros do grupo de comando, que exercem o poder compartilhado de forma igualitária, ou seja, não há preponderância entre os integrantes.

Não gera nenhuma modificação na correlação dos votos que concorrem à assembleia geral. Pois se o pode de controle continua a ser exercido, de forma compartilhada, pelo mesmo grupo de acionistas que já o exercia anteriormente, cumpre reconhecer – por imperativo lógico – que nesse caso não se verificou a alienação do controle da sociedade, não sendo exigível oferta pública aos acionistas minoritários."

[88] Carvalhosa, Modesto. **Comentários à lei de sociedades anônimas.** 4.ed. São Paulo: Saraiva, 2011. v.4. Tomo II, p. 167: " Ocorrendo transferências de posições acionárias dentro do acordo de acionistas, ou entre as pessoas que constituem o bloco de controle, mesmo sem acordo de acionistas, não há alienação do controle para os efeitos do presente art. 254-A, uma vez que, da operação, ainda que onerosa, não resultará o surgimento de um novo acionista controlador. No caso, pode eventualmente ocorre uma troca de posições dentro de um bloco de controle (art. 118) que não caracteriza a alienação do controle acionário.

[89] Eizirik, Nelson. **A lei das S/A comentada: artigos 189 ao 300.** São Paulo: Quartier Latin do Brasil, 2015, p. 324.

[90] Prado, Roberta Nioac. **Oferta Pública de Ações Obrigatória nas S.A. – Tag Along.** São Paulo: Quartier Latin, 2005, p. 167.

Na situação descrita no presente tópico, há um novo controlador, mas não há alienação de controle. A decisão da CVM é acertada ao não obrigar que o adquirente realize a OPA por alienação de controle, mas o presente trabalho não concorda com o fundamento utilizado pelo órgão.

Entendemos que não há consolidação ou reforço do controle[91], pois só é possível reforçar uma situação que já exista, o que não ocorre no caso em estudo, uma vez que a Braskem não era, isoladamente, a controladora.

Poderia se falar em reforço de controle caso o bloco, conjuntamente, aumentasse a sua participação na companhia, nesse caso, também, não ensejaria a OPA por alienação de controle, até o limite da OPA por aumento de participação.

No caso da Copesul houve aquisição originária de controle, não somente pelo fato da Braskem não ter reforçado o controle, já que não o detinha, mas também pelo fato que não houve a transferência das ações do antigo controlador, no caso o bloco como um todo, ao novo controlador.

A aquisição originária ocorre nos casos em que um controlador surge sem a transferência do controle, ou seja, não há alienação do controle ou compra do poder de dominação, mas sim a constituição desse poder[92].

[91] RETTO, Marcel Gomes Bragança. **Aspectos controvertidos dos acordos de acionistas**. In: Revista de Direito Bancário 48, p. 127: " Com efeito, na situação de acionista vinculado ao acordo que possuía participação minoritária passar a deter a maioria das ações vinculadas ao pacto após a operaçnao de compra de ações, parece correto afirmar que não se pode falar de reforço de controle. Isso, pois, somente se reforça o que já se tem e, ao menos isoladamente, tal acionista não tem condições de exercer o controle."

[92] SIQUEIRA. Carlos Augusto Junqueira de. **Transferência do Controle Acionário Interpretação e Valor**. Niterói: FMF Editora, 2004, p. 265: "É originária quando resultada da formação, no patrimônio do controlador, de blode de controle que não existia – como universalidade – no patrimônio de outra pessoa."

Os casos clássicos de aquisição originária de controle são os de compra de ações no mercado que conferem ao terceiro o controle, envolvendo companhias com capital disperso, a formação do bloco de controle mediante a celebração de acordo de acionistas ou de constituição de *holding* para o fim de estabilização do controle e a subscrição de aumento de capital.

No caso em estudo, não estamos diante dessas hipóteses e sim da formação de novo bloco de controle que substitui o anterior. Muito embora a Copesul, antes da operação, detinha um controlador definido, este não alienou a sua posição de controlador para a Braskem.

A Braskem ao adquirir o controle indireto da ICQ, criou um novo bloco de controle sem que para isso o bloco anterior tenha alienado as ações à Braskem, por essa razão estamos diante da aquisição originária de controle.

Por fim, pontua-se que nesse caso não há que se falar em exame da estabilidade do controle, pois a operação se aperfeiçoa na aquisição originária de controle, conforme entendimento da pesquisa.

6.4. Usiminas[93]

Conforme fato relevante divulgado em 28 de novembro de 2011, a Usiminas divulgou a celebração de contratos de compra e venda envolvendo acionistas integrantes do bloco de controle e terceiros que até então não eram detentores de ações com direito a voto da Usiminas.

Previamente às operações que serão descritas a seguir, a estrutura societária da Usiminas era a seguinte:

[93] BRASIL. Comissão de Valores Mobiliários Processo RJ 2011/13706, 02 de fevereiro de 2012. Disponível em < https://goo.gl/5ckGxm> Acesso em 20 de abril de 2017

Figura 6[94]

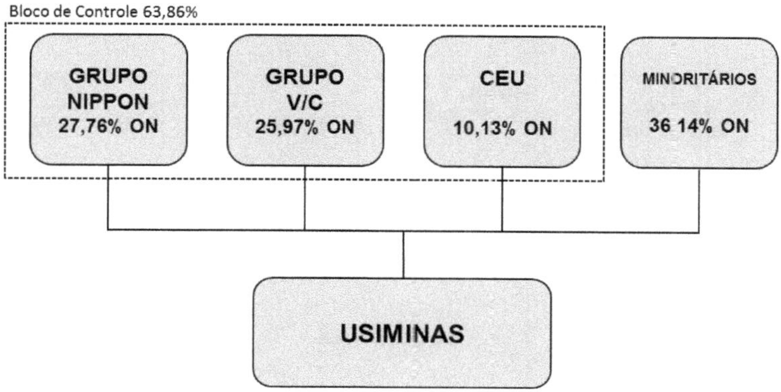

O Grupo Nippon, membro do bloco de controle, adquiriu 1,69% em ações ordinárias que era detida por CEU, também integrante do bloco de controle da Usiminas. Por sua vez, o Grupo T/T, que até o momento da operação não detinha ações da Usiminas, adquiriu a totalidade das ações pertencentes ao Grupo V/C, membro do bloco de controle.

Adicionalmente, o Grupo T/T adquiriu da CEU 1,69% de participação do capital votante da Usiminas, ficando com um total de 27,66% de ações ordinárias da Usiminas. Por fim, um segundo fato relevante foi divulgado pela Usiminas, em 2012, para informar a conclusão das transferências de ações e a celebração de um novo acordo de acionistas em substituição ao anterior, com os mesmos mecanismos e governança do anterior.

Dessa forma, o organograma societário da Usiminas, considerando apenas as ações ordinárias, após a conclusão das operações, ficou da seguinte forma:

[94] Elaboração própria.

Figura 7[95]

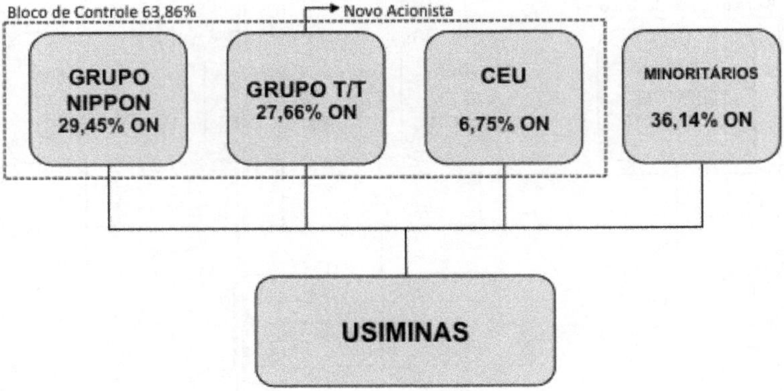

Nota-se que após as operações o Grupo Nippon passou a ser titular de 29,45% de ações ordinárias, que equivaleriam a 46,12% da totalidade das ações vinculadas ao bloco de controle. Já o Grupo T/T, na qualidade de acionista ingressante, passou a deter 27,66% das ações votantes da Usiminas, que equivalem a 43,41% das ações vinculadas ao grupo de controle. Por fim, CEU teve a sua participação reduzida para 6,75% e permaneceu como integrante do bloco.

A Usiminas defendeu que as operações realizadas não ensejariam o lançamento da OPA por alienação de controle, pois não houve substituição do antigo controlador por um terceiro.

Além disso, mesmo que se argumentasse que a alteração significativa da participação do bloco de controle poderia ser considerada como uma mudança nos rumos da companhia e, assim, acarretar na obrigatoriedade do lançamento da OPA *a posteriori*, isso não ocorreu no caso em discussão, tendo em vista que o Grupo Nippon permaneceu como majoritário dentro do bloco de controle, conforme alegado pelo adquirente.

95 Elaboração própria.

O acordo de acionistas, instrumento de organização do bloco de controle da Usiminas, não teve suas condições essenciais alteradas. Por isso, não haveria risco aos acionistas minoritários, já que o controle não sofrerá alteração de modo a prejudicá-los efetivamente.

6.4.1. Da Decisão da CVM e do TJSP

No processo administrativo em referência, a área técnica da CVM se manifestou no sentido de arquivar o processo, o que foi acolhido pela SER, com o principal fundamento que a operação não resultou na presença de um novo acionista controlador, em substituição ao antigo, porque que o bloco de controle se manteve no domínio da companhia. O colegiado da CVM manteve a decisão da área técnica.

A CSN, na qualidade de acionista minoritária da Usiminas, não concordou com a manifestação da área técnica da CVM e se insurgiu judicialmente[96] contra o Grupo T/T para obrigar o novo acionista a realizar a OPA por alienação de controle. A CSN se insurgiu com base nos seguintes argumentos: *i)* ingresso de terceiro no bloco de controle; *ii)* pagamento de prêmio na alienação do controle; e *iii)* alteração substancial no Acordo de Acionistas da Usiminas.

Muito embora o presente trabalho tenha o intuito de analisar apenas os casos apreciados pela CVM, não se pode deixar de citar o processo judicial iniciado pela CSN que requereu a obrigação da realização da OPA *a posteriori.*

O juízo de primeiro grau indeferiu o pleito da CSN, entendimento que foi confirmado pelo Tribunal de Justiça do Estado de São de Paulo, em 8 de fevereiro de 2017, e o Grupo T/T ficou

[96] BRASIL, Tribunal de Justiça do Estado de São Paulo. Recurso de Apelação 0018394-92.2012.8.26.0565, da 1ª Câmara Reservada de Direito Empresarial. São Paulo, SP, 8 de fevereiro de 2017. Disponível em: <https://goo.gl/LRUOR4> Acesso em: 20 de abril de 2017.

desobrigado de realizar a OPA por alienação de controle em razão do não preenchimento de todos os requisitos estabelecidos na LSA.

6.4.2. Comentários do Autor

Sabe-se que a operação envolveu companhia aberta, Usiminas, e foi onerosa, entretanto, para que a incidência da OPA por alienação de controle seja obrigatória é necessária a presença de outros três requisitos: (i) que a operação resulte na presença de um novo acionista controlador; (ii) que seja verificada a transferência das ações do antigo para o novo acionista controlador; (iii) exame da estabilidade do controle.

Conforme explicado anteriormente, o bloco de controle, vinculado por acordo de acionista, exerce de forma conjunta o controle da sociedade, ou seja, o acionista integrante do bloco, isoladamente, não detém o controle.

Ora, se o acionista integrante do grupo não detém o controle, ele não tem capacidade para aliená-lo, visto que não se pode alienar um bem que não é de sua propriedade. Por conseguinte, o acionista ingressante não surge como um novo acionista controlador e sim como um membro integrante do bloco de controle.

Além disso, o pagamento do prêmio é uma faculdade do adquirente e foi ajustada com o alienante e, para esse caso, apenas comprova que houve onerosidade na operação, porém, como foi visto, a onerosidade é apenas um dos requisitos necessários para a realização da OPA.

Portanto, sob o prisma frio dos critérios adotados pela doutrina, são defensáveis as decisões tomadas no âmbito da CVM e do TJSP, pois não houve alienação de controle para fins do artigo 254-A da LSA.

No entanto, em trocas de participações envolvendo ações do bloco de controle, não basta apenas analisar a onerosidade, o aparecimento de um novo controlador e, por fim, a transferência de ações do antigo para o novo acionista, é necessário observar a estrutura do novo acordo de acionistas e, principalmente, se houve quebra na estabilidade do controle após a operação, com a consequente alteração dos rumos da companhia.

Em princípio, as alterações realizadas no acordo de acionistas da Usiminas não conferiram o controle ao Grupo T/T, pelo contrário, fortaleceram o compartilhamento do controle ao manter as principais regras de governança e não conferir ao novo acionista o direito de eleger a maioria da administração.

Entretanto, ao ingressar no bloco de controle da Usiminas, o Grupo T/T apontou o presidente da companhia e outros 2 (dois) executivos foram indicados pelo novo acionista de um total de 6 (seis), o que *per se* demonstra a força do novo membro do controle e traz claros indícios de alteração na condução dos negócios.

Adicione-se a isso o fato do novo acordo de acionistas ter reduzido o quórum para aprovação de matérias consideradas estratégicas para companhia como, por exemplo, a celebração de parcerias comerciais.

O antigo acordo exigia o voto de conselheiros que representavam 85% (oitenta e cinco por cento) das ações vinculadas ao bloco controlador, o que não era possível se alcançar com a conjugação dos esforços do Grupo Nippon e V/C, sendo imprescindível a concordância do CEU para a aprovação da matéria.

Além disso, para matérias ordinárias o quórum dentro do bloco de controle era de 50% (cinquenta por cento), sendo assim em caso de não concordância entre os acionistas majoritários do bloco de controle cabia ao CEU desempatar a deliberação.

No novo acordo, o quórum para aprovação de matérias estratégicas e ordinárias foi alterado para 65% (sessenta e cinco por cento), juntos o Grupo Nippon e T/T têm participação superior ao exigido, não necessitando do CEU para seguir com aprovações.

Nota-se, claramente, o esvaziamento da importância do CEU dentro do bloco, o que indica que os rumos do negócio foram alterados, pois, agora, há uma nova correlação de forças com a prevalência de acionistas que antes não preponderavam.

A presente pesquisa defende a análise subjetiva do caso para a verificação da manutenção ou não da estabilidade do controle para a correta a aplicação do dispositivo 254-A da LSA. Assim sendo, entende-se que houve alienação de controle em razão da quebra da estabilidade do controle e das alterações realizadas no acordo de acionistas.

Reconhece-se que a dificuldade do exame do presente caso reside no fato da predominância, ao menos numérica, do Grupo Nippon no grupo de controle ao final da operação.

Por fim, pontua-se que o mero ingresso de um terceiro no bloco de controle, inicialmente, não obriga a realização da OPA por parte do adquirente, ainda mais quando o ingressante não ocupa a posição majoritária dentro do grupo controlador e mesmo que a posição fosse majoritária, não acarretaria, sem um estudo pormenorizado da nova estrutura do acordo de acionista, o lançamento da OPA *a posteriori*.

Conclusões

A característica de concentração do mercado acionário brasileiro, com a preponderância de um acionista controlador ou bloco de controle definido, e a subjetiva e difícil análise da realização ou não da OPA em razão da alienação de participação acionária do bloco de controle foram os elementos que motivaram a presente pesquisa.

Uma vez examinados os casos Votorantim/Aracruz, CBD, Copesul, Usiminas, e a doutrina sobre à dispensabilidade da realização da oferta pública de aquisição de ações, em circunstâncias de transferência de ações integrantes do bloco de controle, propõe-se a extração de algumas considerações e conclusões que contribuam para novas reflexões sobre o tema e que possibilitem também formular sugestões de modificações na legislação.

Como se pode observar ao longo do artigo, o instituto da alienação de controle tem um conteúdo vasto, de difícil compreensão e com margem para inúmeras interpretações, principalmente sobre a exigibilidade ou não da OPA por alienação de controle, nos casos de transferência de participação acionária entre integrantes do grupo controlador de companhia aberta.

De acordo com os comentários dos casos práticos, a pesquisa se propõe a defender a tese da estabilidade do controle, ou seja, o critério para a aplicação do artigo 254-A, atualmente, deveria ser a efetiva alienação de controle observada por meio análise da direção dos negócios da companhia, após a operação que alterou a composição do bloco de controle.

É sabido que nem toda alteração na composição do grupo controlador promove a instabilidade no controle, com a consequente alteração da orientação dos negócios da companhia, por isso os operadores da matéria, mais precisamente a CVM, devem aplicar toda a diligência necessária na análise dos arranjos contratuais resultantes da operação e, se preciso, observar a companhia controlada por um período após a conclusão da alteração do bloco de controle para verificar, de fato, se houve modificação dos rumos negociais. Afinal, o controle é um poder de fato.

Nesse sentido, o papel do minoritário é fundamental para acompanhar e informar à CVM eventuais alterações na condução geral dos negócios da companhia. A pesquisa não pretende esgotar as alternativas para a verificação da não manutenção da estabilidade do controle, mas sugere que a análise dos acordos de acionistas e a fiscalização por parte dos minoritários, por um período específico, da direção negocial da companhia sejam os critérios adotados para fins de incidência da OPA, em caso de transferência de ações envolvendo o bloco de controle.

O fundamental requisito da OPA por alienação de controle, envolvendo o controle compartilhado, na opinião da pesquisa, é a quebra da estabilidade do comando da companhia, que resulta na mudança dos rumos negociais da sociedade e dá ao minoritário o direito de sair da sociedade, tendo em vista a possível ausência de representação de seus interesses por parte do novo controlador.

Existem diversas operações que podem envolver a alienação de ações integrantes do bloco de controle e ensejar análise da OPA *a posteriori*, porém, o presente estudo se concentrou, principalmente, na análise prática das seguintes operações: *a)* ingresso de acionista no grupo de controle; *b)* transferência de ações entre membros do grupo de controle; e *c)* reforço de controle.

O ingresso de um novo acionista no grupo de controle ocorre no momento em que um terceiro adquire ações do bloco controlador e passa a integrar o controle compartilhado da companhia. O terceiro pode adquirir uma parcela minoritária do bloco que, em princípio, não configuraria a alienação de controle.

Entretanto, conforme explicado anteriormente, o presente estudo defende que o critério quantitativo não é a forma mais adequada para a exigência ou não da OPA *a posteriori*, nos moldes da legislação vigente. Defende-se, aqui, o exame casuístisco das operações para avaliar se houve ou não a quebra na estabilidade do controle que resulta na mudança de orientação dos negócios da companhia, após o ingresso de um novo acionista no bloco.

A mudança de acionistas ou de suas participações societárias, dentro do bloco de controle, não devem ser analisadas de forma isolada. O contexto em que a alteração se insere é fundamental para a formulação ou não da OPA por alienação de controle.

Logo, o exame de operações envolvendo alienação de parte das ações do bloco de controle, com o ingresso de um terceiro dentro do grupo de comando, deve ser precedido não só da análise do novo acordo de acionistas, mas também da nova realidade fática da companhia, com o intuito de identificar a alteração da orientação geral dos negócios da companhia para, então, conferir aos acionistas minoritários com direito a voto, que não quiserem continuar com o novo controlador, o direito de sair da companhia mediante a alienação de suas ações em OPA a ser formulada pelo terceiro ingressante no bloco de controle.

Com relação à transferência de ações entre membros do grupo de controle em que há alteração na posição dos integrantes do bloco, a polêmica reside na identificação ou não de um terceiro adquirente. Muito embora existam respeitadas posições contrárias, a pesquisa entende que a figura do terceiro adquirente é desnecessária nos cenários de modificação dentro da estrutura já existente de poder de controle, pois ainda que o adquirente seja integrante do bloco poderá incidir o artigo 254-A da LSA se houver mudança na vontade imperante do bloco de controle.

O presente estudo entende que o terceiro é qualquer pessoa que não seja o controlador. Ora, já examinamos que o grupo controlador exerce o poder de controle de forma compartilhada e não por meio de seus membros individualmente, desse modo, cada membro do bloco de controle deve ser considerado um terceiro para efeitos do artigo 254-A da LSA.

Por conseguinte, estaremos diante de um terceiro quando um acionista integrante do grupo controlador, ao adquirir participação majoritária do bloco de controle, quebre a estabilidade do controle e norteie a companhia para caminhos que, até então, não eram explorados, isto é, altera a condução dos negócios sociais.

Como foi defendido ao longo da pesquisa, o exame casuístico é essencial para verificar se houve a quebra da estabilidade do controle, inclusive, para os casos de transferência entre acionistas do bloco.

Nesse sentido, cabe à CVM, nos termos do artigo 29, § 5º da ICVM 361, a análise caso a caso das operações para verificar a ocorrência de alienação de controle e impor a formulação da oferta por parte do adquirente.

Nesta linha, foram fundamentais a análise casuística do caso CBD e os ensinamentos que puderam ser extraídos da decisão da CVM, que reconheceu a possibilidade da alienação de controles em etapas, inclusive com a antecipação de seus efeitos, por conta da peculiaridade do caso concreto, bem como o complexo exame da incidência ou não da OPA *a posteriori* em razão das interpretações dos objetos, voto ou bloqueio, dos acordos de acionistas celebrados.

Examinou-se, por via reflexa, quando foi analisado o caso Copesul, o reforço de controle que se verifica no ato em que o grupo controlador adquire ações de acionistas não controladores com o fim de majorar a força do bloco ou até mesmo transformar o controle minoritário em majoritário.

O reforço de controle também pode ser verificado quando um acionista aliena parte de suas ações ao outro membro do bloco de controle, nesse caso a pesquisa defende que se a estabilidade do controle se mantiver se estará diante do reforço de controle. Porém, caso se verifique a quebra da estabilidade se exigirá a oferta pública.

Contudo, o presente estudo defende que não há que se cogitar o reforço de controle, em situações em que a totalidade das ações integrantes do bloco de controle seja alienada, direta ou indiretamente, ao outro acionista do bloco, como foi o caso da Copesul em que houve aquisição originária de controle.

Conquanto o trabalho defenda o critério da quebra estabilidade do controle para fins de aplicação do artigo 254-A, em casos de transferência de ações envolvendo integrantes do bloco de controle, por entender que esse é o fundamento que melhor se adequa com o espírito da lei, isto é, a defesa dos interesses do minoritários, não se pode ignorar que o melhor caminho seria a inclusão, na LSA, de um parâmetro claro e objetivo para a realização da oferta pública de aquisição de ações.

A adoção de critérios objetivos poderia mitigar as diversas discussões e intepretações que o assunto comporta, reduzir o número de casos examinados *a posteriori* pela CVM, além de trazer a segurança jurídica que se espera no mercado.

Ou seja, impor ao adquirente de um determinado percentual mínimo de ações a obrigação de realizar a OPA para adquirir as ações dos minoritários, dessa forma não restariam dúvidas sobre a identificação da alienação do poder de controle no caso concreto.

Por essa razão, a pesquisa sugere que se 30% (trinta por cento) ou mais do capital votante for adquirido por um ou mais acionistas, vinculados por acordo de voto, a OPA será obrigatória. O referido método é semelhante ao adotado na comunidade europeia[97] e o defendido por Marcelo Trindade conforme voto apresentado no caso Copesul[98].

Portanto, longe de ter esgotado o assunto, a pesquisa teve o intuito de trazer esse atual e controverso tema para a reflexão dos leitores. É nítido que o tema está em constante análise, pois a falta de objetividade da norma permite aos operadores

[97] Directiva 2004/25/CE do Parlamento Europeu e do Conselho de 21 de Abril de 2004 relativa às ofertas públicas de aquisição.

[98] BRASIL. Comissão de Valores Mobiliários Processo RJ 2007/7230. Relator Eli Loria, voto Marcelo Tindade Rio de Janeiro/RJ, 11 de julho de 2007. Disponível em < https://goo.gl/XePlmE > Acesso em 14 de junho de 2017: "A lei poderia estabelecer que a obrigação de lançar a OPA decorreria de aquisição de controle, independentemente de sua prévia existência e alienação. [...]. A lei também poderia determinar que a aquisição de percentual menor que 50% das ações determinasse a realização da OPA, independentemente de quem as alienasse, ou estabelecer um sistema em que o alcance da propriedade de um certo percentual de ações determinasse a realização da OPA. Talvez esses sistemas sejam melhores."

do direito manobrarem em diversas direções para concluírem pela incidência ou não do artigo 254-A nas diversas hipóteses de transferência de ações integrantes do bloco de controle.

As diversas interpretações somente terão fim no momento em que o parâmetro se tornar objetivo, por meio de uma alteração legislativa ou elaboração de um parecer de orientação da CVM orientando novas decisões, enquanto isso o trabalho seguirá com a defesa do critério subjetivo da estabilidade do controle para fins de incidência do artigo 254-A em operações envolvendo controle compartilhado.

Referências

ASCARELLI, Tullio. *Problemas das sociedades anônimas e direito comparado*. Campinas: Bookseller, 2001.

BERLE, Adolph A.; MEANS, Gardiner C. *A Moderna Sociedade Anônima e a Propriedade Privada*. Tradução de Dinah de Abreu Azevedo. São Paulo, SP: Abril Cultural, 1984.

BORBA, José Edwaldo Tavares. *Direito Societário*. 8. ed. Rio de Janeiro: Renovar, 2003. p. 351.

CANTIDIANO, Luiz Leonardo. *Características das ações, cancelamento de registro e "tag along"*.In: LOBO, Jorge (Coord.). Reforma da lei das sociedades anônimas. Rio de Janeiro: Forense, 2002.

CARVALHOSA, Modesto. *Acordo de acionistas: homenagem a Celso Barbi Filho*. 2. ed. São Paulo, SP: Saraiva, 2015.

_______. *Comentários à lei de sociedades anônimas*. 4·ed. São Paulo: Saraiva, 2011. v.4. Tomo II.

_______. *Comentários à lei de sociedades anônimas*. 4·ed. São Paulo: Saraiva, 2011. v.4. Tomo III.

CARVALHOSA, Modesto e EIZIRIK, Nelson. *Estudo de Direito Empresarial*. 1 ed. São Paulo: Saraiva, 2010.

COELHO, Fábio Ulhoa *Curso de Direito Comercial*. 12 ed. São Paulo: Saraiva, 2008.

_______. *O Direito de Saída Conjunta ("Tag Along")*, in LOBO, Jorge (coord.), Reforma da Lei das Sociedades Anônimas, Rido de Janeiro, Forense, 2002.

COMPARATO, Fábio Konder; SALOMÃO FILHO, Calixto. *O Poder De Controle Na Sociedade Anônima*. 6. ed. Rio de Janeiro, RJ: Forense, 2014.

EIZIRIK, Nelson. *A lei das S/A comentada* artigos 80 ao 137. São Paulo: Quartier Latin do Brasil, 2015.

_______. *A lei das S/A comentada*: artigos 206 ao 300. São Paulo: Quartier Latin do Brasil, 2015.

_______. *Aquisição de controle minoritário*. Inexigibilidade de oferta pública. In: Poder de Controle e Outros Temas de Direito Societário e Mercado de Capitais. Quartier Latin, p. 178-190.

_______. *Direito Societário Estudos e Pareceres*. 1 Ed. São Paulo: Quartier Latin, 2015.

EIZIRIK, Nelson. et. al. *Mercado de Capitais Regime Jurídico*. 3. Ed. Rio de Janeiro: Renovar, 2011.

LAMY, Alfredo Filho e PEDREIRA, José Luiz Bulhões (Coord.). *Direito das Companhias*. Vol. 1 , Ed. Rio de Janeiro: Forense, 2009.

_______. *Direito das Companhias*. Vol. 2, Ed. Forense, 2009.

LEÃES, Luiz Gastão Paes de Barros. *Notas sobre o poder de controle compartilhado*. In: Revista de Direito Empresarial. nº 0, novembro – dezembro. São Paulo: Revista dos Tribunais, 2013.

MOTTA, Nelson Cândido. *Alienação do poder de controle compartilhado*. In Revista de Direito Mercantil, Industrial, Econômico e Financeiro. São Paulo: Revista dos Tribunais, n.89, 1993.

MUNHOZ. Eduardo Secchi. *Aquisição de controle na sociedade anônima*. São Paulo: Saraiva, 2013.

PARENTE, Norma. *Principais inovações trazidas pela Lei n. 10.303, de 31 de outubro de 2001*, à Lei das Sociedades por Ações, in LOBO, Jorge (Coord.), Reforma da Lei das Sociedades Anônimas, Rio de Janeiro: Forense, 2002

PENNA, Paulo Eduardo. *Alienação de controle de companhia aberta*. São Paulo, SP: Quartier Latin do Brasil, 2012.

PENTEADO, Arthur Bardawil. *CVM – Decisão administrativa sobre alienação de controle* – ações vinculadas a acordo de acionistas – O caso Votorantim. In RDM, no 83.

PENTEADO, Mauro Rodrigues. *Apontamentos sobre a Alienação de Controle de Companhias Abertas*. In: RDM, no 83.

PRADO, Roberta Nioac. *Oferta Pública de Ações Obrigatória nas S.A. – Tag Along*. São Paulo: Quartier Latin, 2005.

RETTO, Marcel Gomes Bragança. *Aspectos controvertidos dos acordos de acionistas*. In: Revista de Direito Bancário 48:112-153.

SALOMÃO FILHO, Calixto. *O novo direito societário*. 4 ed. São Paulo: Malheiros Editores, 2011.

SIQUEIRA. *Carlos Augusto Junqueira de. Transferência do Controle Acionário Interpretação e Valor*. Niterói: FMF Editora, 2004.

WALD. Arnoldo. *Da caracterização da alienação de controle*. In: Revista de Direito Bancário, 38:189-203.

Obras Complementares

ADAMEK, Marcelo Vieira von. *Abuso de minoria em direito societário*. São Paulo: Malheiros, 2014

BERTOLDI, Marcelo M. *O Poder de Controle na Sociedade Anônima* – alguns aspectos. In RDM, n. 93.

BULHÕES PEDREIRA, José Luiz. *Alienação de Controle de Companhia Aberta*. In LAMY FILHO, Alfredo; BULHÕES PEDREIRA, José Luiz. *A Lei das S.A.* V2, 2a Ed. Rio de Janeiro. Renovar, 1996.

CANTIDIANO, Luiz Leonardo. *Reforma da Lei das S.A. Comentada*. Rio de Janeiro: Renovar, 2002.

CARVALHOSA, Modesto; EIZIRIK, Nelson Laks. *A nova lei das S/A*. São Paulo: Saraiva, 2002.

CARVALHOSA, Modesto; IBMEC. *Oferta pública de aquisição de ações*. Rio de Janeiro: Ibmec – SP, 1979.

CASTRO, Rodrigo R. e AZEVEDO, Luís André N. de Moura. *Poder de Controle e Outros Temas de Direito Societário e Mercado de Capitais*. São Paulo: Quartier Latin, 2010.

FILHO, Caio Macho e NETO, Ademar Vidal. *Transferência de Ações Integrantes do Bloco de Controle*. Critérios para Aplicação do Artigo 254-A Segundo as Decisões da CVM. in PENTEADO Mauro Rodrigues (Coord.), Mercado de Capitais Brasileiro II Doutrina, Cases & Materials. São Paulo: Quartier Latin, 2015.

FRANÇA, Erasmo Valladão Azevedo e Novaes (coord.). *Direito Societário Contemporâneo I*. São Paulo: Quartier Latin, 2009.

LAMY, Alfredo Filho e PEDREIRA, José Luiz Bulhões. *A Lei das S.A.* 2.ed. Rio de Janeiro: Renovar, 1996, v. 2.

LEÃES, Luiz Gastão Paes de Barros. *Acordo de comando e poder compartilhado*. In: Pareceres. São Paulo: Singular, 2004.

LOBO, Jorge. Tag Along: *Uma Análise à Luz da. Escola do Realismo Científico*. In: Revista de Direito do Tribunal de Justiça do Estado do Rio de Janeiro. nº 90, jan/fev/mar, 2012.

MUNHOZ, Eduardo Secchi. *Empresa contemporânea e direito societário*: poder de controle e grupos de sociedades. São Paulo: Juarez de Oliveira, 2002.

OIOLI, Erik Frederico. *Anotações sobre o regime de aquisição do controle e na Lei da Sociedades Anônimas*: o Caso das Companhias de Capital disperso. In:

Revista de Direito das Sociedades e dos Valores Mobiliários. São Paulo: Almedina, 2015.

OIOLI, Erik Frederico. *Oferta pública de aquisição do controle de companhias abertas*. São Paulo: Quartier Latin do Brasil, 2010

________. *Regime jurídico do capital disperso na lei das S.A.*. São Paulo, SP: Almedina, 2014. 407 p.

VERÇOSA, Haroldo Malheiros Duclerc. *Curso de Direito Comercial*. 5. ed. São Paulo: Malheiros, 2006. v. 2

Precedentes e Pareceres CVM

BRASIL. Comissão de Valores Mobiliários Processo RJ 2001/10329. Relator Marcelo Fernandez Trindade, Rio de Janeiro/RJ, 19 de fevereiro de 2002. Disponível em <https://goo.gl/9ryBSt> Acesso em 21 de abril de 2017.

BRASIL. Comissão de Valores Mobiliários Processo RJ 2002/7888. Relator: Wladimir Castelo Branco Castro, Rio de Janeiro/RJ, 17 de junho de 2003. Disponível em <https://goo.gl/9SUlO8> Acesso em 09 de junho de 2017.

BRASIL. Comissão de Valores Mobiliários Processo RJ 2004/6623. Relator Sergio Eduardo Weguelin Vieira, Rio de Janeiro/RJ, 25 de janeiro de 2005. Disponível em <https://goo.gl/gMzbjG>Acesso em 15 de abril de 2017.

BRASIL. Comissão de Valores Mobiliários Processo RJ 2005/4069. Relator Pedro Oliva Marcilio De Sousa, Rio de Janeiro/RJ, 11 de abril de 2006. Disponível em < https://goo.gl/pYf7ax> Acesso em 22 de abril de 2017.

BRASIL. Comissão de Valores Mobiliários Processo Administrativo RJ 2006/7658, Manifestação da Área Técnica, 11 de abril de 2007. Disponível <https://goo.gl/gK267Y> Acesso em15/05/2017.

BRASIL. Comissão de Valores Mobiliários Processo RJ 2007/7230. Relator Eli Loria, Rio de Janeiro/RJ, 11 de julho de 2007. Disponível em < https://goo.gl/tTi7Kk> Acesso em 20 de abril de 2017.

BRASIL. Comissão de Valores Mobiliários Processo RJ 2009/1956. Diretor Otavio Yazbek, Rio de Janeiro/RJ, 15 de julho de 2009. Disponível em <https://goo.gl/1vTWUl> Acesso em 13 de junho de 2017.

BRASIL. Comissão de Valores Mobiliários Processo RJ 2011/13706, 02 de fevereiro de 2012. Disponível em <https://goo.gl/5ckGxm> Acesso em 20 de abril de 2017.

BRASIL. Comissão de Valores Mobiliários Parecer CVM/SJU n. 079, 01 de agosto de 1983, disponível em <https://goo.gl/bLjIQX> Acesso em 11 de junho de 2017.

BRASIL. Comissão de Valores Mobiliários Parecer CVM/SJU n. 14, 09 de fevereiro de 1984, disponível em <https://goo.gl/RkCY3E> Acesso em 11 de junho de 2017.

Jurisprudência

BRASIL, Tribunal de Justiça do Estado de São Paulo. Recurso de Apelação 0018394-92.2012.8.26.0565, da 1ª Câmara Reservada de Direito Empresarial. São Paulo, SP, 8 de fevereiro de 2017. Disponível em: <https://goo.gl/LRUOR4> Acesso em: 20 de abril de 2017.

SOBRE OS AUTORES

Camila Cortez Cazetta

Advogada graduada pela Faculdade de Direito de São Bernardo do Campo (FDBSC), *Master of Law* em Direito Societário pelo Insper Instituto de Ensino e Pesquisa, sólidos conhecimentos nas áreas de Governança Corporativa, Combinação de Negócios e Estruturação de Dívidas, Fusões e Aquisições, Planejamento Patrimonial e Sucessório.

Daniel Augusto Mesquita

Procurador do Distrito Federal. Advogado. Bacharel em Direito pela Universidade de Brasília – UnB. Mestre em "Constituição e Sociedade" pelo Instituto Brasiliense de Direito Público - IDP. Pós--graduado em direito público. LLM em Direito Societário pelo INSPER. Autor, coautor e coordenador de diversas obras jurídicas. Professor de Direito Administrativo no IDP.

Daniela Hidemi Bando

Advogada, formada em Direito, pela Pontifícia Universidade Católica de São Paulo (PUC-SP); em Relações Internacionais, pela Pontifícia Universidade Católica de São Paulo (PUC-SP); e pós-graduada em Direito Societário, pelo INSPER- Instituto de Ensino e Pesquisa. Atua com direito societário, regulatório e de mercado de capitais, no setor bancário e de agronegócio.

Felipe Gabriel Soares

Pós-Graduando em Finanças (*Advanced Program in Finance*) e Pós-Graduado em Direito Societário (LL.M) pelo Insper. Formado em Direito pela Universidade Presbiteriana Mackenzie em 2013. Trabalhou durante alguns anos como advogado em escritório de advocacia especializado em Mercado de Capitais. Atualmente é *associate* em uma instituição do mercado financeiro, na área de renda fixa e securitização.

Rodrigo Laranjeira Braga Borges

Advogado. Especialista em Direito Societário e Direito dos Contratos pelo Insper e em Direito Tributário pela PUC-SP. Bacharel em Direito pela PUC-Campinas.

ÍNDICE